NEGOTIAUCTIONS

GRANDES ESTRATÉGIAS PARA VENCER
NEGOCIAÇÕES COMPLEXAS E **LEILÕES**

NEGOTIAUCTIONS

"Repleto de ideias transformadoras, *Negotiauctions* ajudará a nova geração de líderes a chegar rapidamente ao sim." **William Ury**, autor de *O poder do não positivo*

GUHAN SUBRAMANIAN

Tradução:
Leonardo Abramowicz

ELSEVIER

CAMPUS

Do original: *Negotiauctions*
Tradução autorizada do idioma inglês da edição publicada por W. W. Norton & Company. Inc.

Copidesque: Cláudia Amorim
Revisão: Mariflor Brenlla Rial Rocha e Edna Rocha
Editoração Eletrônica: Estúdio Castellani

Elsevier Editora Ltda.
Conhecimento sem Fronteiras
Rua Sete de Setembro, 111 – 16º andar
20050-006 – Centro – Rio de Janeiro – RJ – Brasil

Rua Quintana, 753 – 8º andar
04569-011 – Brooklin – São Paulo – SP – Brasil

Serviço de Atendimento ao Cliente
0800-0265340
sac@elsevier.com.br

ISBN 978-85-352-2619-5
Edição original: ISBN 978-0-393-06946-4

Nota: Muito zelo e técnica foram empregados na edição desta obra. No entanto, podem ocorrer erros de digitação, impressão ou dúvida conceitual. Em qualquer das hipóteses, solicitamos a comunicação ao nosso Serviço de Atendimento ao Cliente, para que possamos esclarecer ou encaminhar a questão.

Nem a editora nem o autor assumem qualquer responsabilidade por eventuais danos ou perdas a pessoas ou bens, originados do uso desta publicação.

CIP-Brasil. Catalogação-na-fonte
Sindicato Nacional dos Editores de Livros, RJ

S934n Subramanian, Guhan
Negotiauctions : grandes estratégias para vencer negociações complexas e leilões / Guhan Subramanian ; tradução: Leonardo Abramowicz. – Rio de Janeiro : Elsevier, 2010.

Tradução de: Negotiauctions
ISBN 978-85-352-2619-5

1. Negócios. 2. Planejamento estratégico. 3. Leilões. I. Título.

10-3525. CDD: 658.4052
CDU: 658:316.47

Para Helen

AGRADECIMENTOS

Uma das grandes vantagens de meu trabalho é que consigo aprender com um grupo extremamente talentoso de colegas, alunos e profissionais. As muitas contribuições que recebo deles estão refletidas neste livro. Há vários anos, Bob Mnookin, responsável pelo Programa de Negociação da Harvard Business School, vem me pedindo para escrever um livro sobre leilões e negociações, e seu encorajamento foi fundamental para que eu assumisse este projeto. Max Bazerman, da Harvard Business School, também tem sido um mentor de longa data, e sou grato por suas sugestões detalhadas em todos os aspectos deste livro, embora eu saiba que ele não concorda com tudo o que está escrito. Jim Sebenius, da HBS, foi o primeiro a me incentivar a pensar sobre a interação entre leilões e negociações em um memorável passeio sobre a Ponte Weeks em uma noite de outono de 1999. Também pensamos em conjunto sobre um curso de negociação empresarial, no qual sua ênfase na "configuração do negócio" moldou minha forma de pensar sobre o planejamento do processo do negócio. Richard Zeckhauser, da Kennedy School of Government, em Harvard, foi um dos primeiros colaboradores sobre os tópicos de leilões e negociações, e aprendi imensamente com suas ideias ao longo dos anos.

Na HBS, tenho a sorte de ser um membro da unidade Negotiations, Organizations and Markets (NOM), uma coleção única de economistas, psicólogos sociais e advogados. Meu interesse na interação entre leilões e negociações origina-se diretamente de minhas conversas com os membros deste grupo ao longo da última década: Nava Ashraf, George Baker, Greg Barron, Max Bazerman, Peter Coles, Amy Cuddy, Ben Edelman, Jerry Green, Brian Hall, Ian Larkin, Deepak Malhotra, Kathleen McGinn, Al Roth, Jim Sebenius, Andy Wasynczuk e Mike Wheeler. Na HLS tive a mesma sorte de estar ligado ao Program on Negotiation (PON), um consórcio de faculdades da área de Boston focadas em aperfeiçoar a teoria e a prática das negociações. Agradeço Susan Hackley (diretora administrativa do PON) e os membros do comitê executivo do PON por seu encorajamento e comentários em relação a este projeto: Jes Selacuse, Iris Bohnet e Larry Susskind, além de Bob Mnookin, Jim Sebenius e Max Bazerman, já citados.

Agradeço também a meus dois diretores. Elena Kagan, da Harvard Law School, apoiou entusiasticamente minha solicitação de conduzir um tipo diferente de curso – um que extraísse o máximo das ideias dos profissionais para compreender melhor os negócios empresariais. Foi uma perda para a faculdade, mas um ganho para o país, quando ela deixou a HLS para ocupar o cargo de procuradora geral dos Estados Unidos, em março de 2009. O diretor Jay Light, da Harvard Business School, também contribuiu para este projeto, oferecendo sábios conselhos nos primeiros estágios e intervindo com outros dentro da universidade, na medida em que o livro foi tomando forma.

Robert Barnett, da Williams & Connolly, contribuiu generosamente com seu tempo para me explicar seus vários contratos de publicação de livros. Daniel Daeniker, da Homborger AG, forneceu uma útil orientação sobre o enfoque europeu para várias das questões legais levantadas pelas negotiauctions. Mark Gordon, da Wachtell, Lipton, Rosen & Katz, apresentou-me o estudo de caso da Cable & Wireless America, que é caracterizado em destaque por todo o livro. David Lax, da Lax Sebenius LLC, forneceu comentários detalhados sobre os primeiros esboços e é coautor (com Jim Sebenius) do *The Manager as Negotiator* e *Negociação 3-D*, dois livros clássicos que influenciaram muito meu pensamento sobre negócios corporativos. Brad Peterson, da Mayer Brown LLP, construiu um modelo teórico de negotiauctions, que ajudou a esclarecer meu pensamento em certos aspectos do projeto. Roger Ritt, da WilmerHale, conduziu-me através dos aspectos sobre impostos no negócio Citigroup/Wachovia/Wells Fargo que estão descritos no Capítulo 11. Hal Movius, do Consensus Building Institute, e Tom Kinnaird, do WPP Group, também contribuíram de forma importante, principalmente em minha análise sobre leilões e negociações no contexto do setor de compras das empresas.

Agradeço também meus inúmeros convidados no curso sobre negociações empresariais em Harvard. Nesse grupo, alguns merecem menção específica por suas significativas contribuições: Doug Braunstein, diretor administrativo e chefe do Investment Banking Coverage do JPMorgan Chase; Donald Gogel, presidente e CEO da Clayton, Dubilier & Rice; Mark Graboff, presidente da NBC Universal Television Group; Richard Hall, sócio da Cravath, Swaine & Moore; Sam Heyman, presidente e CEO da International Specialty Products; Phillip Mills, sócio da Davis Polk & Wardwell; Jim Morphy, chefe de fusões e aquisições da Sullivan & Cromwell; Steve Munger, presidente da Global Mergers & Acquisitions da Morgan Stanley; Dan Neff, sócio-gerente da Wachtell, Lipton, Rosen & Katz; Eileen Nugent, sócio e codiretor do Private Equity Group Skadden, Arps, Slate, Meagher & Flom; Jeff Walker, vice-presidente sênior do BMG North America, e Bruce Wasserstein, presidente e CEO da Lazard Inc. Agradeço também aos mais de mil alunos e participantes do curso para executivos na HLS, HBS e Kennedy School of Government, em Harvard, que assistiram minhas aulas sobre negotiauctions ao longo da última década – principalmente aqueles estudantes dos primeiros anos, que toleraram de bom grado minhas reflexões preliminares sobre o assunto.

Nithya Sharma forneceu apoio importante na pesquisa e Ranjan Ahuja, Barbara Karasinski e Lisa Carlivati ofereceram excelente ajuda administrativa. Agradeço o professor Jeffrey Teich, da New Mexico State University, por sua permissão para a utilização do termo *negotiauction*, que ele registrou em 2001. Meu editor na Norton, Brendan Curry, foi excelente caixa de ressonância e suporte ao longo do projeto, e minha editora, Stephanie Hiebert, fez um fantástico trabalho ao adaptar meus termos acadêmicos para a linguagem do dia a dia. Pelo apoio financeiro, agradeço ao Program on Negotiation, da Harvard Law School, ao Harvard Law School Summer Research Fund, ao Olin Foundation para pesquisa em direito e economia, e à Division of Research, da Harvard Business School.

Finalmente, agradeço minha esposa, Helen, por seu apoio e encorajamento. Pedi-la em casamento foi, de longe, o melhor movimento de encerramento de uma negociação em minha vida. Este livro é dedicado a ela, com amor.

O AUTOR

GUHAN SUBRAMANIAN é professor da cadeira Joseph Flom de Direito e Negócios na Harvard Law School e o professor da cadeira Douglas Weaver de Direito Empresarial, na Harvard Business School. Ele é a única pessoa na história da Harvard University a manter vínculos efetivos na HLS e na HBS. Na HLS, dá aulas em cursos de negociações e lei empresarial. Na HBS, ensina em vários programas de educação para executivos, incluindo Negociações Estratégicas, Mudando o Jogo, O Negociador Global e Tornando os Conselhos Corporativos Mais Eficazes. É o coordenador da faculdade para o programa de educação para executivos da HBS com uma semana de duração, Planejando Processos de Negócios, e diretor da faculdade para o programa JD/MBA na Harvard University. Antes de ser professor em Harvard, passou três anos na McKinsey & Company em seus escritórios de Nova York, Boston e Washington DC.

A pesquisa do professor Subramanian explora tópicos em negociações, negócios empresariais e governança corporativa. Publicou artigos na *Stanford Law Review,* no *Yale Law Journal,* na *Harvard Law Review,* na *Harvard Business Review* e no *Journal of Legal Studies,* entre outros. Nos últimos dez anos, publicou mais artigos sobre direito corporativo e de títulos e valores mobiliários entre os "dez melhores", conforme seleção dos acadêmicos da área, do que qualquer outro estudioso dos Estados Unidos. Seu trabalho tem sido retratado na coluna "Heard on the Street" do *The Wall Street Journal*, no *The New York Times*, no *American Lawyer*, no *Daily Deal* e no *Corporate Control Alert*, entre outras publicações.

O professor Subramanian tem atuado como perito em importantes negócios com empresas de capital aberto, como a oferta de compra hostil de $10,3 bilhões da PeopleSoft pela Oracle, a recompra de ações dos acionistas minoritários da Cox Communications pela Cox Enterprises por $8,9 bilhões, a aquisição alavancada da Toys "R" Us por $6,6 bilhões, e a oferta hostil de $8 bilhões da Exelon pela NRG Energy. Ele também presta consultoria para indivíduos, conselhos de administração e equipes administrativas em assuntos de negociações e governança corporativa.

O professor Subramanian possui BA (bacharelado em artes) em Economia (*magna cum laude*) da Harvard College, onde foi eleito para o Phi Beta Kappa; MBA da Harvard Business School e JD (doutor em jurisprudência) da Harvard Law School (*magna cum laude*), onde foi um dos editores da *Harvard Law Review* e vencedor da Ames Moot Court Competition. Foi ex-bolsista do Harvard Negotiation Research Project e bolsista Olin para pesquisa em Direito e Economia, ambos na Harvard Law School. É filiado à New York Bar Association e à American Law and Economics Association.

INTRODUÇÃO

Em 21 de janeiro de 2004, aproximadamente às oito e meia da manhã de uma quarta-feira, representantes de sete grupos participantes de uma licitação se reuniram nos escritórios de um banco de investimento no centro de Manhattan para o leilão da Cable & Wireless America (CWA), a falida divisão americana da Cable & Wireless PLC, com sede na Inglaterra. Após uma breve introdução, os participantes da licitação foram colocados em salas de conferência separadas e, durante as 21 horas seguintes, banqueiros e advogados da CWA passaram de sala em sala, negociando com cada um deles. Um mês antes, o processo de fixação do preço mínimo inicial havia implicitamente avaliado a CWA em $125 milhões. Contudo, às 6h do dia 22 de janeiro, o melhor lance havia atingido apenas um valor na faixa de $60 milhões.

Os banqueiros e os advogados da CWA se reuniram em uma sala de conferências com vista para a Park Avenue. Com a soma de todos representando mais de um século de experiência em negociações, eles se perguntavam: O que fazer agora?[1]

Este livro tenta responder a questão "O que fazer agora?" tanto para compradores quanto para vendedores em situações como a da venda da Cable & Wireless America. Não chega a ser surpresa que banqueiros e advogados da CWA não tenham recorrido às suas estantes em busca de orientação. A razão é que a teoria existente sobre negociações é inadequada para essas situações complexas de acordos. Em muitos campos, a lacuna entre o que os profissionais desejam e o que os acadêmicos podem oferecer reflete simplesmente os limites da base atual do conhecimento. Seria ótimo, por exemplo, se os economistas financeiros pudessem fornecer aos profissionais uma maneira simples, definitiva e totalmente precisa para a avaliação de ativos. Mas a teoria de finanças disponível não pode fazer isso.

Em negociações, o fosso existente entre o que desejam os sofisticados profissionais envolvidos na elaboração de acordos e o que os acadêmicos conseguem oferecer não é por falta de conhecimento. Pelo contrário, o fracasso das negociações em incorporar elementos da teoria de leilões é que se torna altamente relevante para a forma como os acordos são realmente fechados. Tirando os processos a preço fixo (como comprar alface no supermercado), leilões e negociações são as únicas duas maneiras pelas quais os ativos são transferidos em qualquer economia de mercado. Portanto, é surpreendente que o pensamento acadêmico sobre esses dois mecanismos tenha se desenvolvido em campos separados.

Em largas pinceladas, a história é a seguinte: a teoria sobre leilões tem suas raízes na teoria de jogos e na microeconomia. Ela geralmente assume que a estrutura da situação é bem especificada e que as partes sejam racionais e, então, desenvolve as estratégias ótimas para vendedores e compradores. A teoria das negociações começa com microeconomia básica, mas se desenvolveu em uma direção que inclui economia experimental, psicologia social, economia comportamental e o direito, entre outros campos. Apesar de a questão subjacente ser sobre o mesmo assunto (a transferência de ativos), com o passar do tempo, os dois campos evoluíram de forma a ficarem mais distantes, na medida em que os estudiosos de leilões se tornavam mais técnicos e os estudiosos de negociações mais práticos. Essa trajetória é o oposto do que sua inerente interconexão parecia exigir.

Em vez de tentar resolver problemas partindo desses dois campos acadêmicos, tento neste livro guiar os profissionais para a solução dos problemas da forma como eles se apresentam no mundo. Este livro reúne, especificamente, os dois fluxos paralelos de pesquisa em leilões e negociações para fornecer orientação aos profissionais que estejam envolvidos naquilo que chamo de situações de "*negotiauction*". O professor Jeffrey Teich, da New Mexico State University, registrou essa expressão em 2001, em conjunto com seu algoritmo no computador e software da internet que combinam os processos de leilão e de negociação.[2] Independentemente disso, introduzi o termo em um artigo de 2004, junto com o professor Richard Zeckhauser, da Harvard University, para captar o obscuro terreno intermediário que se situa entre as negociações puras de indivíduo a indivíduo e os leilões puros no estilo da Sotheby's.* Em minha definição, negotiauction é a situação comum em que os negociadores lutam em duas frentes: dos lados opostos da mesa, certamente, mas também do mesmo lado da mesa, com concorrentes conhecidos, não conhecidos ou eventuais.

Visualmente, uma negotiauction pode ser representada como na Figura 1. A pressão competitiva em uma negociação surge, principalmente, da di-

---

**Nota do Tradutor*: Casa de leilões conhecida mundialmente, com sede em Londres.

nâmica dos lados opostos da mesa. Em comparação, a pressão competitiva em um leilão vem principalmente da dinâmica do mesmo lado da mesa. No momento em que o vendedor estabelece o processo em um leilão, ele se torna um participante passivo. A competição entre os licitantes faz a maior parte do trabalho de empurrar os preços para cima.

O ponto-chave na Figura 1 é que muitas situações no mundo real incluem aspectos tanto da competição dos lados opostos da mesa quanto da competição do mesmo lado da mesa – aquilo que chamo de negotiauction. Passei a última década analisando a negotiauction, por meio de estudos de casos da Harvard Business School, trabalhos de consultoria, testemunhos de especialistas e estudos empíricos. Nesse estudo pensei inicialmente as negotiauctions como subconjunto de todas as negociações; um tipo especial, que possuía elementos de leilões. Entretanto, em meus cursos para executivos e em conversas com empresários, descobri que o termo era uma representação melhor do que eles vivenciavam no dia a dia de um mercado cada vez mais competitivo. Em consequência disso, parei de perguntar: "Que tipos de negociações são as negotiauctions?" e passei a perguntar: "Que tipos de negociação *não* são negotiauctions?". Certamente existem respostas para tal questão, mas há bem menos casos desse tipo do que eu imaginava.

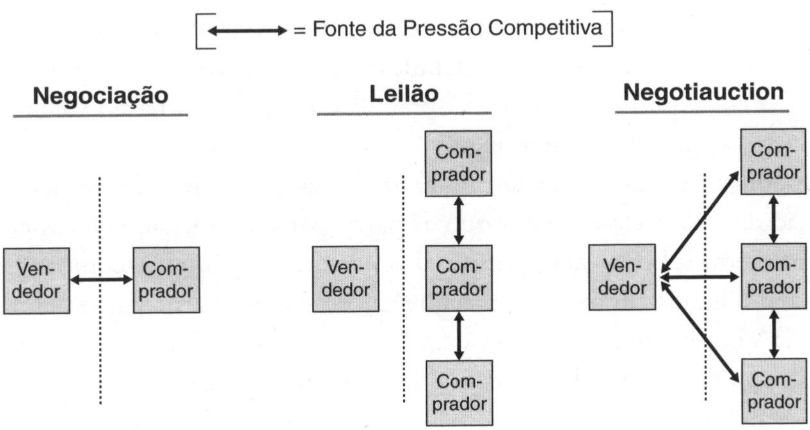

Figura 1. Comparação entre negociações, leilões e negotiauction.

É verdade que existe o risco proverbial de que quando você tem um martelo, tudo se transforma em prego. O teste decisivo veio quando comecei a ensinar negotiauction para grupos de educação para executivos na Faculdade de Administração, na Faculdade de Direito e na Kennedy School of Government, em Harvard. Em todos esses diversos públicos, o conceito de negotiauction ecoava fortemente com o que eles vivenciavam diariamente em suas carreiras em negócios. De vendedores tentando chegar aos clientes, funcionários do governo colocando contratos em concorrência pública, a chefes de departamentos jurídicos tentando obter serviços terceirizados de advocacia, as negotiauctions estavam em todos os lugares.

Percebi que o conceito de negotiauction ecoava nos negociadores porque capta a forma como, de fato, muitos dos ativos de alto risco são transferidos. Além do mais, descobri em minhas pesquisas que (1) mesmo negociadores experientes cometem erros onerosos em situações de negotiauction; (2) ao reconhecer esses erros, os negociadores anseiam por orientação sobre como atuar de maneira mais sofisticada e (3) os princípios gerais podem ser extraídos da observação sistemática de sucessos e fracassos em negotiauctions.

O caso da CWA ilustra esses pontos. Quando a negotiauction teve início, em 21 de janeiro de 2004, o principal banqueiro dos vendedores disse aos participantes da licitação reunidos no escritório: "As regras que estamos estabelecendo como básicas podem mudar. Se resolvermos alterá-las, todos vocês serão avisados, mas nos reservamos o direito de mudar as regras durante o processo."[3] Em entrevista mais tarde, o financeiro explicou-me que "muito disso [conduzir um leilão] estava nebuloso no momento". Outro participante da CWA colocou, de forma mais dura: "É um tipo de situação vale-tudo; a única regra é que não existem regras."

Embora "estar nebuloso no momento" soasse desejável em princípio, na situação da CWA ela impediu que os participantes do leilão colocassem sua melhor oferta sobre a mesa porque o vendedor não tinha se comprometido com credibilidade em um processo que "mostrasse aos participantes a linha de chegada". Em vez disso, o processo aparentemente sem fim levou a uma estratégia de apresentação de lances para simplesmente "permanecer no jogo" – isto é, não ser chutado para fora do leilão. Pelo fato de a CWA ameaçar eliminar os participantes, mas acabar não o fazendo, permanecer no jogo não exigiu que fossem feitos lances muito elevados. Assim, não chegou a surpreender o fato de os lances terem parado na faixa de $60 milhões. O estabelecimento de regras claras do processo, incluindo o firme compromisso de eliminar os menores lances, teria mudado o cálculo entre os participantes e puxado mais rapidamente os preços para cima.

Além do mais, o processo lento de licitação se autorreforçava, pois cada licitante aprendia com os movimentos dos demais. Cada grupo entrou no leilão com uma avaliação em mente e, com a vantagem da observação em retrospecto (veja o resultado do acordo descrito em seguida), sabíamos que muitas dessas avaliações eram significativamente maiores do que os intermediários $60 milhões. Contudo, quando os participantes viram os pequenos lances, começaram a pensar que poderiam conseguir a empresa por menos do que sugeriam suas avaliações ou que estas estavam muito altas. Qualquer que seja o caso, o ritmo lento dos lances reforçava seu instinto para fazer ofertas baixas.

As transcrições do processo de venda revelam que os vendedores estavam perigosamente perto de aceitar um preço na faixa de $60 milhões. Em algum momento no início da manhã de 22 de janeiro, o principal banqueiro para a CWA disse aos participantes reunidos: "Se não ouvirmos nenhum lance [adicional], encerraremos a licitação e fecharemos a venda."[4] Naquele ponto, o lance mais alto era $64,7 milhões. Algumas horas mais tarde, às 7h15, o banqueiro disse aos participantes que ele havia praticamente terminado. O maior lance naquele ponto era de $66,2 milhões.

Felizmente para a CWA, seus banqueiros surgiram com a ideia de fazer "Rodadas dos Sobreviventes" (termo que faz alusão ao programa "Survivor" ["sobrevivente"]) nas quais os participantes com menor lance seriam "eliminados" do processo. Esse firme compromisso com o processo teve o efeito de elevar significativamente as ofertas: $70 milhões... $80 milhões... $100 milhões... $120 milhões. O principal banqueiro relatava:

> Os números começaram a subir, e isso começou a incentivar bastante os participantes. Paramos em determinado ponto porque talvez todos os participantes estivessem acima do número que pensavam precisar para vencer o leilão... Penso que quando passamos dos $143 milhões, toda a sala se surpreendeu... Quando atingimos aquele número, alguns participantes disseram que estava muito alto. Mas dois deles continuavam apresentando lances.[5]

A Savvis Communications, líder em software para rede virtual privada (VPN), e a Gores Technology, uma empresa de private equity, eram as últimas a continuar participando. Os banqueiros da CWA mudaram para um leilão com lances à viva-voz entre esses dois participantes na principal sala de reuniões. No final, a Savvis venceu. O lance ganhador foi de $168,3 milhões.

A CWA alcançou um número bem acima de suas expectativas, embora a ação da Savvis tenha subido 33% com o anúncio do acordo, sugerindo que poderia ter pago ainda mais (no Capítulo 3, forneço algumas explicações sobre o motivo de o mercado ter respondido tão positivamente). Além disso, a Savvis vendeu imediatamente cinco centros de processamento de dados para a Dupont Fabros, um dos participantes do leilão, por $52 milhões, e os alugou de volta por 15 anos.[6] Os banqueiros e advogados da CWA poderiam ter intermediado esse acordo de venda e arrendamento se tivessem identificado as necessidades de fluxo de caixa da Savvis. Portanto, são lições para os *organizadores do processo* (as partes dos que estabelecem as regras pelas quais a negotiauction se processa).

Há algumas lições também para o lado dos compradores, os *tomadores no processo*. Em retrospecto, sabemos que pelo menos dois participantes tinham algo em torno de $160 milhões "em seus bolsos", mas as regras do processo inicial dos vendedores não conseguiram extrair esse valor. Em vez de agir passivamente, um desses participantes poderia ter mudado o jogo, colocando um lance preferencial sobre a mesa, junto com uma ameaça: "$80 milhões; aceite nos próximos cinco minutos ou deixamos o leilão". Esse movimento de apresentar um lance preferencial poderia ter sido bem-sucedido pelo ponto em que os lances haviam parado e o medo do vendedor de perder a maior oferta. Em vez disso, seis participantes investiram 33 horas cada um, mas saíram com nada. O lance vencedor ganhou o prêmio, mas poderia ter pago significativamente menos se durante o processo tivesse feito um lance preferencial mais cedo.

Duas semanas depois, enquanto a Savvis assumia a posse das ações da CWA, o *Washington Post* veiculava uma exasperação semelhante entre os participantes do processo:

> Em 40 horas de negociação, uma manhã de quarta-feira se arrastou até a noite de terça-feira – sem banhos, camas e com uma constante dieta de delivery. Temperamentos se desgastaram; vozes se ergueram; procedimentos foram discutidos... Setenta e cinco pessoas acampadas nestas salas durante os dois dias: executivos das sete empresas participantes, seus advogados, os gestores do leilão e um estenógrafo. Quando o leilão chegou ao fim, Sprayregen [um advogado da Kirkland & Ellis envolvido no acordo] se deu conta... de que havia consumido 30 Cocas Light.[7]

A questão é saber se existe maneira melhor de agir nesses tipos de situação, tanto do lado do comprador quanto do lado do vendedor. Neste livro, sugiro que existe, e as lições apresentadas aqui se estendem bem além do mundo das aquisições corporativas. Elas se aplicam aos representantes de vendas, tentando obter um novo cliente. Elas se aplicam ao gestor de contratos, tentando reduzir custos para uma empresa, preservando, ao mesmo tempo, a qualidade e a segurança. Elas se aplicam em importantes transações pessoais, como comprar um carro ou vender uma casa. Na verdade, as lições deste livro se aplicam em todas as situações que envolvam negociações nas quais haja competição dos lados opostos da mesa e no mesmo lado da mesa. Em minha pesquisa e em outras experiências, essa caracterização parece englobar praticamente todo acordo feito em nosso mercado cada vez mais complexo e competitivo.

O livro está dividido em duas partes. A Parte I começa com a estrutura conceitual sobre negociações da forma como ela foi desenvolvida na literatura acadêmica e na prática profissional. Existem centenas de artigos e dezenas de livros excelentes sobre negociações, e esta parte não tenta fornecer um levantamento completo dessa literatura. Em vez disso, apresento o modelo básico de análise de negociação que foi desenvolvido nos últimos trinta anos. A Parte I também fornece uma revisão semelhante para a literatura sobre leilões. Ela começa com uma pergunta básica (quando leiloar e quando negociar?) e depois aprofunda no exame dos tipos específicos de leilões e de quando utilizar cada tipo. A Parte I encerra com uma explicação do porquê de as estruturas que foram desenvolvidas para negociações e leilões serem inadequadas, como prescrição e como descrição, para os acordos mais complexos de hoje em dia.

A Parte II foca as negotiauctions – o obscuro terreno intermediário que se situa entre as negociações puras e os leilões puros. Começo definindo o conceito de negotiauction e fornecendo exemplos de situações de negotiauction. Em seguida examino como atuar com eficácia nesta área complexa em que as regras são ambíguas e geralmente em alteração. Em minha pesquisa, constatei que os negociadores mais eficazes em negotiauction estão simultaneamente negociando o processo do acordo junto com a substância, ou seja, como organizadores do processo, os negociadores estão continuamente avaliando se e quando utilizar mecanismos do tipo de leilão (para exercer pressão do mesmo lado da mesa) ou mecanismos do tipo de negociação (para exercer pressão do outro lado da mesa). Como tomadores no processo, os negociadores estão continuamente avaliando a viabilidade de três tipos de movimentos:

1. *Movimentos de configuração* estabelecem os termos para entrada em uma situação de negotiauction.
2. *Movimentos de rearranjo* remodelam os ativos, as partes ou ambos de maneira a criar um valor adicional no acordo.
3. *Movimentos de encerramento* interrompendo prematuramente a competição do mesmo lado da mesa.

Em negotiauction, esses três tipos de movimento são mutuamente excludentes e coletivamente exaustivos. A Parte II fornece exemplos desses três tipos de movimento, descreve quando eles devem ser considerados e especifica as condições sob as quais eles podem ser bem-sucedidos.

A Parte II termina com um exame da "sombra" jurídica das negotiauctions. Em que medida é lícito blefar sobre licitantes concorrentes? É permitido esconder sua identidade em uma negotiauction? É legal conspirar com um concorrente para impedir a concorrência? O livro encerra com descrições dos tipos de dilema que os negociadores muitas vezes enfrentam quando os advogados não estão presentes e que, portanto, são importantes que os negociadores conheçam em primeira mão.

Antes de partir para o texto propriamente dito, deixe-me fazer algumas referências em relação ao meu público-alvo e meus objetivos. Este livro não foi concebido para ser um guia completo sobre como negociar tudo – em parte porque acredito que não haja uma abordagem "tamanho único para todos" em negociações. As ferramentas que são mais eficazes para negociar com seu cônjuge não são as ferramentas mais eficazes para negociar com seu colega de trabalho, que não são as mesmas ferramentas mais eficazes para negociar com um fornecedor ou um cliente.

Em vez de oferecer uma abordagem universal, este livro foca complexos acordos empresariais. Em minha experiência, quando negociadores sofisticados ouvem prescrições de negociação do tipo "compreenda sua alternativa de desistir" e "identifique a zona de barganha", eles dizem, na verdade: "Diga-me algo que eu não saiba." Quando negociadores sofisticados ouvem a respeito da teoria de leilões, reagem dizendo: "Quê?" As razões para essa desconexão entre teoria e prática estão descritas no Capítulo 6. Não se trata de dizer que a teoria existente seja inútil – apenas que ela hoje não atende completamente às necessidades dos negociadores profissionais. Este livro tenta preencher esse vazio, oferecendo conselhos que permitirão até mesmo aos negociadores sofisticados elevarem "seu jogo para o próximo nível".

Como você acompanhará na leitura, vários dos exemplos neste livro vêm do setor de fusões e aquisições. Muitos de meus textos técnicos e acadêmicos ao longo da última década examinaram diferentes tipos de acordos e estruturas de acordos nessa área. Percebi que as ferramentas e as técnicas desenvolvidas em Wall Street têm aplicação mais ampla, embora não tenham ido muito longe. Em parte, este livro é um esforço para aprender com as experiências que tiveram lugar em fusões e aquisições, e implantar fora desse estreito mundo. Acredito que esse tipo de disseminação possa ser de importância significativa para os negociadores e o mercado em geral. Os executivos de bancos de investimento recebem bastante dinheiro para serem negociadores empreendedores, de forma que devem ficar na vanguarda. A experiência deles é um ponto de referência útil para a triangulação das melhores práticas profissionais.

Não se trata de dizer que os banqueiros de Wall Street são infalíveis ou, então, que sejam geralmente introspectivos sobre o que fazem. Pelo contrário, acho os banqueiros de investimento bem menos interessados em pensar sobre a teoria das negociações do que são, digamos, os advogados corporativos. Mas este livro tenta captar as percepções latentes em suas décadas de experiência. Minha meta é trazer as técnicas e ferramentas relevantes da vanguarda desta área para a prática de negociações do dia a dia.

Embora o foco esteja direcionado para os problemas do mundo real, este livro fica um pouco técnico em alguns momentos. Quando isso acontecer, espero que você não perca de vista o panorama geral. Enquanto o mercado global vai ficando mais competitivo, as negotiauctions se tornam a forma padrão de os ativos serem vendidos e comprados em nossa economia. Este livro mostra como atuar nesse campo cada vez mais comum e importante.

SUMÁRIO

Parte I

NEGOCIAÇÕES E LEILÕES

CAPÍTULO 1

PREPARANDO-SE PARA NEGOCIAR

Se você é fã de seriados de televisão como eu, deve se lembrar da série de sucesso, "Frasier", que abocanhou enorme audiência e 29 Emmys* (atrás apenas de "The Mary Tyler Moore Show") nas décadas de 1990 e 2000. Você talvez se lembre de que "Frasier" retratava o pomposo, ainda que sempre inseguro, psiquiatra, Dr. Frasier Crane, que se divorciou de sua esposa e que volta de Boston para sua cidade natal, Seattle, tentando recomeçar a vida ao oferecer conselhos em um programa de rádio. O que você provavelmente não sabe é que em fevereiro de 2001 – depois de oito anos de aclamação da crítica e mais de $1 bilhão de lucro – a Paramount Studios (produtora do seriado) e a NBC (rede de televisão que transmitia a série) estavam em desacordo se "Frasier" deveria continuar na NBC. O principal ponto de discórdia era o valor do preço por episódio que a Paramount deveria receber. Neste capítulo veremos os principais passos na preparação para negociar, utilizando o caso de "Frasier" para ilustrar vários elementos ao longo do processo.[1]

Este capítulo se concentra nos quatro elementos essenciais da preparação: discernir (1) as partes, (2) seus interesses, (3) alternativas a um acordo para todos os lados e (4) incentivos das pessoas na mesa de negociações. É um conjunto de conceitos que formam um esqueleto com a intenção de garantir que você não se perca nada importante, deixando ainda espaço para o tipo de pensamento criativo que é descrito na Parte II deste livro. Utilizo o exemplo de "Frasier" para ilustrar vários elementos ao longo da análise.

**Nota do Tradutor*: Mais importante prêmio da televisão americana, equivalente ao que o Oscar representa para o cinema.

DISCERNINDO PARTES E INTERESSES

O primeiro passo na preparação de qualquer negociação é pensar cuidadosamente sobre as partes no processo e seus interesses. No caso de "Frasier", a Paramount e a NBC eram as partes na mesa de negociações. Duas outras importantes redes de televisão – CBS e ABC – também eram partes relevantes de duas maneiras: elas talvez fossem pretendentes ao seriado caso as negociações da Paramount com a NBC se rompessem e a NBC se interessasse em "roubar" um seriado existente de uma delas caso ficasse sem "Frasier".

A CBS, especificamente, sugeriu de forma nada sutil que estaria interessada em comprar o seriado. Exatamente quando as negociações por "Frasier" estavam em andamento, o presidente da CBS, Les Moonves, disse à imprensa: "Se um grande seriado se torna disponível, iremos sempre ouvir. Seria uma oferta que não poderíamos recusar."[2] Alimentando o fogo, a imprensa descobriu Kelsey Grammer, estrela do seriado, jantando com Moonves e sua chefe de entretenimento, Nancy Tellem. Embora tivesse sido relatado que o encontro foi para apresentar para a CBS alguns novos seriados da empresa produtora de Grammer, várias notícias sugeriram que também teriam sido discutidos planos para derrubar a NBC. Tanto a CBS quanto a Paramount pertenciam à Viacom – um fato que ajudou a azeitar as engrenagens no caminho do acordo Paramount-CBS.

Além da CBS, ABC e Viacom, Kelsey Grammer era uma parte importante na negociação Paramount-NBC. Sem Grammer não haveria "Frasier". Grammer claramente queria um preço maior por episódio da NBC para criar um guarda-chuva de valor mais alto em sua negociação com a Paramount, mas ele tinha dois outros interesses mais importantes do que dinheiro. Primeiro, ele queria que o programa permanecesse na NBC porque pesquisas de mercado mostravam que os seriados de televisão perdem audiência significativa quando mudam para uma rede distinta. Segundo, independentemente de qual rede fosse colocar o programa no ar, Grammer queria um compromisso firmado de que o seriado seria transmitido por mais três temporadas.

Por que três temporadas? Os viciados em televisão lembrarão que o Dr. Frasier Crane passou nove temporadas sentado em uma banqueta de bar em "Cheers", um seriado de televisão sobre esse bar em Boston "onde todo mundo sabe o seu nome". Mais três temporadas além das oito anteriores dariam para Frasier Crane um total de 20 temporadas – empatando com Matt Dillon, que foi interpretado por James Arness em 20 temporadas de "Gunsmoke" – para registrar o recorde de mais antigo personagem em horário nobre na história da televisão. Depois que as negociações foram concluídas, Kelsey Grammer disse para a imprensa: "Passei o último mês roendo todas as minhas unhas, me sentindo perdido em uma loucura sob controle."[3] Para Grammer, o acordo NBC-Paramount não era de fato sobre o dinheiro; era sobre sua participação na história da televisão.

Depois havia os chefes dos negociadores dos lados opostos da mesa. O líder da equipe da NBC era Marc Graboff, advogado de formação. Graboff havia passado 15 anos na prática de advocacia do entretenimento em uma importante empresa de Los Angeles antes de entrar na CBS, em 1998. Em 1999, Graboff ganhou atenção pública e crédito no setor por seu trabalho de apoio ao trazer o seriado de enorme sucesso "Survivor" para a CBS. Descrito pelo *The New York Post* como o "Swami Survivor",* Graboff desenvolveu o modelo de negócios para a CBS que permitiu a criação, na rede, de uma programação original durante os meses de verão (que anteriormente eram mornos).

O desempenho de Graboff chamou a atenção de Scott Sassa, da NBC, que lhe ofereceu o cargo de vice-presidente executivo da NBC West Coast. Graboff incorporou-se à NBC em outubro de 2000, exatamente em tempo para ser a pessoa-chave na equipe de negociação de "Frasier". Em janeiro de 2001, o menino-prodígio da televisão, Jeff Zucker, se juntou à NBC como presidente da NBC Entertainment, propiciando maior apoio para a equipe de negociação Graboff-Sassa. O trio envolvia algumas vezes Bob Wright, CEO (Chief Executive Officer) da NBC, que desde o início manteve um grande interesse sobre como progrediam as negociações.

Do outro lado da mesa estava Kerry McCluggage, um amadurecido veterano da Paramount Studios. Após graduar-se pela Harvard Business School em 1978, McCluggage entrou na Universal Television Studios, onde ajudou a criar e produzir uma série de programas populares, dentre eles: "Magnum", "P.I."; "The A-Team"; "Miami Vice"; "Murder", "She Wrote" e "Law & Order". Em 1991, McCluggage deixou a Universal para se tornar presidente do grupo de televisão da Paramount. Nessa função, McCluggage liderou negociações de grande importância como a de "Frasier", embora estivesse muitas vezes na companhia de Gary Hart, presidente da Paramount Network TV, na mesa de negociação.

**Nota do Tradutor*: Swami é um título honorífico hindu, reservado para aqueles que representam quase uma espécie de "santo" hindu – aqueles que recebem a energia de Deus.

TRÊS CONCEITOS CENTRAIS: MAANA, RESERVA DE VALOR E ZOPA

Muitas partes na negociação de "Frasier" não foram mencionadas – a imprensa, os fãs, os patrocinadores e outras estrelas do seriado, para nomear apenas alguns. A omissão não quer dizer que essas partes não sejam importantes; indiscutivelmente, David Hyde Pierce e John Mahoney – que interpretavam, respectivamente, o irmão e o pai de Frasier – eram quase tão importantes para "Frasier" quanto Kelsey Grammer. Por enquanto, porém, vamos manter o caso mais simples e passar para o próximo passo na preparação eficaz: descobrir a MAANA para cada uma das partes.

O termo MAANA cunhado em *Como chegar ao sim* (Imago, 2005), de Roger Fisher, Bill Ury e Bruce Patton, significa "melhor alternativa à negociação de um acordo". É: "O que você faz?", se não chegar a um acordo.

Na negociação de "Frasier", a MAANA da NBC seria comprar um seriado de outra rede ou fazer um "piloto" para um novo programa (em teoria, a NBC poderia colocar barras coloridas por trinta minutos no lugar de "Frasier", mas isso talvez não correspondesse a sua *melhor* alternativa). De forma ideal, a substituição teria que ser por outra comédia que pudesse propiciar audiência de tamanho comparável. Graboff e Sassa viam "Dharma & Greg", da ABC como possível substituta se a NBC perdesse "Frasier". Porém, o par chegou a um importante insight em sua análise MAANA: O que a ABC faria se perdesse "Dharma & Greg"? Certamente não iriam colocar barras coloridas por trinta minutos. Iriam "roubar" um programa semelhante de outra rede, talvez até mesmo da NBC.

Com a carência de comédias bem avaliadas na época, Graboff e Sassa temiam que o fato de ficar sem "Frasier" pudesse desencadear uma guerra de ofertas em que todas as três grandes redes disputariam entre si seus principais programas. No pior cenário, Graboff e Sassa especulavam que poderia haver um drástico aumento nos custos da programação para todas as três redes. A CBS poderia se beneficiar indiretamente desse aumento nos custos da programação, através de seu estúdio-irmão, Paramount, e a ABC poderia se beneficiar indiretamente de sua empresa-mãe, Walt Disney; mas a NBC, que não possui uma companhia produtora afiliada, iria definitivamente perder. Em resumo, a MAANA da NBC era péssima.

A lição geral é pensar no que iria *realmente* acontecer se não houvesse acordo – não apenas um passo adiante (comprar outro programa), mas dois ou três passos além (possível competição de ofertas). A melhor prática nas análises MAANA exige que se pergunte constantemente: "E depois, o que acontece?", até que você fique satisfeito de que todas as partes envolvidas tenham alcançado um terreno estável e não reagiriam mais a seus movimentos.

Claro que você precisa avaliar sua própria MAANA e a MAANA do outro lado para compreender, na totalidade, as implicações de sua estratégia de negociação. Na negociação de "Frasier", Graboff era um veterano no negócio de televisão e tinha certeza de que a MAANA da Paramount seria vender o seriado para a CBS: "A ABC não era páreo para os preços sobre os quais já estávamos conversando, pois isso não faria sentido para eles, embora a Paramount continuasse nos garantindo que a ABC estava bastante interessada." Em 2001, se você fosse a NBC e a ABC não estivesse no páreo, restaria CBS como MAANA da Paramount.

Kerry McCluggage confirmou a avaliação de Graboff sobre a MAANA da Paramount. Em uma entrevista alguns anos depois, quando o acordo foi concluído, ele me disse:

> Claramente a CBS era nossa melhor alternativa para um acordo negociado. Mas não era uma grande alternativa. Seria um passo bem abaixo a concluir um acordo com a rede atual [NBC]... Eu queria fazer o que considerava ser nossa responsabilidade fiduciária com o seriado, que seria fechar o melhor acordo possível a nosso alcance. Nesse contexto, o melhor acordo seria de longe manter o seriado na NBC. Assim, haveria claras indicações de que poderíamos vender o programa para a CBS. Mas eles sabiam nosso ponto de vista a esse respeito, que era o de que realmente não queríamos fazer isto... Certamente a CBS teria ganhado muito menos dinheiro com o seriado do que a NBC poderia.[4]

A análise MAANA para ambos os lados conduz naturalmente a outro importante conceito em análise de negociação: *reserva de valor*. Sua reserva de valor é seu número para desistir – o menor montante que você está disposto a aceitar ou o maior valor que estaria disposto a pagar. Sua reserva de valor deve refletir sua MAANA – no caso da NBC, por exemplo, sua MAANA ruim (possível guerra de ofertas) significava maior reserva de valor. A reserva de valor não tem nada a ver com o que você espera pagar, com o que você "deveria" pagar ou com o que seja um preço "justo" na negociação. Ela simplesmente reflete o ponto no qual você está criando valor no acordo *versus* se afastar da mesa de negociações em sua melhor alternativa para um acordo. É um número importante a se ter em mente ao entrar na sala de negociação.

Na negociação de "Frasier", a reserva de valor para ambos os lados começava com o ponto de equilíbrio da taxa de licenciamento. Graboff estimou que a NBC chegaria ao equilíbrio no seriado se pagasse aproximadamente $5 milhões por episódio. E para a CBS? Como você se lembra, Graboff havia entrado na NBC em outubro de 2000, depois de dois anos como principal comprador de programas de televisão – para a CBS. A consequência disso era que, como Graboff mesmo posicionou: "Na época, eu conhecia melhor a posição econômica da CBS do que da própria NBC." Com essa perspectiva de dentro da empresa, Graboff estimou que o ponto de equilíbrio da CBS para a taxa de licença seria aproximadamente $3 milhões por episódio. Como McCluggage havia observado, era um "grande passo abaixo" da disponibilidade da NBC em pagar.

Além disso, existem outras fontes de valor que precisam ser acrescentadas para ambos os lados. Do lado da NBC, por exemplo, existia o valor de evitar uma possível competição de ofertas. Para a NBC e a CBS, havia um valor significativo do chamado efeito *tent pole* (capacidade de promover e desenvolver outros programas nos blocos de tempo adjacentes a "Frasier") e a vantagem de manter o seriado fora de uma rede rival.

É difícil definir ao certo quanto valeriam esses aspectos intangíveis, mas algumas ideias adicionais sobre o lado da Paramount na mesa de negociações poderiam nos ajudar a triangular um valor. McCluggage estimou que seu próprio preço para desistir do acordo estava entre $5,25 milhões e $5,5 milhões por episódio porque isso era o que a CBS estaria disposta a pagar. "Sabíamos que se não chegássemos a esse preço com a NBC, então a CBS pagaria."[5] A avaliação de McCluggage implicava que essas fontes de valor "mais leves" permitiriam que a CBS pagasse mais $2 milhões do que seu ponto de equilíbrio para a taxa de licença de $3 milhões por episódio.

Mudando para o lado da NBC da mesa de negociações, parece razoável assumir que seu incremento sobre o ponto de equilíbrio para a taxa de licença equivaleria pelo menos a: o *tent pole* ("Frasier") da NBC e seu interesse em mantê-lo longe de uma concorrente, que seria tão grande quanto o da CBS, e a NBC tinha uma fonte adicional de valor – seu forte interesse em evitar uma competição de ofertas. Com base nessas fontes adicionais de valor, a reserva de valor da NBC (o montante que estaria disposta a pagar) giraria em torno de $7,25 a $7,5 milhões por episódio. Logo veremos quais outros fatores empurravam essa reserva de valor para baixo. Mas essa análise relativamente simples evidencia que a NBC estaria disposta a pagar significativamente mais do que a taxa de licença do ponto de equilíbrio se tivesse que fazê-lo para manter o programa. Graboff confirmou essa conclusão:

> Algumas vezes você está preparado para o ponto de equilíbrio. Outras vezes você não faz um acordo, a menos que vá ganhar dinheiro. Nós nos preparamos para a ideia de pagar uma taxa de licença maior do que nosso ponto de equilíbrio, e maior do que estávamos pagando na época [$5 milhões por episódio]... Dissemos: "OK, estamos preparados a perder mais dinheiro do que o normal neste seriado; porém, vamos tentar limitar esta perda."

A união de todos esses pontos nos traz para o último conceito básico na análise da negociação: ZOPA (zona de possível acordo). Dada a avaliação de sua própria MAANA e de sua reserva de valor, e (igualmente importante) da MAANA e da reserva de valor do outro lado, você pode determinar (pelo menos como primeira aproximação), se existe uma ZOPA. A análise ZOPA lhe diz se está sendo criado valor na negociação. Em alguns casos, uma ou ambas as partes possuem MAANAs bastante atrativas, mas simplesmente não há ZOPA (algumas vezes chamada, principalmente em tom de brincadeira, como situação "NOPA"). Em muitos outros casos, a questão sobre a existência de uma ZOPA não é clara, e o desafio inicial no processo de negociação é descobrir se ela existe, e, se existir, onde estaria.

Na negociação de "Frasier" havia uma enorme ZOPA, e todos sabiam. O ano de 2001 foi o ponto alto da era "Must See TV"* na NBC, quando "Frasier" fazia parte de um conjunto de programas "arrasa-quarteirão" que incluíam "ER" e "Friends". Um número significativamente menor de "olhares" estaria sobre "Frasier" se ele deixasse o plantel da NBC.

Os números confirmavam essa conclusão. McCluggage acreditava que a CBS pagaria algo por volta de $5,25 milhões pelo seriado, e desenvolvendo essa estimativa para o lado da NBC, chegava-se à indicação de que a NBC estaria disposta a pagar aproximadamente $7,25 milhões. Assim, a ZOPA estaria em algum ponto dentro da faixa de $5,25 milhões a $7,25 milhões por episódio. Se multiplicar a dimensão de $2 milhões da ZOPA por 24 episódios por temporada e as 3 temporadas que Grammer insistia em negociar, você chegaria aos $144 milhões de valor "sobre a mesa" para a NBC e a Paramount "pegar ou largar".

**Nota do Tradutor*: Slogan de propaganda do bloco de programação de seriados de grande audiência da NBC durante a década de 1990 e início dos anos 2000.

Para colocar esse número em perspectiva, em 2001 o lucro líquido da NBC foi de $1,6 bilhão e o da Paramount foi de $263 milhões.[6] Assim, o valor sobre a mesa com esse único acordo chegava a quase 10% do lucro líquido da NBC e mais da metade do lucro líquido da Paramount daquele ano.

Pouco antes de as partes se sentarem para negociar o contrato de "Frasier", o *The New York Times* fez a seguinte colocação:

> Como uma poderosa fortaleza em um penhasco, impenetrável ao ataque e ameaçando a todos que ousassem invadir seu território, a programação das noites de quinta-feira da NBC elevou-se sobre o restante das redes de televisão, através de toda uma geração de telespectadores... Agora, o comando total da NBC sobre as quintas-feiras – e a maciça receita de propaganda que recebe por causa disso – está sendo desafiado, e as apostas são enormes... O desafio, pela CBS, estabelece a mais importante batalha na história recente do horário nobre.[7]

Claramente, essa era uma negociação que ambos os lados queriam fazer corretamente.

DISCERNINDO INCENTIVOS

Isso leva ao aspecto final na preparação para a negociação: pensar sobre os incentivos dos indivíduos que estarão negociando. A pesquisa mostra que as pessoas são altamente conscientes das diferenças dentro de seu próprio grupo, mas essas mesmas pessoas tendem a tratar outros grupos como se eles fossem monolíticos.[8] Isso é um erro. Mesmo pessoas que estão tentando fazer a coisa certa para suas organizações podem ter incentivos sutis e poderosos que divergem dos interesses de suas organizações.

A maioria das negociações financeiramente significativas ocorre entre organizações, e não indivíduos – embora os indivíduos, e não as organizações, é que negociem os acordos. Portanto, é fundamental considerar os incentivos dos indivíduos do outro lado da mesa: Como ele é remunerado? Há quanto tempo trabalha para a empresa? Quais são suas aspirações no longo prazo? Essas questões são essenciais como parte de uma preparação eficaz.

Na negociação de "Frasier", analise os incentivos de Marc Graboff. Graboff tinha uma importante vantagem porque conhecia a CBS – talvez até melhor do que a CBS conhecia a si própria naquela época. Portanto, ele conhecia a MAANA da Paramount com razoável confiança.

Graboff também enfrentava certos desafios porque era novo na NBC e queria começar com o pé direito. Depois de "Frasier", ocorreriam logo, em seguida, os períodos de negociações exclusivas para "The West Wing" e "Just Shoot Me". Graboff raciocinava que um acordo com "Frasier" poderia ser útil em futuras rodadas com outras produtoras. Uma referência já estabelecida, do ponto de vista de Graboff, era "Friends"; na época, uma comédia similar da NBC, mas com sucesso ainda maior. Qualquer acordo por "Frasier" que fosse mais caro do que "Friends" seria percebido pela NBC como um acordo ruim. Embora variassem os valores tornados públicos, o *The New York Times* noticiou que a NBC estava pagando aproximadamente $6 milhões por episódio por "Friends".[9]

A Paramount compreendeu esse aspecto geral, mas questionava onde, de fato, estaria o teto da negociação. De acordo com McCluggage: "Nossa informação era que a taxa de licença de 'Friends' era superior a esta... Sim, 'Friends' era um teto, mas a menos que estivéssemos errados, a taxa de licença [da NBC por 'Friends'] era mais perto de $6,5 milhões, pelo menos da forma como analisamos."[10]

Independentemente do fato de a taxa de licença por "Friends" estar em $6 milhões ou $6,5 milhões por episódio, os incentivos de Graboff para não criar um forte precedente restringiam fortemente a ZOPA. Mesmo com a reserva de valor da NBC por "Frasier", analisada isoladamente, atingindo um valor de $7,0 milhões a $7,5 milhões por episódio, Graboff não iria pagar mais do que algo em torno de $6 milhões. Teoricamente, Graboff ganharia valor em termos de reputação se assumisse uma linha dura na negociação de "Frasier" que gerasse benefícios futuros. Esse valor em termos de reputação era especificamente grande para Graboff porque era novo na NBC, e todos os olhares estavam sobre ele para ver o que faria em seu primeiro acordo. A compreensão dos incentivos de Graboff levava à conclusão de que a ZOPA estava fortemente limitada – algo como $5,25 milhões por episódio, no mínimo, e $6 milhões no máximo.

Neste capítulo, discutimos os quatro passos essenciais na preparação: discernir (1) as partes, (2) seus interesses, (3) MAANAs de todos os lados envolvidos e (4) os incentivos das pessoas na mesa de negociações. É um conjunto de conceitos que formam um esqueleto com a intenção de garantir que você não perca nada importante, enquanto ainda deixa espaço para o tipo de pensamento criativo sobre fatores específicos de contexto. No próximo capítulo continuamos a história com um exame das táticas na mesa de negociações utilizadas no acordo de *Frasier*.

CAPÍTULO 2

NA MESA DE NEGOCIAÇÕES

No início de 2001, Marc Graboff e Kerry McCluggage se preparavam para um período de 30 dias de negociações exclusivas que começaria em 1º de fevereiro. Surgiram rumores na imprensa de que a Paramount queria um preço de $8 milhões por episódio por "Frasier" – um enorme aumento sobre o preço praticado de $5 milhões por episódio. Graboff especulou que observadores externos interessados, e não a Paramount, haviam plantado o número de $8 milhões: "Dois ou três agentes que representam alguns dos produtores e talentos do seriado tinham forte interesse de que o preço atingisse o maior valor possível. Assim foi que vazou o número de $8 milhões."[1] McCluggage tinha uma avaliação diferente sobre como o número havia surgido:

> Pareceu-nos que a NBC havia plantado isso [$8 milhões] sabendo que teriam muita dificuldade para chegar aos números que queriam... Tive a sensação de que eles estariam posicionando o estúdio como sendo pouco razoável e pedindo mais dinheiro do que este merecia, o que tornaria mais justificável a perda do seriado. Não sei ao certo se foi o que realmente aconteceu, já que a imprensa é perfeitamente capaz de cometer um erro por sua própria conta... Mas vimos isso como uma tática da parte deles, o que não foi bem recebido por nós.

Quando o período de negociações exclusivas se iniciou, a primeira oferta séria da Paramount foi $6 milhões por episódio, representando um aumento de 20% sobre o preço existente. McCluggage admitiu: "Não esperávamos que o acordo terminasse em $6 milhões." A NBC contrapôs com $4,75 milhões por episódio, significando redução de 5% sobre o nível atual. Era uma distância enorme; Graboff relembra: "Normalmente, quando você negocia licenças, as ofertas se diferenciam em milhares de dólares, e não milhões de dólares."

Com o relógio avançando em direção ao prazo de 1º de março, a Paramount baixou para $5,5 milhões e, em seguida, firmou sua posição. A NBC subiu para $5 milhões e também se recusou a fazer mais concessões. As partes ficaram presas com essa distância de $500 mil entre suas "melhores ofertas finais". Multiplicando por 24 episódios por temporada e pelo prazo de três temporadas que a Paramount insistia, a NBC e a Paramount estavam lutando por $36 milhões. A Figura 2 traz a análise ZOPA do Capítulo 1, junto com a dança de concessões feitas até agora nas negociações.

As partes estavam em um impasse, com a NBC desejando pagar um máximo de $5 milhões por episódio e a Paramount pedindo um mínimo de $5,5 milhões por episódio. Como Graboff relembra:

> Eles não se moviam, e ficavam nos dizendo que outras redes estavam interessadas; que o programa ["Frasier"] iria para outra rede se não subíssemos nosso preço. Tudo se tornou uma questão de: Pagaremos o blefe? Permitiremos que isso vá para o mercado e, assim, comprovaremos que

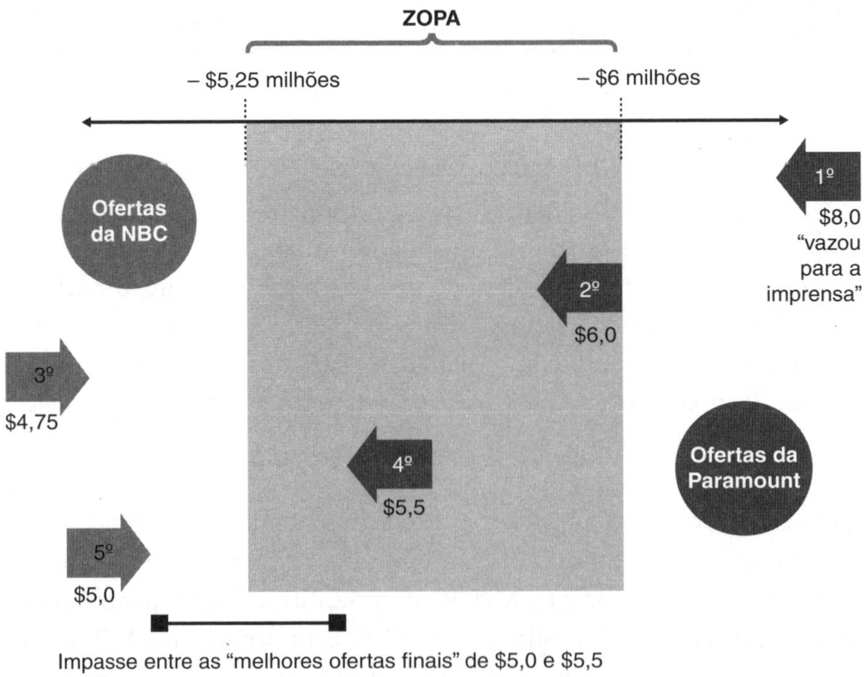

Figura 2. A dança das concessões na negociação de "Frasier".

> estão dizendo ou não a verdade? Era com isso que estávamos realmente nos deparando... Tivemos várias reuniões, em que olhávamos uns para os outros através da mesa em completo impasse. Deixamos algumas vezes a negociação, quando eles traziam dois ou três pontos que afirmavam estar em questão, mas que nunca estiveram sobre a mesa. Recebíamos essas questões com raiva e nos afastávamos. Nós os ameaçamos algumas vezes, e eles também nos ameaçaram. Por um tempo, a coisa ficou bastante feia.

McCluggage forneceu relato semelhante:

> Foi muito tenso no final, especialmente quando sentimos que estávamos fazendo uma oferta de acordo razoável em $5,5 milhões e eles continuavam desperdiçando muito tempo falando sobre números abaixo de $5 milhões que estavam completamente fora de questão.

A transação da Paramount-NBC ilustra alguns dos aspectos principais do modelo básico de negociação. Trabalharemos sobre esses elementos no restante do capítulo.

ANCORAGEM E OFERTAS INICIAIS

Uma questão natural em qualquer negociação é se você deve fazer uma primeira oferta. Algumas pessoas acreditam que você nunca deve fazer uma oferta inicial. Claro que se ambas as partes adotarem esse ponto de vista, as duas ficarão sentadas como esfinges esperando que o outro lado sugira um número. Outros entendem que fazer uma primeira oferta pode "ancorar" a negociação a seu favor. Uma longa linha de pesquisa mostra que os negociadores tendem a não se ajustar muito bem a partir de um ponto inicial quando um número foi lançado. Essa incapacidade de se ajustar adequadamente é um viés cognitivo bastante conhecido.

A *ancoragem* funciona ao influenciar sua percepção sobre onde estaria a ZOPA. Imagine que, com base em uma investigação prévia, você suponha que ela esteja entre aproximadamente $30 e sua reserva de valor de $60. Mas quando o vendedor faz uma oferta inicial de $75, você muda suas expectativas mesmo sem perceber. De repente, você passa a imaginar se o preço mínimo do vendedor não estaria, de fato, em $50 e que você ficaria muito feliz se chegasse a um acordo em $55. Você acabou de ser ancorado.

Você deve sempre fazer uma primeira oferta para utilizar o fenômeno da ancoragem? Nem sempre. Existem dois riscos diferentes em fazer o lance inicial. Um é você ancorar muito agressivamente bastante fora da ZOPA. Quando isso acontece, você tem a opção de ou fazer grandes concessões para chegar à ZOPA ou deixar de fazer o acordo, mesmo existindo uma ZOPA. Ambas as alternativas são problemáticas. Outro é que sua primeira oferta seja muito conservadora e que, sem saber, você acabe abandonando um pedaço substancial da ZOPA com esse lance inicial.

Além disso, uma recomendação importante quanto ao efeito de ancoragem é que ele somente funciona quando o outro lado não tem certeza sobre onde esteja a ZOPA. Para pegar um caso extremo, se o outro lado tem 100% de segurança quanto à faixa de barganha, é improvável que deixe sua oferta inicial influenciar a percepção sobre ela. Quanto maior for o conhecimento da outra parte sobre a ZOPA, menos eficaz se torna a ancoragem.

Para equilibrar esses fatores concorrentes, apresento algumas diretrizes que vão além do conhecimento convencional do "sempre" ou do "nunca" e que ajudam a determinar se você deve fazer uma primeira oferta:

- Quando você tem uma avaliação bastante boa sobre onde esteja a ZOPA, deve considerar a possibilidade de fazer uma primeira oferta para ancorar a negociação a seu favor. A melhor situação é quando você sabe onde está a ZOPA, mas o outro lado não. Nesse cenário, pense em uma primeira oferta "firme" que finque uma estaca no solo: "$30 é realmente o melhor que podemos oferecer." Depois mova só um pouco da posição inicial para fechar o acordo.
- Quando você não sabe onde esteja a faixa de barganha, recue, ouça, aprenda mais e talvez deixe até que a outra parte faça uma primeira oferta. Na medida em que realmente deseje fazer uma primeira oferta nesse cenário, você deve considerar estabelecer uma âncora "leve": "Estamos pensando em algo na faixa de $30" ou "Meu pessoal me diz que $30 é um preço justo". Na verdade você não fez uma oferta, mas lançou um número que pode "colar" se estiver na ZOPA ou próximo a ela.[2]
- Você estará em grande desvantagem quando o outro lado tiver conhecimento sobre a faixa de barganha e você não. Se a outra parte for esperta, fará uma primeira oferta nesse cenário. Sua defesa mais importante é a consciência desse fenômeno. Em vez de deixar que o viés cognitivo tome conta, resista à tendência de mudar sua percepção sobre a ZOPA,

a menos que a oferta da outra parte contenha informações reais (por exemplo, uma abertura de seus custos).

A Figura 3 resume minha abordagem para pensar sobre a importante questão de se fazer ou não uma primeira oferta.

Se você seguir esta análise e decidir que deve fazer uma primeira oferta, quão alto (ou baixo) deve visar? Um estudo recente feito pelos professores Richard Larrick e George Wu fornece uma orientação útil sobre essa questão. Larrick e Wu constataram que os negociadores sistematicamente subestimam o tamanho da ZOPA; isto é, as pessoas pensam que o outro lado pode dar menos do que realmente seja possível. Larrick e Wu chamam isso de *viés do bolo pequeno*. Se você pensar no bolo como sendo menor do que é na realidade, então naturalmente acabará superestimando o pedaço que pediu (que Larrick e Wu chamam de *viés do pedaço grande*).

Considere um exemplo simplificado. Você é o vendedor e a faixa de barganha está entre $0 e $100, mas você pensa que o outro lado não pagará nada mais do que $80 (viés do bolo pequeno). Quando você chega a $50, se sente bastante bem porque pensa que conseguiu 63% do bolo ($50/$80), embora, na verdade, tenha alcançado somente 50% do bolo. Em um experimento, os estudantes em laboratório (mais detalhes sobre investigações em laboratório

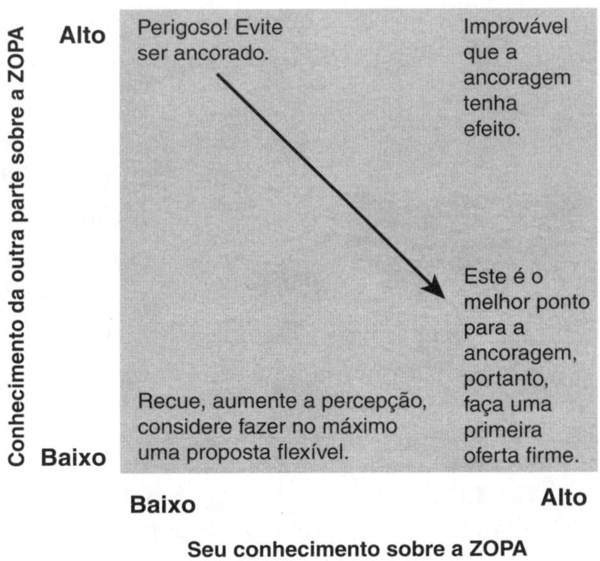

Figura 3. Quando você deve fazer uma primeira oferta?

no Capítulo 6) estimaram que, em uma negociação com "bolo fixo", conseguiram, em média, 65% do bolo.[3] Isso é impossível: em uma negociação com "bolo fixo", em média cada negociador pede exatamente metade do bolo.

Essas constatações indicam que você deve fazer uma primeira oferta que seja mais agressiva do que seus instintos possam lhe sugerir. Gosto da abordagem apresentada pelos professores Max Bazerman e Deepak Malhotra. Eles recomendam que você se pergunte: "Qual é o maior número que eu poderia justificar?"[4] A pergunta convida que você vá além de onde seus instintos poderiam levá-lo. Ela não sugere um número exagerado, mas um que você possa "explicar" a respeito.

A negociação de "Frasier" fornece uma bela ilustração desses pontos. Você se recorda de que a primeira oferta da Paramount foi $6 milhões, no ponto mais alto da ZOPA. A Paramount poderia contar uma história que desse sentido aos $6 milhões, mas certamente essa foi uma oferta agressiva que deve ter ancorado a negociação na direção do ponto mais alto do espaço para um acordo.

Contudo, Marc Graboff, da NBC, não tinha também uma forte avaliação da ZOPA? Como descrevi no Capítulo 1, Graboff havia acabado de sair da CBS, concorrente mais provável para o seriado; logo, teoricamente, Graboff não se deixaria influenciar pela âncora da Paramount. Isso podia ser verdade, mas o valor de "outros aspectos" no acordo pelo lado da CBS adicionava uma carta imprevisível à negociação. Como Graboff explicou, a reserva de valor da Paramount seria talvez muito melhor do que poderia sugerir a economia pura:

> Eu sabia que a única maneira de o programa seguir para a CBS seria se [o CEO da CBS] Les Moonves convencesse Mel Karmazin [COO (Chief Operating Officer) da Viacom] de que colocar "Frasier" na CBS teria tripla vantagem. Tiraria o seriado da NBC. Colocaria o seriado na CBS, onde se tornaria um *tent pole*. Terceiro: eu sabia que existia uma luta pelo poder se desenrolando entre certos níveis da CBS e da Paramount e que conseguir colocar "Frasier" na CBS ajudaria a causa política pelo lado da CBS. Era puramente político, mas, apesar de tudo, um fator a ser considerado.

Essa incerteza, e o grande risco que ela criou para a NBC, pode ter permitido que a âncora da Paramount apresentasse um efeito maior do que teria de outra forma.

CONTRAPROPOSTA – GERENCIANDO SEUS PADRÕES DE CONCESSÃO

Quando é feita uma proposta inicial, a dança normal da negociação exige uma contraproposta da outra parte. Se você está na ponta recebedora da primeira oferta, a regra do ponto intermediário é o princípio mais importante a considerar quando você prepara sua contraproposta. Mesmo meu filho de 5 anos sabe como isso funciona:

> "Vou te lançar mais cinco bolas e depois vamos jantar."
> "Espera aí, pai... [pausa para pensar] mais dez."
> "Sete."
> "Nove."
> "Oito."
> "Fechado!"

Após os oito lançamentos, e quando estamos sentados à mesa de jantar, meu filho de 5 anos olha para mim com um sorriso malicioso: "Ei pai, sabe de uma coisa? Eu *queria* apenas oito lançamentos!"

Nunca me senti tão orgulhoso.

Mesmo que jamais tenha ouvido falar, você talvez conheça intuitivamente a regra do ponto intermediário: de longe, a melhor projeção para o preço final de um acordo é o ponto intermediário entre a primeira oferta e a contraproposta (relativamente razoáveis). A regra não é uma lei da física, logo, a correlação entre o ponto intermediário entre primeira oferta e contraproposta e o preço final do acordo não é perfeita. No entanto, o ponto intermediário é a variável explicativa mais importante para o preço final de acordo em que se chega. Utilize o ponto intermediário em seu benefício em uma negociação. Pense sobre onde deseja terminar e comece com uma contraproposta que lhe leve a esse número como ponto intermediário.

Alguns anos atrás, eu e minha esposa estávamos comprando a casa em que vivemos atualmente. Nossa inspeção revelou um montante de $80 mil de coisas problemáticas na casa, variando de calhas que necessitavam ser trocadas a árvores de grande porte que precisariam ser podadas. Perguntei ao corretor o que devíamos fazer.

Ele respondeu que existiam três alternativas. A primeira, ele disse, seria deixar assim mesmo – a casa é vitoriana, dos anos 1880; logo, não seria uma grande surpresa encontrar alguns problemas, mesmo que significativos.

Não fiquei animado com essa alternativa, então, perguntei o que mais poderíamos fazer. A segunda alternativa, ele disse, seria dividir a diferença. "Você não sabia desses problemas e, presumivelmente, o vendedor também não sabia; logo, uma redução de $40 mil no preço de compra parece ser uma solução razoável." Gostei bem mais dessa ideia.

A terceira alternativa, continuou o corretor, seria pedir redução de $80 mil no preço de compra. "Você fez uma oferta sem saber desses problemas", ele explicou. "Assim, a casa valerá o preço que você ofertou somente depois do conserto dos problemas."

Depois de alguma discussão, eu e minha esposa decidimos que dividir a diferença parecia o mais justo. Mas, lembrando da regra do ponto intermediário, instruí o corretor a apresentar nossa lista de problemas ao vendedor e pedir uma redução de $80 mil sobre o preço de aquisição.

No dia seguinte, o vendedor veio com uma contraproposta de $10 mil. Após algumas iterações, concordamos com uma redução de $37.500 no preço de compra. Teríamos chegado a esse número se desde o início tivéssemos partido com uma proposta de dividir a diferença? Nunca saberemos, mas parece bem menos provável. Pensando sobre onde queríamos chegar, começamos com um número que nos levou até lá como ponto intermediário.

A primeira oferta e a contraproposta são seguidas pela dança usual de concessões entre as partes para ver se conseguem diminuir a distância. Nesse ponto, a norma é a reciprocidade: você faz uma concessão, depois eu faço uma concessão, depois você faz nova concessão e, assim, vamos para frente e para trás até alcançar um acordo ou chegar a um impasse. Na administração dessa dança de concessões é importante "sinalizar o fim da estrada". Faça concessões cada vez menores na medida em que avança para indicar que está atingindo seu limite. Da mesma forma como o ponto intermediário, planeje antecipadamente para convergir suas concessões em direção a um resultado desejado.

PROCURANDO LANCES QUE CRIEM VALOR

Até agora neste capítulo, tentei resumir as estratégias da melhor prática de negociação para fatiar um bolo fixo, utilizando a negociação de "Frasier" para ilustrar vários pontos. Primeiras ofertas, contrapropostas e padrões de concessão são partes importantes desse jogo. Entretanto, a teoria da negociação nos diz que muitas vezes é um jogo errado para atuarmos. Normalmente, a hipótese "bolo fixo" é incorreta. Necessariamente não é verdade que mais para mim possa significar menos para você.

Um dos principais desafios em negociações é identificar lances que criem valor: coisas que eu possa dar que não sejam onerosas para mim, mas que sejam valiosas para você receber, e vice-versa. É importante ser claro: "tornar o bolo maior" não é necessariamente bom em si mesmo. No final, o que o preocupa é o tamanho de seu pedaço, mas obviamente é bem mais fácil pegar uma grande fatia se o bolo como um todo for maior.

Retornemos ao exemplo de "Frasier". Na maior parte do período de negociação exclusiva, a NBC e a Paramount praticaram o tradicional jogo de soma zero. De acordo com Graboff, essas negociações iniciais estavam focadas "puramente no preço" ou, no máximo, no "preço e em alguns aspectos auxiliares que se você depurasse seriam, na verdade, relacionados ao preço". Quando você atua somente em um jogo de preço, um dólar a mais para você deve significar um dólar a menos para a outra parte.

Quando começou a crescer a possibilidade de impasse entre a NBC e a Paramount – lembre que as partes estavam distantes em $500 mil –, eles passaram a explorar oportunidades de criação de valor. Por exemplo, a NBC ofereceu dinheiro na forma de "compromissos de desenvolvimento" para a Paramount, para a companhia produtora de Kelsey Grammer (Grammer Productions) e para a companhia dos produtores executivos de "Frasier" (Grub Street Productions). Esses compromissos de desenvolvimento são o equivalente aos contratos "pegar ou pagar" de outros setores; neles, se o canal de televisão decide não levar ao ar um piloto da produtora ou, pelo menos, seis episódios de um seriado, o compromisso de desenvolvimento determina que mesmo assim seja pago à produtora um montante predeterminado. "Os compromissos de desenvolvimento se resumem a dinheiro", explicou Graboff, "mas ele corresponde a um tipo diferente de dinheiro para nós, que, de certa forma, é mais fácil de dar". É um lance clássico de criação de valor: menos oneroso para a NBC dar e valioso para a Paramount receber.

Um lance mais importante, em que ambos ganharam na negociação de "Frasier", foi a introdução de aumentos ou reduções no preço de aquisição com base na audiência. Fazendo uso das expectativas diferentes que a Paramount e a NBC tinham a respeito do programa, criou-se valor para ambas as partes. A Paramount estava otimista de que a audiência seria forte e, portanto, gostou dos aumentos baseados na audiência, que a recompensariam por um bom programa. A NBC estava mais pessimista sobre o que as três próximas temporadas trariam em termos de índices de audiência. Como Graboff explicou: "Nossa maior preocupação era que o seriado começava a mostrar sinais de envelhecimento." A NBC gostou das reduções de preço baseadas nos índices de audiência porque isso significava um menor preço de aquisição se eles estivessem corretos.

Em geral, as diferenças nas expectativas sobre o futuro muitas vezes criam valor nas negociações. Esses tipos de apostas, conhecidas como "contratos de contingência" no dialeto das negociações, apresentam três grandes vantagens:[5]

1. Elas alinham os incentivos das partes. Na negociação de "Frasier", no momento em que um incentivo baseado na audiência é introduzido no contrato, a Paramount passa a ter um forte incentivo financeiro para produzir programas que mantenham os índices elevados, que é exatamente aquilo que a NBC também deseja.
2. Elas permitem que as partes diagnostiquem a honestidade do outro lado. Se a Paramount insiste que os índices serão altos, a NBC deve responder oferecendo um aumento com base na audiência. Se a Paramount recusa essa oferta, a NBC acaba de perceber algo: a Paramount não está disposta a colocar seu dinheiro naquilo que diz com relação aos futuros índices de audiência do seriado.
3. Elas permitem que as partes dividam o risco. Se o seriado for bem, a NBC ganha bastante dinheiro e, consequentemente, não se importa em pagar uma taxa maior à Paramount com base no aumento da audiência. Se o seriado for mal, a NBC paga menos à Paramount – uma vantagem especificamente valorizada pela NBC, porque teria menos dinheiro de patrocinadores batendo à sua porta.

O DILEMA DO NEGOCIADOR

As oportunidades de criação de valor, como os aumentos e as reduções com base em índices de audiência, podem parecer bastante óbvias quando "todas as cartas estão sobre a mesa" (ou, com cores mais vivas, em uma negociação "com tudo à mostra"). O problema é que, em negociações reais, não colocamos todas as cartas sobre a mesa. Se formos completamente abertos em relação a nossos interesses, o outro lado poderá utilizar essa informação para extrair todo o valor que for criado. Imagine se a NBC tivesse dito: "Estamos profundamente preocupados com os índices de audiência do seriado e, assim, gostaríamos muito de avaliar uma redução no preço de aquisição com base na audiência." A Paramount teria dito, em resposta: "Bem, já que vocês querem tanto uma redução baseada na audiência, nós lhe daremos, mas isso custará bastante em termos de preço por episódio."

O âmago do problema é o seguinte: para identificar oportunidades de criação de valor, precisamos revelar informações; mas essa abertura de informações pode nos expor às táticas de alegação de valor pela outra parte na negociação. Em um livro pioneiro de meados dos anos 1980, David Lax e Jim Sebenius cunharam o termo *Dilema do Negociador* para apreender essa tensão inerente.[6] Para formalizar a intuição, Lax e Sebenius constroem um cenário hipotético que envolve dois indivíduos, Ward e Stone, que negociam sobre diversos assuntos. Ward e Stone têm uma escolha: cada um pode *Criar* em uma negociação, o que significa adotar uma abordagem aberta e de aproximação, ou eles podem *Reivindicar*, o que significa uma mentalidade mais "bolo fixo", fechada.

Lax e Sebenius constroem a matriz da Figura 4 para indicar as várias opções e os resultados que seriam gerados. Como mostra a matriz, se Ward e Stone Criarem, cada um deles obterá um Bom resultado. A abordagem aberta e de aproximação permite que eles identifiquem as oportunidades de criação de valor, que poderão dividir igualmente. Se em vez disso, tanto Ward quanto Stone Reivindicarem, ambos obterão um resultado Medíocre. A abordagem

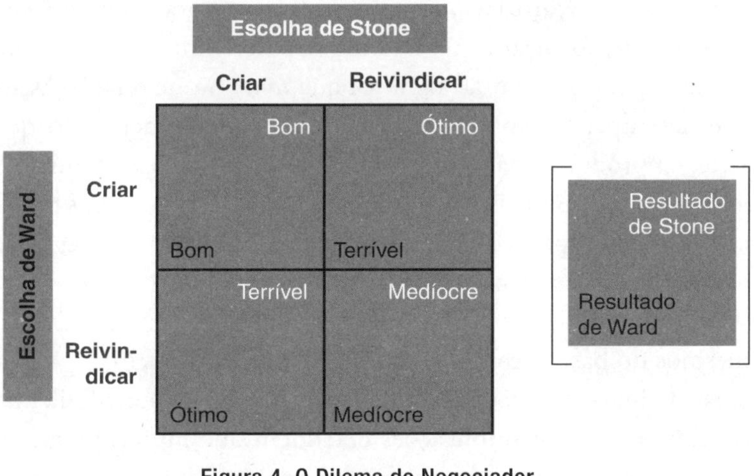

Figura 4. O Dilema do Negociador

mais resguardada faz com que seja bem menos provável que as oportunidades de criação de valor sejam identificadas. Ward e Stone lutarão sobre um bolo menor, que acabarão dividindo aproximadamente em partes iguais.

A terceira possibilidade, refletida na outra diagonal da matriz, é aquela em que em deles Reivindica e o outro Cria. Por exemplo, se Ward Reivindica e Stone Cria, Ward tem um Ótimo resultado e Stone, um resultado Terrível. Stone será muito aberto com seus interesses; Ward conhece seus próprios interesses, logo, conseguirá identificar as oportunidades de criação de valor e apreender todo esse valor. O bolo será maior, como no cenário de Criar/Criar, mas Ward terá captado a maior parte dele.

Nessa negociação Ward deveria escolher Criar ou Reivindicar? A resposta requer avaliação do que Stone possa fazer. Se Stone escolhe Criar, então a melhor resposta para Ward é Reivindicar: Stone está aberto e acessível, e Ward pode utilizar a informação para identificar e captar para ele todas as oportunidades de criação de valor (em vez de desempenhar o papel de Criar e ter que dividir o valor com Stone). Ótimo é melhor do que Bom, logo, se Stone desempenhar Criar, Ward deve desempenhar Reivindicar.

E se Stone escolhe Reivindicar? Novamente, a melhor resposta para Ward é desempenhar o papel de Reivindicar, para evitar ser totalmente limpo por Stone. Medíocre é melhor do que Terrível, logo, se Stone desempenha Reivindicar, Ward também deve desempenhar Reivindicar.

A conclusão é esta: não importa o que Stone faça, a "melhor resposta" para Ward é Reivindicar. O diagrama de resultados no Dilema do Negociador é simétrico, fazendo com que a avaliação de Stone seja a mesma: independentemente do que Ward faça, a melhor resposta para Stone é Reivindicar. Lax e Sebenius demonstram que Reivindicar/Reivindicar é a "estratégia dominante" na negociação, a qual significa que *tanto* Stone quanto Ward fazem melhor se desempenharem Reivindicar, independentemente do que faça a outra parte. O produto final é um resultado Medíocre para Stone e Ward, o que é problemático, pois existe um resultado melhor, que ambos poderiam ter alcançado caso desempenhassem Criar/Criar. O Dilema do Negociador leva participantes racionais a deixarem valor sobre a mesa (estudantes de teoria dos jogos reconhecerão que a estrutura desse problema e seu resultado analítico são os mesmos do bastante conhecido Dilema do Prisioneiro).

Dezenas de livros fornecem estratégias de como superar o Dilema do Negociador. Em geral, essas publicações defendem que muitas perguntas sejam feitas, a fim de sondar interesses subjacentes, que revelem, reciprocamente, informações e que ofereçam "pacotes" em vez de negociar assunto por assunto, para maximizar a probabilidade de identificar e captar oportunidades de criação de valor. Para nossos propósitos, o aspecto importante é que o Dilema do Negociador fornece uma razão estrutural para acreditar que muitas oportunidades de criação de valor são perdidas em negociações. Esse ponto fornece a fundamentação teórica para muitas das pesquisas empíricas e textos sobre negociação ao longo das últimas duas décadas. Voltarei a esse ponto com mais detalhes no Capítulo 6.

OS RESULTADOS DE "FRASIER"

Então, o que aconteceu com "Frasier"? Quando o deixamos, a NBC e a Paramount estavam presas em suas "melhores ofertas finais" de \$5 milhões e \$5,5 milhões, respectivamente. Na medida em que o prazo de 1º de março se aproximava, as partes começaram a explorar oportunidades de criação de valor para quebrar o impasse – coisas como compromissos de desenvolvimento e aumentos ou reduções no preço de aquisição com base em índices de audiência. Entretanto, uma das maiores fontes de criação de valor foi explicitamente retirada da mesa. Como descreveu Marc Graboff:

> Nossa grande preocupação era que o seriado estava começando a mostrar sinais de envelhecimento. Sentíamos a possibilidade de um ano bom, talvez dois, depois de oito temporadas, mas que o terceiro ano poderia ser desastroso. Não queríamos nos comprometer com o terceiro ano. Se fôssemos perder dinheiro nos anos um e dois, iríamos ser completamente derrotados no ano três, conforme nossas projeções. Fizemos várias propostas, que incluíam pegar o terceiro ano, mas, com direito de redução que dizia que, se no segundo ano os índices de audiência caíssem abaixo de certo número na faixa demográfica de 18 a 49 – que era uma espécie de número do cenário de desastre –, não teríamos que pegar o programa no terceiro ano. Na época, nosso argumento era preocupação para todo mundo.

A NBC temia que o programa não tivesse "pernas", logo um direito de redução era extremamente valioso para ela. A Paramount devia estar disposta a conceder o direito de redução em troca de um preço maior por episódio. Se a Paramount realmente acreditava que o programa teria índices de audiência sólidos no terceiro ano, então a NBC não chegaria a exercer o direito de redução. Seria a criação de valor dos livros de teoria: a NBC consegue algo que percebe como sendo muito valioso; a Paramount concede algo que pensa ser barato e obtém um preço maior por episódio por aceitar o risco de não ter a terceira temporada.

O obstáculo foi Kelsey Grammer, o astro do programa. Graboff explica:

> A atitude deles [sobre o direito de redução] foi: "Ele não é um iniciante. Kelsey se sentirá insultado. Vocês não vão querer isso." Então Scott [Sassa] foi falar com Kelsey e perguntou-lhe diretamente: "Os três anos são realmente importantes para você?" Kelsey respondeu basicamente o seguinte: "Olhe, no final, vocês não terão do que se arrepender, pois não iremos fazer só por fazer." Isso nos deu o conforto de que precisávamos para darmos o OK. O assuto estava fora da mesa.

Observe a falha na lógica. Se Grammer realmente não iria "fazer só por fazer", então ele talvez não tivesse se preocupado com o direito de redução – afinal, de qualquer forma, ele seria obrigado a parar de fazer o seriado caso o programa fracassasse. A intransigência de Grammer em relação ao direito de redução revelou que ele não estava tão confiante sobre a longevidade do programa como afirmava estar.

No final, as partes chegaram a um acordo em aproximadamente $5,4 milhões por episódio, com alguns outros compromissos de desenvolvimento e modestos aumentos e reduções com base em índices de audiência (observe que esse resultado é bastante próximo do que a regra do ponto intermediário projetava, tendo em vista as ofertas iniciais de $6 milhões e $4,75 milhões). Graboff descreve o final do jogo:

> Jeff, Scott e eu tínhamos uma festa naquela noite. Eram aproximadamente oito e meia da noite e os caras da Paramount queriam permanecer à mesa para fechar a coisa toda. Eu disse que precisávamos sair e Jeff e Scott correram para a porta. Estava colocando o meu casaco quando o pessoal da Paramount me puxou de lado dizendo que cederia quanto ao último ponto. Eu disse: "Bem, tenho que conversar com Jeff e Scott antes de fechar o negócio porque queremos olhar diretamente nos olhos uns dos outros agora que estamos no ponto de encerramento." Assim, Kerry [McCluggage] e Gary [Hart] foram para casa... Fui para a festa, agarrei Jeff e Scott e

saímos todos para sentar no carro de Jeff por cinco minutos para conversar sobre o acordo. Então Jeff pegou o telefone celular do carro, ligou para Kerry McCluggage e fechou o negócio.

"Frasier" ficou na NBC por mais três temporadas. Como Graboff temia, o programa teve perda significativa em índices de audiência. O que era anteriormente um constante candidato a figurar entre os dez mais caiu para entre os quarenta e cinquenta na maior parte das últimas três temporadas. Apesar da insistência de que não "faria só por fazer", Grammer persistiu em todas as três temporadas, conquistando, assim, o recorde de personagem com maior tempo de exibição na história da televisão americana. Em maio de 2004, o seriado deixou de ser exibido com um gemido, não com um estrondo.

Existe uma última peça nessa história. Depois de chegar a um acordo com a NBC, a Paramount teve que sentar com os astros: Kelsey Grammer e David Hyde Pierce. Como foi descrito por Graboff:

> Uma das questões que estabelecemos como condição para o fechamento do acordo foi a participação de Kelsey Grammer e David Hyde Pierce (que interpreta Niles) em todos os três anos, porque sem eles não haveria programa. Você imaginaria que a Paramount, como estúdio, já teria amarrado os contratos de Kelsey e David por esses três anos antes de fechar um acordo conosco, porque uma vez fechado o acordo e tornado público (o que invariavelmente acontece), isso daria a ambos um pouco mais de poder de negociação sobre o estúdio. Infelizmente, a Paramount não havia fechado acordos nem com Kelsey nem com David.

Assim, Kelsey Grammer se transformou no posto de pedágio de uma ponte bastante estreita. McCluggage explicou esse importante arranjo final sob a perspectiva da Paramount:

> Preferíamos já ter fechado com eles [Kelsey Grammer e David Hyde Pierce], mas realmente não foi possível... Seus agentes não queriam fechar negócio sem saber exatamente qual seria o tamanho do bolo [da NBC]. Claro que é mais difícil quando se faz dessa forma, pois você coloca uma arma nas mãos deles e diz: "Atire em mim"... Na verdade, acabamos bastante próximos de onde queríamos.

Em junho de 2001, três meses depois que a Paramount e a NBC chegaram a um acordo, Grammer fechou um contrato com a Paramount para trabalhar em "Frasier" por mais três temporadas. Os termos: $1,6 milhão por episódio, tornando-o o ator mais bem pago na história dos seriados. A Paramount cobrou um preço elevado da NBC, mas depois entregou boa parte desse dinheiro para seu astro Kelsey Grammer. Como relembra Graboff: "No final de tudo, eles não estavam felizes e nós não estávamos felizes, os quais são os indicativos de um bom negócio."

Nesses dois primeiros capítulos, utilizei o caso de "Frasier" para ilustrar as principais ideias de um modelo padrão de negociação: conceitos como MAANA, reserva de valor, ZOPA e o Dilema do Negociador. No Capítulo 7 volto à negociação de "Frasier" para avaliar os lances da Paramount e da NBC por meio das lentes da negotiauction.

CAPÍTULO 3

QUANDO LEILOAR E QUANDO NEGOCIAR?

Em 3 de outubro de 2008, o presidente George W. Bush assinou a Emergency Economic Stabilization Act (EESA) de 2008, iniciando a mais significativa intervenção dos Estados Unidos na economia desde a Grande Depressão. O ponto central dessa lei era o Troubled Asset Relief Program (TARP), que deu ao secretário do Tesouro, Henry Paulson, o poder de gastar $700 bilhões (em duas parcelas) para comprar os chamados ativos tóxicos. No dilúvio de comentários sobre a EESA, relativamente pouca atenção se concentrava em como, exatamente, o secretário Paulson compraria os ativos tóxicos. Ele negociaria acordos individuais com as instituições financeiras com problemas? Ou faria um leilão reverso para estabelecer o preço? As seções 113(b) e (c) forneciam a única orientação dessa legislação sobre a questão de leiloar ou negociar:

> (b) UTILIZAÇÃO DE MECANISMOS DE MERCADO. Ao fazer aquisições sob esta Lei, o secretário deve –
> Fazer essas aquisições ao menor preço que o secretário determine como consistente com os propósitos desta Lei;
>
> Maximizar a eficiência do uso dos recursos dos contribuintes através da utilização de mecanismos de mercado, incluindo leilões ou leilões reversos, quando apropriado.
>
> c) COMPRAS DIRETAS. Se o secretário determinar que a utilização dos mecanismos de mercado sob a subseção (b) não é viável ou apropriada, e que os propósitos desta Lei seriam mais bem atendidos através de aquisições diretas de uma instituição financeira individual, o secretário deve procurar medidas adicionais para assegurar que os preços pagos pelos ativos sejam razoáveis e reflitam o valor subjacente do ativo.

Sob os leilões reversos imaginados pela Seção 113, o Departamento do Tesouro especificaria a classe do título e, depois, os bancos com problemas competiriam em um leilão para vender de volta para o governo os títulos que se enquadrassem nas especificações. Os preços seriam dados por lances e o menor valor ganharia, proporcionando, assim, o maior retorno para o dinheiro do contribuinte americano.

O instinto de organizar um leilão reverso devia ser, em parte, devido à experiência positiva que o governo dos Estados Unidos tinha de utilizar leilões para venda de títulos. Toda semana o governo vende Letras do Tesouro dos Estados Unidos no mercado e o processo de competição através de lances é pensado, de uma forma geral, para produzir preços justos de mercado. Mesmo depois que a crise financeira já estava em pleno desdobramento, o governo dos Estados Unidos conseguiu facilmente vender dessa forma bilhões de dólares em Letras do Tesouro dos Estados Unidos. Em um leilão conduzido em novembro de 2008, por exemplo, o *The Wall Street Journal* noticiou que a demanda pela subscrição superou em mais de três vezes a oferta.[1] Em fevereiro de 2009, em meio a planos de gastos sem precedentes da administração Obama, os quais inchariam o déficit público federal, o *The Wall Street Journal* publicou, em manchete: "O Mundo Ainda Faz Fila por Títulos do Tesouro".[2]

Faz muito sentido o governo dos Estados Unidos utilizar um mecanismo de leilão na venda de Letras do Tesouro. Entre outras razões, o ativo é homogêneo e há muitos potenciais compradores. O mesmo não é verdade com o leilão reverso de ativos tóxicos; esses ativos, diferentemente das Letras do Tesouro dos Estados Unidos, são heterogêneos. Pelos menos 100 mil títulos distintos relacionados às hipotecas estão em circulação, com diferentes prazos, vencimentos, taxas de juros, localização geográfica, histórico de pagamento e classificação VICO,* para nomear algumas características.[3] O governo poderia organizar leilões diferentes para os diversos tipos de títulos, mas seria impossível controlar perfeitamente todas as variações dentre esses ativos tóxicos. Mesmo se o governo controlasse as características mais importantes, haveria uma tensão entre especificar precisamente o título e conseguir que um número razoável de participantes aparecesse. Quanto mais o governo especificasse o título que queria comprar, mais leilões ele teria que conduzir e menos vendedores apareceriam em cada leilão.[4]

**Nota do Tradutor*: Classificação de crédito para riscos hipotecários nos Estados Unidos.

Assim, o governo dos Estados Unidos foi pego entre duas difíceis opções para organizar seu leilão reverso. Por um lado, o governo poderia especificar o ativo com tanta precisão que somente uns poucos vendedores (ou talvez apenas um) possuiriam ativos que se qualificariam para venda no leilão. Por razões óbvias, seria ruim ter muito poucos vendedores. Por outro lado, o governo poderia ampliar as especificações dos ativos para que mais vendedores competissem, mas, agindo assim, estaria tornando os ativos heterogêneos de formas observáveis e não observáveis. O vencedor nesse leilão ampliado seria o vendedor com ativos que fossem mais tóxicos, porque esse vendedor teria motivação para diminuir seu lance ao máximo. Assim, o governo obteria menos do que estava esperando pelo dinheiro que pagou.

Alguns poderiam dizer que seria bom pagar um preço um pouco maior pelos ativos tóxicos, pois um dos objetivos implícitos do TARP seria dar uma ajuda do governo às instituições financeiras. Mesmo se você apoiar esse ponto de vista, as regras de marcação a mercado* criaram um problema ainda maior para os títulos que *não* fossem vendidos no processo de leilão reverso. Em novembro de 2007, o Federal Accounting Standards Board (FASB)** promulgou a Regra 157 ("FAS 157"), que exige que as instituições financeiras façam marcação a valores de mercado dos títulos negociáveis e "disponíveis para venda". Quando o Departamento do Tesouro começasse a conduzir leilões reversos para ativos tóxicos, os bancos sofreriam pressões de seus auditores externos para fazer marcação de seus próprios ativos tóxicos pelos preços que fossem estabelecidos nesses leilões. Como foi registrado em um comentário: "Se os leilões de ativos problemáticos parecessem bem-sucedidos, seria difícil, a menos de uma suspensão da FAS 157 pela SEC,*** ignorar o preço do leilão, não apenas para a classe específica de títulos leiloados, mas também para outros títulos substancialmente idênticos."[5]

Lembre-se de que os preços dos leilões seriam estabelecidos pelos valores dos piores ativos tóxicos dentro de determinada classe de títulos. Os melhores ativos tóxicos (se isso não for um paradoxo) não seriam adquiridos no proces-

---

**Nota do Tradutor*: Resumidamente, na marcação a mercado, as instituições financeiras devem contabilizar os títulos e valores mobiliários pelo valor atual de mercado, independentemente do valor de face ou do valor de compra.

***Nota do Tradutor*: Organização privada sem fins lucrativos que tem a função de estabelecer e aperfeiçoar os padrões de contabilidade e de demonstrações financeiras nos Estados Unidos para todos os usuários, em defesa do interesse público.

****Nota do Tradutor*: Equivalente à CVM – Comissão de Valores Mobiliários.

so de leilão reverso e, então (sob a FAS 157), teriam que ser registrados pelo "preço de mercado" estabelecido no leilão reverso. Os bancos teriam que contabilizar seus ativos tóxicos por valores que estariam abaixo dos reais valores se mantidos até o vencimento. Na verdade, os bancos seriam punidos ainda mais severamente do que ditariam os fundamentos econômicos de seus balanços patrimoniais. Isso seria exatamente o oposto do que o TARP pretendia fazer, e tudo leva à conclusão de que comprar de volta os ativos tóxicos através de um leilão reverso seria péssima ideia.

Em 12 de novembro de 2008, pouco mais de um mês após o estabelecimento do TARP, o Departamento do Tesouro descartou o plano. O secretário Paulson anunciou que em vez de comprar ativos tóxicos diretamente, o TARP seria utilizado para injetar capital nas instituições financeiras, a fim de estimular os empréstimos. De acordo com o *The Wall Street Journal*: "O movimento do senhor Paulson sinaliza uma nova, porém estranha, segunda fase para o plano de salvamento do Tesouro, apenas algumas semanas antes da instalação de uma nova administração."[6] Entretanto, em 16 de janeiro de 2009, depois de os $350 bilhões dos fundos do TARP canalizados para os bancos não terem, de fato, estimulado o crédito, o Tesouro retornou a seu plano original de comprar ativos tóxicos. De acordo como o jornal: "A ideia de comprar ativos ruins dos bancos ecoa o pensamento original do secretário do Tesouro, Henry Paulson... O senhor Paulson abandonou-o em favor de investir diretamente nos bancos depois de concluir que o programa seria muito lento, oneroso e difícil de se implantar."[7]

Está claro que as "idas e vindas" do Tesouro na utilização dos fundos do TARP prejudicaram sua reputação. De fato, muitos críticos atribuem algumas baixas acentuadas no mercado de ações durante esse período às preocupações de que o Departamento do Tesouro não soubesse o que estava fazendo. A preferência instintiva por leilões, como legislado nas seções 113(b) e (c) da EESA, ilustra a sabedoria convencional de que um leilão é o melhor método para se obter bom preço. Basta organizá-lo, e as partes interessadas aparecerão e o preço será objeto de lances para cima ou para baixo (dependendo se você é o comprador ou o vendedor) em seu benefício. Como outro exemplo dessa sabedoria convencional, um conhecido manual sobre fusões e aquisições afirma:

> Os leilões em geral ainda são aceitos como sendo a maneira de assegurar que seja obtido o maior preço possível. O mesmo sentimento talvez conduza o vendedor a utilizar os métodos de leilões para vendas de divisões

ou subsidiárias de empresas. Além disso, quem pode culpar um executivo pelo preço com o qual ele concordou fechar negócio, se este foi resultado de um processo de licitação?[8]

Essa sabedoria convencional se manifesta o tempo todo em negócios reais. Por exemplo, Noel Dunn, executivo sênior de investimentos do JPMorgan Chase na cidade de Nova York e caixa de ressonância para muitas das ideias contidas neste livro, enviou-me um e-mail em que dizia:

> Estou em meio a um leilão no qual representamos o comprador mais provável em relação a um vendedor motivado que deseja "valor" (preço de aquisição + prazo + certeza de execução). Entretanto, o vendedor segue um rígido processo de leilão, quase como o de um manual de carro, embora nós, e eles, saibamos que o universo de compradores qualificados seja estritamente limitado. Estou esperando o momento apropriado de instigar um lance de "encerramento".[9]

Dois proeminentes teóricos no assunto, os professores Jeremy Bulow e Paul Klemperer desenvolveram um modelo teórico de leilões e negociações validando a sabedoria convencional de que o leilão sempre maximiza o valor. Bulow e Klemperer concluem que "com sinais independentes e com licitantes de risco neutro, um leilão com N+1 licitantes predomina sobre qualquer negociação com N participantes... O resultado sugere que o valor da habilidade de negociação seja pequeno em relação ao valor de competição adicional".[10]

A sabedoria convencional, mesmo quando reforçada pelo modelo teórico de Bulow e Klemperer, está errada. Existem graves inconvenientes e riscos com os leilões que os modelos teóricos e a sabedoria convencional não apreendem. Como ilustração, considere o debate em andamento no setor de compras das empresas sobre a eficácia dos leilões eletrônicos. Ao longo da última década, os leilões eletrônicos trouxeram enormes e altamente visíveis reduções de preços nos custos dos insumos das empresas. Software de fornecimento como o Ariba tornaram muito fácil para o executivo de compras estabelecer um leilão on-line, ter fornecedores fazendo lances em tempo real pela internet e sair com enormes economias de custos apenas trinta minutos depois. No final da década de 1990, os leilões eletrônicos atingiram o setor de compras como uma grande onda. De acordo com um alto executivo de compras, "quando os leilões começaram a entrar em cena, eles ficaram muito em voga e foram tentados em praticamente qualquer coisa, com vários graus de sucesso".[11]

Durante a década seguinte, as empresas aprenderam, em geral da maneira mais difícil, que os leilões não são a melhor forma de se comprar tudo. Um problema que as empresas encontraram foi a dificuldade de identificar itens sem preço no processo de leilão eletrônico, os quais são excelentes para gerar competição no preço, mas não no sentido de proporcionar uma concorrência em termos de aspectos sem preço como a qualidade. Em consequência disso, os responsáveis por compras passaram a reconhecer uma importante distinção entre as commodities, que eram apropriadas para o leilão eletrônico, e os serviços e produtos mais complicados, que não eram.

Com o tempo, um número crescente de fornecedores passou a recusar a participação em leilões eletrônicos. Parte dessa tendência foi, sem dúvida, alimentada pela percepção de que era difícil ganhar lucros razoáveis ao participar de leilões eletrônicos. Um problema mais sutil foi que estes criaram uma situação perde-ganha entre o fornecedor e o cliente que é o oposto das "parcerias" entre fornecedor e cliente que hoje são consideradas melhores práticas. Em 2001, uma pesquisa com 230 fornecedores conduzida pela Said Business School, da Oxford University, revelou que mais de 60% não utilizam leilões eletrônicos e não têm planos de passar a fazê-lo nos próximos dois anos.[12] Uma pesquisa de novembro de 2007 da revista *Supply Management*, dirigida aos profissionais de compras, confirmou essa conclusão sob a manchete: "A Maioria dos Compradores Evita Leilões Eletrônicos."[13]

Assim, a evidência a partir do setor de compras não se enquadra na previsão teórica de que você deve sempre conduzir um leilão. Minha pesquisa na área de fusões e aquisições também corrobora essa avaliação. Executivos experientes da área de investimentos em bancos me dizem consistentemente que, em geral, leilões puros não são as melhores maneiras de se vender um ativo. Não se trata de os profissionais não terem ainda alcançado o pensamento acadêmico de vanguarda sobre a questão; na verdade, no mundo real, é preciso considerar importantes complexidades para determinar quando leiloar e quando negociar. No restante deste capítulo ofereço um sistema para pensar sobre essa importante questão.

Antes de pular para a análise, ofereço algumas definições. Um *leilão* é um mecanismo no qual o vendedor é um participante passivo depois que o processo foi estabelecido e a fonte principal de pressão competitiva surge da concorrência entre os compradores. Uma *negociação* é um mecanismo no qual a principal fonte de pressão competitiva surge pela dinâmica frente a frente entre comprador e vendedor. Por ora, trato os leilões e as negociações como casos puros. Na Parte II, irei explorar mecanismos mais complexos que combinam características tanto de leilão quanto de negociação.

Finalmente, durante a análise que se segue, assumo que o processo esteja sendo estabelecido pelo vendedor do ativo; isto é, o vendedor é o organizador do processo. Quando o vendedor determina o processo, a situação é conhecida como *leilão reverso*. A análise permanece a mesma, mas os rótulos "vendedor" e "comprador" são apenas trocados nessa situação.

Para decidir quando conduzir um leilão ou quando negociar de maneira privada com potenciais compradores, você deve considerar quatro fatores: (1) os perfis dos potenciais licitantes; (2) as características do ativo; (3) seu próprio perfil como vendedor e (4) fatores contextuais. No restante deste capítulo, descrevo detalhadamente cada um desses elementos.

1. Perfil dos Potenciais Licitantes

NÚMERO DE LICITANTES. O ponto de partida para a maioria dos organizadores de processos determinarem um procedimento de negócio é o número de possíveis participantes. Infelizmente, este muitas vezes também é o ponto final: se há muitos participantes, os vendedores conduzem um leilão; se não, os vendedores negociam de maneira privada. Certamente o número de potenciais participantes é um aspecto importante do perfil do licitante, e forneço mais detalhes sobre como pensar nesse fator na discussão a seguir. Também introduzo três outros aspectos do perfil do licitante, os quais muitas vezes são perdidos: (1) o grau de certeza sobre quem sejam os potenciais licitantes; (2) os incentivos dos licitantes em participar e (3) as prováveis diferenças em avaliações dentre esses licitantes.

O ponto de partida é o que já sabe: você deve ficar mais propenso a leiloar se crescer o número de potenciais compradores sérios. Quando há muitos compradores, existe bastante competição do mesmo lado da mesa para aproveitar. Conduza um leilão e deixe que os compradores façam o trabalho de elevar o preço.

Para ser um pouco mais preciso, imagine a situação estilizada que se segue. Você está utilizando um leilão para vender um ativo que avalia como zero. Na medida em que os potenciais compradores entram na sala, eles retiram suas avaliações de um barril contendo cem bolas numeradas de $1 a $100. Quando o leilão começa, cada participante dá lances até o valor indicado em sua bola (o número só é conhecido pelo participante) e, passando disso, sai fora.

Se o primeiro licitante tirar $99 e o segundo licitante tirar $100, eles estão livres para a disputa e você ganha muito, embora haja somente dois licitantes. Mas você não pode esperar ter tanta sorte. Em geral você pode esperar receber ligeiramente mais do que a segunda maior avaliação dos licitantes, que é o ponto no qual o segundo maior participante desiste do leilão e sobra somente um concorrente de pé. Esse valor, por sua vez, depende do número de potenciais compradores que aparecem para retirar as bolas do barril. Com um pouco de matemática podemos determinar que o resultado esperado seja $33 com dois potenciais compradores, $67 com cinco potenciais compradores e $82 com dez potenciais compradores.[14] Como todos nós sabemos, uma maior concorrência eleva o preço de venda. A Figura 5 mostra a receita esperada para o vendedor desse leilão simplificado como uma função da quantidade de licitantes que tiram bolas do barril.

Não é surpresa que a receita esperada suba na medida em que cresça o número de licitantes. Mas observe também que o valor incremental de cada licitante adicional diminui na medida em que sobe o número de licitantes; isto é, a curva se achata rapidamente. Com cerca de 10 licitantes você estará obtendo 85% da receita esperada que obteria com 50 licitantes. Na ausência de qualquer vantagem específica, cada licitante adicional que aparece tem uma chance cada vez menor de ser o maior participante (que vence) ou o segundo

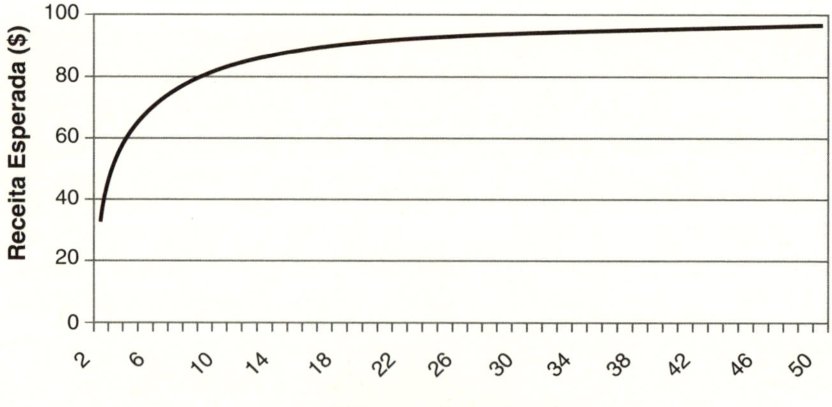

Figura 5. Receita esperada pelo vendedor em um leilão simplificado

maior participante (que estabelece o preço). No final, esses são os únicos dois licitantes com os quais você se preocupa.

Você poderia dizer que, na medida em que a receita esperada continue subindo, iria querer que aparecesse no leilão o máximo possível de licitantes. O problema é que existem custos para se ter um processo totalmente aberto: do seu lado, é a complexidade de administrar tantos potenciais licitantes; do lado deles, é o risco de que alguns licitantes (mesmo participantes com valores elevados) não atuem se o campo estiver tão aberto. Esse último risco é particularmente provável se os licitantes tiverem que incorrer em custos – reais ou intangíveis – para fazer um lance.

No final, você definitivamente irá querer mais do que um participante em um leilão, mas ter vinte não é necessariamente melhor do que ter dez. O "número mágico" dependerá de fatores como custos da complexidade por seu lado e custos para fazer o lance pelo outro lado – na medida em que aumentam os custos da complexidade e/ou os custos de se fazer um lance, você preferirá que diminua o número de participantes.

Em muitos contextos, os profissionais consideram que o número mágico esteja em algum lugar entre cinco e oito licitantes. Quando a poderosa empresa britânica em fundos de capital de risco, Apax Partners, vendeu a Xerium Technologies, em abril de 2002, ela imediatamente peneirou quarenta indicações de interesse para sete licitantes com base em suas reputações, na credibilidade e na probabilidade de que fechariam o negócio. O CEO da Xerium, Tom Gutierrez, explicou: "Na verdade, você não consegue lidar com mais do que sete licitantes sérios. Seria incrivelmente demorado."[15] No estudo de caso da Cable & Wireless America (CWA) que apresentei na Introdução, o banqueiro de investimento líder reconheceu depois que "francamente, foi muito desgastante tentar conduzir todos os sete contratos no mesmo lugar para poder fazer o leilão".[16] Assim, quando o número de possíveis compradores é grande, utilize o leilão para maximizar o valor, mas, cuidado, pois você pode acabar tendo quantidade exagerada de uma coisa boa.

CERTEZA SOBRE QUEM SEJAM OS LICITANTES. Outro aspecto importante do perfil dos participantes para determinar se leiloará ou negociará é seu grau de certeza sobre quem sejam os licitantes. Se você for o governo dos Estados Unidos em busca de construir um porta-aviões de última geração, então sabe que somente algumas poucas empresas privadas no mundo estariam qualificadas para concluir o projeto com um contrato multibilionário desse tipo. Nesse caso não teria sentido conduzir um leilão; você iria diretamente conversar com as três empresas que possuem capacidade para construir o navio. Embora esse ponto possa parecer intuitivo, lembre o comentário de Noel Dunn no início do capítulo: "O vendedor segue um rígido processo de leilão, quase como o de um manual de carro, embora nós e eles saibamos que o universo de compradores qualificados seja estritamente limitado."

Em outras situações, você não sabe quem é o comprador de alto valor, e levaria bastante tempo e muito esforço para descobrir. Neste cenário, os "custos de busca" são elevados e, então, você deve conduzir um leilão, anunciá-lo ao mundo e deixar que os compradores de alto valor o encontrem. Considere o seguinte relato do banqueiro líder para a CWA ao descrever a prospecção de mercado que foi conduzida:

> Ampliamos ao máximo. Conversamos com compradores estratégicos, conversamos com compradores de fundos de investimento, conversamos com compradores internacionais. Tivemos uma taxa de rotatividade muito alta. Mas é isso que você faz. Você vai muito além do que esperaria. Candidatos também nos chamaram... Ficamos muito satisfeitos de não ter esquecido ninguém... Estávamos confiantes de que qualquer um que tivesse interesse nesse ativo e pudesse pagar mais do que $50 milhões [o lance inicial] havia sido contatado ou teria ouvido falar do leilão e decidido passar para ver.[17]

Como você deve se lembrar da Introdução, a Savvis Communications venceu o leilão com um lance de $168,3 milhões. Após o ocorrido, o banqueiro vendedor admitiu estar surpreso com o fato de a Savvis ter ganhado:

> Nenhum de nós imaginou que a Savvis seria a licitante vencedora... Devo lhe dizer que nós não os colocamos na melhor e mais central sala de reuniões, mas eles continuavam nos dizendo "nós é que venceremos". Um grande amigo meu era advogado deles e me disse que essas pessoas estavam seriamente decididas a ganhar. Portanto, penso que a surpresa, provavelmente a maior do dia, foi o fato de a licitante vencedora ser a Savvis.[18]

Se o vendedor tivesse conduzido um processo mais fechado, é provável que a Savvis tivesse sido esquecida e o vendedor tivesse recebido menos.

INCENTIVOS DOS LICITANTES EM PARTICIPAR. Os concorrentes são bastante desconfiados sobre participar em leilões. Em algumas situações você terá que utilizar um processo mais próximo, como o de uma negociação, para trazer licitantes até a mesa. Por exemplo, no Capítulo 10, descrevo um leilão de um carro novo que tentei conduzir ao utilizar um serviço on-line oferecido pela Edmunds.com. Nenhuma das quatro concessionárias da área de Boston se dispôs a dar lances em meu leilão, presumivelmente porque sua experiência lhes dizia que essa participação simplesmente não valia o esforço. Deduzi que essas concessionárias estavam muito ocupadas vendendo para clientes em seu showroom para se preocupar com meu leilão pela internet. Na verdade, eu havia feito uma suposição incorreta sobre a MAANA (melhor alternativa à negociação de um acordo) das concessionárias e o resultado foi um fracasso do leilão. Para saber o restante da história, vá direto para o Capítulo 10. Por ora, o aspecto a destacar é que se as MAANAs dos licitantes são boas, talvez você precise negociar isoladamente com cada um para conseguir que compareçam à mesa.

Por outro lado, alguns licitantes podem não participar em leilões porque outros licitantes podem pegar carona em sua experiência. No Capítulo 5, mostro como os participantes podem aprender com os movimentos de outros licitantes em leilões de viva-voz. Se os licitantes compreendem esse ponto (e a pesquisa examinando os leilões no eBay sugerem que sim),[19] então os especialistas podem simplesmente se recusar a participar em leilões de viva-voz. Se você quiser contar com eles, terá que negociar em particular ou, pelo menos, conduzir um leilão com lances fechados.

Alguns ativos são fáceis de avaliar, logo, a experiência não vale muito. Por exemplo, muitos computadores pessoais são comprados e vendidos todos os dias por não especialistas porque os preços são altamente visíveis e facilmente acessíveis pela internet. Para esses tipos de bens, você não precisa se preocupar com a indução da participação de especialistas e pode, então, conduzir confortavelmente um leilão. Alguns ativos, porém, são difíceis de avaliar sem opinião especializada. Uma espada antiga, por exemplo, pode valer $100 ou $100 mil, e somente um especialista saberia a diferença. Se for um bem desejado por colecionadores, então você pode alegremente conduzir um leilão e deixar que os não especialistas aprendam com os lances dos peritos. Se não for um item desejado, os especialistas podem abandonar seu leilão, o que resulta em um preço estabelecido por não especialistas (arriscado) ou em um leilão fracassado que o leve de volta para negociações privadas com especialistas. Nesse cenário você deve negociar de maneira privada desde o início.

DISTRIBUIÇÃO DAS AVALIAÇÕES. Um quarto aspecto sobre o perfil dos licitantes é a distribuição das avaliações entre eles. Mesmo com muitos licitantes, pode ser preferível uma negociação particular se as duas maiores avaliações estiverem muito distantes entre si. Você se lembra de que o resultado previsto do leilão é um valor um pouco maior do que a segunda maior avaliação. Se as duas maiores avaliações forem próximas uma da outra, então conseguir um pouco mais sobre a segunda maior avaliação é um acordo bastante bom para o vendedor, pois empurra o licitante com o maior valor para perto de seu lance limite. Mas se as duas maiores avaliações não forem próximas, então o vendedor estará deixando muito dinheiro sobre a mesa se conduzir o leilão.

Na verdade, já vimos esse ponto na Introdução. A Savvis Communications fez o lance vencedor pela CWA com uma oferta de $168,3 milhões. Com certeza, esse número foi bem acima das expectativas do vendedor, mas talvez estivesse bem abaixo da reserva de valor da Savvis para esse ativo. O CFO (Chief Financial Officer) da Savvis testemunhou, mais tarde, que as sinergias operacionais com a CWA "poderiam chegar a $60 milhões por ano e talvez até mais", implicando que somente as sinergias pagariam pelo acordo em três anos.[20] Além disso, e talvez ainda mais importante, antes de adquirir a CWA, a Savvis estava em posição precária porque se apoiava em dois clientes – Reuters e Moneyline Telerate – para obter 73% de suas receitas (no final, a Reuters comprou a Telerate, o que teria aumentado a dependência da Savvis). Essa dependência dificulta a obtenção de financiamento – e no negócio de telecomunicações com pesados investimentos, o acesso a financiamentos é essencial para a sobrevivência. Comprar as ações da CWA deu subitamente para a Savvis 450 novos clientes, e a Reuters/Telerate caiu para apenas 15% do total das receitas. O acordo reduziu o risco do negócio da Savvis de maneira única entre os sete participantes que estavam presentes no leilão de janeiro de 2004.[21]

Em comparação, a Gores Technology, segundo maior lance no leilão, era uma empresa de fundos de investimento de risco bastante conhecida. Embora a Gores tivesse em sua carteira outras empresas do mesmo setor da CWA, a compra da CWA teria sido principalmente uma "jogada financeira", significando que a Gores teria tentado melhorar as operações e a estrutura de capital e esperar por uma "múltipla expansão", a fim de vender a empresa com lucro na sequência. Ao contrário da Savvis, a Gores não tinha sinergias com operações existentes, não tinha custos fixos que pudesse diluir por uma base maior de clientes e nenhuma vantagem com a diversificação de clientes.

Robert McCormick, CEO da Savvis, estava na sala para confirmar seu lance vencedor de $168,3 milhões às 18h12 de 22 de janeiro, depois de 34 horas de leilão. A ação da Savvis deu um salto de 33% com o anúncio do acordo. Esse aumento representou um adicional de $85 milhões na capitalização de mercado da Savvis após os ajustes pelas movimentações do mercado, implicando que a avaliação total da Savvis pela CWA era de estimados $250 milhões. Se isso parece ser um número elevado, ele é referendado pelo fato de a Savvis estar absolutamente certa de que venceria o leilão. Basta lembrar do relato do banqueiro líder do vendedor: "Eles [Savvis] continuavam nos dizendo 'nós é que venceremos'. Um grande amigo meu era advogado deles e me disse que essas pessoas estavam seriamente decididas a ganhar." Não é uma previsão difícil de fazer quando você tem um quarto de bilhão de dólares no bolso.

Depois do fato, McCormick estava efusivo sobre o negócio que conseguiu, chamando-o de "transação transformadora" e de um "arrojado salto à frente" para a Savvis.[22] Três anos mais tarde, o próximo CEO da Savvis, Phil Koen, confirmou que a recriação de ativos equivalentes aos da CWA teria custado "muitos bilhões de dólares".[23] Considerado como um todo, essa evidência sugere que a Savvis pagou menos do que sua avaliação total pelo objetivo. Ela conseguiu fazer isso porque tinha que bater o lance da Gores por apenas um pouco mais.

Nada no Código de Falências dos Estados Unidos ou nas regras locais das cortes de falência exige que os banqueiros leiloem a companhia, embora muitos banqueiros e advogados tendam a processos de leilão, a fim de satisfazer o juiz de falências de que eles atingiram um preço justo.[24] Na verdade, quando a distribuição de avaliações é grande, um vendedor estará deixando considerável soma sobre a mesa ao conduzir o leilão.

2. Características do Ativo

Após examinar vários traços dos licitantes, o próximo fator a considerar para determinar se leiloa ou negocia são as características do próprio ativo. Na consideração das características do ativo, são importantes três pontos relacionados a este: (1) se você consegue especificar o ativo que está tentando comprar, a melhor opção é provavelmente um leilão; (2) se o potencial de geração de valor é elevado, a negociação é provavelmente melhor, e (3) se o relacionamento e o serviço forem aspectos importantes do que você está comprando, você provavelmente preferirá negociar em vez de conduzir um leilão.

Esses três aspectos das características do ativo muitas vezes estão correlacionados. Por exemplo, conseguir especificar o ativo que está tentando comprar geralmente significa que o potencial de geração de valor é baixo e que o relacionamento e o serviço não são extremamente importantes. No entanto, trato os três aspectos de forma independente na discussão a seguir porque eles não são perfeitamente correlacionados.

CAPACIDADE DE ESPECIFICAR O ATIVO. Uma consideração importante para determinar se leiloa ou se negocia é sua capacidade de especificar o que é o ativo. Em meu ponto de vista, essa é a principal razão de os leilões do TARP para ativos tóxicos serem má ideia – o Tesouro passaria por momentos difíceis para especificar exatamente o que está buscando comprar em cada leilão.

O contexto de compras nas empresas fornece outra ilustração para esse ponto. Mantido todo o restante igual, quanto mais você conseguir especificar o que quer, maior a probabilidade de que o leilão será uma melhor opção do que a negociação. A capacidade de especificar o ativo é determinada algumas vezes, embora não sempre, pelo fato de o ativo ser uma commodity. Se você quer comprar clipe de papel no atacado, tente todas as formas de realizar um leilão eletrônico e deixe que a competição do mesmo lado da mesa derrube o preço. Mesmo alguns serviços podem ser tão bem especificados que se justifica um leilão eletrônico. Mas, com muita frequência, não é esse o caso.

Um recente artigo acadêmico, ao focar leilões eletrônicos no contexto de compras, rejeita esse "mito" de que os leilões eletrônicos sejam adequados somente para commodities. Utilizando-se de entrevistas com trinta profissionais de compras, os pesquisadores reconhecem que "quanto mais o produto e/ou serviço for parecido com uma commodity, mais fácil é o processo de leilão on-line", mas eles argumentam que mesmo serviços podem ser leiloados se o organizador do processo passar um tempo suficiente no trabalho preparatório, de forma a deixar "tudo bastante claro na cotação de preços".[25]

O problema com esse conselho é que ele elimina a possibilidade de identificação de oportunidades em que ambas as partes ganham (que pode ser importante se o produto não for uma commodity). Considere o seguinte trecho extraído de uma recente cotação de preços para serviços empresariais que tenta "deixar tudo bastante claro":

> O FORNECEDOR deve utilizar o modelo preestabelecido para apresentar sua proposta. Qualquer desvio do modelo ou das exigências apresentadas nessa Cotação de Preços e nos documentos associados poderá tornar inválida a proposta do FORNECEDOR. O FORNECEDOR deve aceitar, sem exceções, todos os termos e condições do contrato do CLIENTE estabelecidas nessa Cotação de Preços e apresentar seu preço na proposta que esteja em conformidade. Não fazê-lo (por risco, responsabilidade ou qualquer outro motivo) pode resultar na retirada do FORNECEDOR do processo de Cotação de Preços. Qualquer elemento da proposta do FORNECEDOR que fique sujeito ou aluda depender de posterior discussão ou esclarecimento com o CLIENTE, ou revisão, consentimento ou posterior aprovação de qualquer pessoa, grupo, comitê, conselho ou outra autoridade do FORNECEDOR, pode ser rejeitado.[26]

Esse não é exatamente um processo que conduza a uma geração de valor. O aspecto geral é que, passando das exigências mínimas obrigatórias, as especificações do produto não podem ser determinadas isoladamente de preço. Isso torna bastante provável que os participantes perderão oportunidades de criação de valor.

Uma abordagem melhor para produtos que não sejam commodities é realizar um leilão com múltiplos atributos. O organizador do processo estabelece um sistema de pontuação com pesos para cada aspecto e pontos para cada opção dentro desses aspectos. Os lances são classificados de acordo com esse sistema de pontos. Um recente trabalho teórico demonstra que o organizador do processo deve revelar abertamente esse sistema de pontuação aos licitantes, para que eles possam estruturar melhor suas propostas pelos vários aspectos.[27]

O sistema de pontuação funciona bem se o organizador do processo puder especificar todos os aspectos e os valores associados a cada opção dentro desses aspectos. Mas se os próprios aspectos estiverem abertos para negociação e/ou as opções dentro de cada questão não forem escolhas bem definidas, um sistema de pontuação pode fracassar. Mesmo quando um sistema de pontuação é viável, muitos programas de computador requerem "preferências adicionais", significando que suas preferências para várias opções em um aspecto são independentes de suas preferências em outros aspectos. Essa hipótese pode não ser realista em muitas situações de negotiauction – em vez disso, o que você consegue em um aspecto influenciará se e quanto você quer em outro aspecto.

Resumindo: se você estiver comprando ou vendendo uma commodity, sem dúvida utilize um leilão. Se seu ativo não for uma commodity, mas você puder construir um sistema de pontuação que represente com precisão suas preferências, um leilão com múltiplos atributos pode funcionar bem. Mas se nenhuma dessas condições for atendida, você deve buscar negociar em particular com uma ou mais possíveis contrapartes.

POTENCIAL PARA GERAÇÃO DE VALOR. Um segundo fator (muitas vezes relacionado) para decidir se deve leiloar é o potencial para a geração de valor. Os leilões são bastante úteis em reduzir tudo ao preço, mas isso é exatamente o oposto do que você deseja para identificar oportunidades de geração de valor.[28] Se existe alguma possibilidade de movimentações em que as duas partes ganham, é melhor negociar com uma ou mais possíveis contrapartes do que conduzir um leilão. Como descrito no Capítulo 2, as negociações propiciam a oportunidade de conhecer as preferências das partes, fazer transações sobre diferentes questões e desenhar um acordo que produza um bolo final maior.

Pesquisa recente sustenta esse ponto. O professor Patrick Bajari e dois coautores examinaram o setor privado de contratos de edifícios comerciais adjudicados no norte da Califórnia entre 1995 e 2000.[29] Do total de aproximadamente 4 mil contratos do conjunto de dados, cerca de metade (43%) foram acordos negociados, enquanto o restante foi adjudicado através de mecanismos de leilão. Os autores constataram que a melhor explicação para a decisão de negociar ou leiloar foi a complexidade do projeto: à medida que crescia essa complexidade, o comprador preferia negociar em particular com um ou mais possíveis construtores. Os compradores nesse mercado sabiam intuitivamente que projetos complexos com múltiplos aspectos em jogo e sem interesses necessariamente conflitantes entre eles eram mais favoráveis para negociações entre comprador e vendedor, para poder captar as oportunidades de geração de valor.

IMPORTÂNCIA DO RELACIONAMENTO. Finalmente, você deve examinar se o relacionamento, serviço e/ou execução do acordo são aspectos importantes do que está sendo comprado ou vendido. Se for, você deve dar preferência às negociações sobre os mecanismos do tipo de leilões. Esse é o principal motivo de compradores e fornecedores terem se afastado de leilões eletrônicos no contexto de compras empresariais, como discutido anteriormente neste capítulo. Em um mundo onde as "parcerias" verticais são percebidas como a melhor prática na gestão da cadeia de suprimento, os leilões seguem na direção oposta. Eles sinalizam que o comprador é indiferente em relação aos fornecedores, a não ser quanto ao preço recebido. Os profissionais de compras aprenderam que esses sinais podem ter consequências negativas quando problemas previstos ou não previstos aparecem ao longo do caminho.

Como ilustração fora do contexto de compras empresariais, considere o caso recente de Edward, proprietário de um imóvel na área de Boston, que buscava fazer uma reforma no banheiro de sua casa. Muitos proprietários de imóveis conduziriam um leilão implícito entre empreiteiros gerais, deixando que cada participante tivesse conhecimento da concorrência do mesmo lado da mesa como forma de assegurar um preço justo. Em vez disso, Edward escolheu Dave somente com base na recomendação boca a boca. Em seu encontro inicial, Edward disse a Dave: "Ouvi excelentes informações sobre seu trabalho e estou realmente ansioso em fazer a reforma contigo. Por essa razão, não estou buscando outras propostas, mas, em troca, espero que você me faça um preço justo e que trabalhemos juntos."

Certamente o projeto estava no prazo e dentro do orçamento. Mas, quase no final, quando Dave estava dando os retoques finais no banheiro, ocorreu um desastre. O encanador de Dave veio até a casa para fazer um serviço no porão e desligou o registro de água para poder trabalhar. Logo em seguida chegou a faxineira e, ao abrir a torneira do banheiro, descobriu que estava sem água; inadvertidamente, ela deixou a torneira aberta enquanto limpava o resto da casa. O encanador terminou seu trabalho, ligou novamente o registro de água e foi embora. Quando Edward retornou, algumas horas mais tarde, descobriu o banheiro do piso superior recentemente reformado totalmente inundado e água escorrendo por vários cômodos da casa.

Naturalmente chateado, Edward ligou para Dave e explicou a situação. Ambas as partes compreendiam o contexto jurídico, em que um tribunal teria que repartir a culpa entre a faxineira de Edward e o encanador de Dave. Mas, em vez de se engajar nessa investigação complexa e indeterminada, Dave assumiu o problema, consertou os danos causados pela água e terminou o projeto, sem cobranças adicionais. Ao fazer isso, Dave lembrou de seu encontro inicial com Edward e a confiança que ficou expressa por ele não buscar propostas alternativas. Dave teria feito a mesma coisa se Edward tivesse conduzido um leilão desde o início? Não há uma resposta definitiva para essa hipótese, mas minhas conversas posteriores com Dave sugerem que teria sido bem menos provável.

O aspecto fundamental é que quando o relacionamento e a execução do acordo têm importância, você deve ficar longe de mecanismos do tipo leilões, que sinalizam o oposto. A vantagem é muitas vezes ter uma solução mais favorável de problemas imprevistos quando eles surgem no caminho.

3. Perfil do Vendedor

O terceiro fator a considerar na determinação leilão/negociação é seu próprio perfil como vendedor do ativo. Nesse aspecto há dois elementos em tensão entre si: velocidade e risco. Os leilões podem acontecer bem mais rapidamente do que as negociações; logo, se a velocidade for importante, o leilão é um mecanismo melhor. Mas processos mais rápidos também são mais arriscados, pois você tem menos tempo para ajustar em relação às novas informações ao longo do caminho. Analisemos esses dois pontos concorrentes com mais detalhes.

IMPORTÂNCIA DA VELOCIDADE. A maior parte das movimentações em negociações particulares – tais como explorar interesses, criar opções e identificar a geração de valor – levam tempo. Além do mais, as negociações geralmente acontecem em sequência, e não simultaneamente, como nos leilões, porque você não consegue negociar com duas contrapartes diferentes exatamente ao mesmo tempo. Em algumas situações, você não tem esse tempo – surge uma janela de oportunidade para vender ou o ativo está deteriorando em suas mãos na medida em que o tempo passa. Nesses casos, os mecanismos do tipo leilões dispensam os benefícios da geração de valor em troca de velocidade na venda.

Nos Estados Unidos, a lei de falências reconhece implicitamente esse ponto. As companhias em processo de falência podem ser vendidas de duas maneiras distintas: sob um plano tradicional de reorganização, previsto no Capítulo 11 do Código de Falências, ou em um processo de leilão, sob o Capítulo 3. As reorganizações do Capítulo 11 são conhecidas como o "Oeste Selvagem" do fechamento de acordos corporativos. Classes separadas de credores, cada uma com certos direitos e todas com algum poder de veto sobre os esforços da administração na recuperação, disputam entre si posições vantajosas sobre o fluxo de caixa atual e futuro da empresa. Como essa descrição sugere, a reorganização do Capítulo 11 é muitas vezes uma longa e árdua negociação. As companhias a utilizam quando existe uma boa chance de reorganizar as reivindicações, de forma a sustentar a empresa enquanto se atendem os vários interesses dos credores, criando, assim, um valor mais abrangente.

Em comparação, os leilões conduzidos sob o Capítulo 3 do Código de Falências são rápidos e indolores. Eles são conhecidos como "vendas 363", em função da seção do dispositivo de falência que os permite. A intenção do Congresso por trás da Seção 363 torna claro que o dispositivo foi previsto para ser utilizado quando a empresa está com pressa. De fato, a Seção 363 é muitas vezes denominada dispositivo "peixe podre". A expressão vem da imagem de uma peixaria em processo de falência, que é mais bem atendida se converter imediatamente seu estoque em dinheiro no lugar de deixá-lo apodrecer enquanto se desdobram os demorados procedimentos do Capítulo 11. Se você ficou imaginando por que os banqueiros e advogados que venderam a CWA na Introdução do livro fizeram seu leilão por 34 horas ininterruptas, a razão é que essa empresa estava sendo vendida sob a Seção 363. Na época do leilão, a CWA estava com uma "sangria" no caixa de mais de $300 mil por dia.

TOLERÂNCIA AO RISCO. Os leilões são bem compreendidos como sendo mais rápidos do que as negociações, mas, com a velocidade, também vem o risco maior. Você pode acabar com um "leilão fracassado", onde ninguém aparece, ou, ainda pior, você pode realizar um leilão em que somente um licitante compareça. Em comparação, as negociações se movem mais lentamente, permitindo que você teste as águas à medida que caminha para um melhor resultado.

Considere o caso de uma pontocom privada que estava avaliando uma recompra de suas participações minoritárias no início de 2008. Um professor da Harvard Business School e eu fomos convidados para assessorar a companhia sobre como executar essa transação conhecida como "freeze-out". Uma proposta foi realizar um leilão reverso, em que os acionistas minoritários especificariam o preço pelo qual estariam dispostos a vender suas participações, e a companhia compraria de volta as ações, partindo do menor preço para o maior preço, até que se esgotassem os fundos para a recompra.

Aconselhamos contra essa abordagem porque era muito arriscada. Havia alguma possibilidade de que ninguém estivesse disposto a vender a um preço razoável, na esperança de que a avaliação da companhia retornasse aos níveis elevadíssimos do início dos anos 2000. O resultado poderia ser tanto um leilão fracassado quanto um preço de recompra extremamente desinteressante. Mesmo que os acionistas minoritários atuassem de forma mais racional, eles tentariam descobrir as ofertas dos outros, enquanto faziam suas próprias. Na terminologia da teoria dos jogos, a ação reversa não era "à prova de estratégia". Em vista dessas considerações, os resultados de um leilão reverso seriam difíceis de prever com alguma certeza, e potencialmente desastrosos.

A companhia decidiu negociar em particular com seus principais acionistas. A equipe gerencial rapidamente se deteve em dois dos maiores acionistas minoritários – podemos chamá-los John e Fred. John veio primeiro até a mesa de negociações e ofereceu vender sua participação por $12 a ação (um número elevadíssimo, baseado em uma avaliação da companhia no pico da bolha da internet). A companhia fez a contraproposta de $1,50 por ação, que havia sido a oferta de preço na primeira rodada de recompra no final dos anos 1990. Era uma grande distância, mas a contraproposta da companhia teve o efeito de neutralizar a avaliação irreal de John. A companhia subiu um pouco para $3,00; John reduziu significativamente para $3,31, e a companhia fechou rapidamente a $3,31.

Até agora, negociações de livro escolar, conforme descrito no Capítulo 2: John estabeleceu uma âncora agressiva e a empresa fez um excelente trabalho de neutralizar essa âncora, respondendo com uma contraproposta agressiva e sinalizando o fim da estrada – tudo isso conduziu a um acordo muito bom para a companhia. Mas a negociação em particular teve outro efeito benéfico. Fred, o outro grande acionista minoritário, estava também no conselho de administração da pontocom. Na reunião do conselho para aprovar o acordo de recompra de John, Fred ficou muito dividido. Como diretor com obrigações fiduciárias, sentiu-se compelido a aprovar esse grande negócio para a empresa, mas compreendeu que o preço de $3,31 acabava por estabelecer um forte e desfavorável precedente para ele em suas negociações com a companhia, para vender sua própria participação.

Em resumo, o movimento em sequência da companhia lhe permitiu ganhar uma vantagem significativa contra Fred. De forma mais geral, a escolha da empresa em negociar em vez de leiloar minimizou o risco para a empresa e permitiu que ela construísse seu caminho para um acordo muito bom.

4. Fatores Contextuais

Finalmente, na determinação de quando leiloar e quando negociar, você deve olhar para dois fatores contextuais: a necessidade de sigilo e a necessidade de transparência.

NECESSIDADE DE SIGILO. Processos com bases amplas como leilões são difíceis para que se mantenha o sigilo. Mesmo se você exige que todos os licitantes assinem contratos de confidencialidade, as chances de vazamento aumentam durante a venda do ativo. Assim, se o sigilo for importante, você deve considerar adotar o processo de negociação em particular com um ou mais compradores.

Isso é uma preocupação constante em acordos de fusões e aquisições. Como me relatou um profissional: "Leiloar não é algo que funcione para muitas companhias. Ele traz enormes riscos internos com a base de empregados."[30] Se ficarem sabendo que a companhia está à venda, os empregados começam a procurar novos empregos e o valor da empresa se deteriora enquanto ela está sendo vendida. Em meus estudos, encontro regularmente exemplos de conselhos que resistem a processos de buscas mais amplas para venda de suas empresas, com a preocupação de que esses processos mais amplos possam prejudicar o próprio ativo que estão tentando vender.[31]

Para ver como esse risco pode interferir, considere a venda do Pittsburgh Steelers, uma das mais lendárias franquias da história da NFL (National Football League – Liga Nacional de Futebol Americano). O mastigador de charuto imortalizado no Hall da Fama, Art Rooney, comprou o time em 1933 por $2.500. Os Steelers de Rooney ajudaram, então, a transformar a NFL de uma pequena organização para a maior e mais lucrativa liga de esportes profissionais dos Estados Unidos. Na década de 1970, os Steelers venceram quatro Super Bowls* sob orientação do técnico Chuck Noll e com jogadores fantásticos, como Terry Bradshaw, Lynn Swann e Franco Harris, entre outros. O time era muito querido naquele período de altos e baixos da economia de Pittsburgh.

Em 2007, Rooney faleceu e seus cinco filhos herdaram 80% do time (a família McGinley, primos de Rooney, possuía os restantes 20%). Cada um dos cinco filhos de Rooney ficaria devendo mais de $50 milhões em impostos de propriedade após a sua morte – dinheiro que a maioria dos irmãos não possuía. Dan Rooney, o irmão mais velho, contratou sigilosamente a Société Générale SA, o banco de investimento francês, para fazer uma oferta de compra aos quatro irmãos e primos. Os termos da oferta não ficaram conhecidos publicamente, mas qualquer que tenha sido a oferta, os quatro irmãos mais

---

**Nota do Tradutor*: Partida final do campeonato de futebol americano.

jovens não ficaram satisfeitos. Eles contrataram, então, a Goldman Sachs para estimar o valor do time para uma possível venda a terceiros. Trabalhando em absoluto sigilo sob o pseudônimo "Project Newcastle", os executivos da Goldman avaliaram os Steelers como algo entre $800 milhões e $1,2 bilhão. Encorajados por essa avaliação, os irmãos autorizaram a Goldman a sigilosamente começar a procurar um comprador.

A história ficou pública em 8 de julho de 2008. Sob a manchete: "Os Rooneys do Pittsburgh Colocam Sigilosamente à Venda os Steelers", o *The Wall Street Journal* noticiou: "Os Pittsburgh Steelers – de propriedade da mesma família local por 75 anos – estão sendo negociados sigilosamente com potenciais compradores, enquanto os cinco filhos herdeiros do fundador da equipe de futebol brigam sobre o futuro da histórica franquia."[32] Não tão sigilosamente – depois da notícia em primeira página no *Journal*.

Para alguns ativos, o sigilo não é absolutamente importante, mas, no caso do Pittsburgh Steelers, a revelação causou uma efusão de sentimentos negativos por parte da torcida. "Estou tendo dificuldade em respirar", enviou um torcedor para o site dos Steelers. "Este é um dia negro na história dos Steelers", escreveu outro. O presidente dos Steelers, Art Rooney II, apressou-se em assegurar aos torcedores: "não há razão para acreditar" que discussões sobre a propriedade terão impacto sobre os fãs. Mas essa afirmação não impediu que outro torcedor escrevesse: "Eu, junto com a maioria da Nação Steeler, pareço em estado de choque."[33]

Apesar dos grandes esforços dos irmãos Rooney e da Goldman Sachs, o processo de busca mais ampla que os irmãos mais jovens iniciaram expôs rapidamente o negócio ao escrutínio público. Pode ser que as negociações com Dan, o irmão mais velho, tenham entrado em tal impasse que o processo mais amplo seria necessário para assegurar que os irmãos mais novos recebessem o maior preço possível. Mas o processo mais aberto também colocou os irmãos Rooney na defensiva, tentando reforçar um ativo que tem sido a joia da coroa da comunidade de Pittsburgh por décadas.

Infelizmente para os irmãos mais novos, a crise financeira global estourou no meio da busca da Goldman. O único comprador potencial que apareceu pela prospecção do mercado, o bilionário Stanley Druckenmiller, desistiu no último minuto e os irmãos voltaram a falar com o primogênito para negociar um acordo. Em 15 de novembro de 2008, Dan Rooney concordou em comprar a parte de seus irmãos em um acordo que avaliou a equipe em $800 milhões – o menor número na faixa de avaliação da Goldman. Os comentaristas noticiaram que os irmãos mais novos se apressaram em fechar o acordo pela perspectiva de maiores impostos de propriedade na iminência da administração Obama.[34]

Os irmãos foram claramente infelizes em vender o time em meio a uma crise financeira, logo, não podemos culpar o processo de leilão pelo preço que receberam. Ainda assim, fica evidente que seu processo de leilão aumentou a probabilidade de que o negócio se tornasse público e também sinalizou a disposição dos irmãos em vender a equipe para alguém de fora da família. Embora isso não tenha ocorrido no final, esse movimento prejudicou a franquia entre os devotados torcedores dos Steelers.

É claro que em esportes profissionais tudo é perdoado para aqueles que vencem – e em janeiro de 2009 os Steelers venceram seu sexto Super Bowl, um recorde entre as equipes da NFL. Assim, o fracasso do processo de venda dos Rooneys pode ter sido salvo pelo espetacular desempenho dentro do campo. No entanto, permanece o aspecto central: processos do tipo de leilões com bases mais amplas aumentam a probabilidade de que o negócio se torne público. Em alguns casos, como a venda do Pittsburgh Steelers, essa é outra importante consideração para determinar quando leiloar ou quando negociar.

A IMPORTÂNCIA DA TRANSPARÊNCIA. Um segundo fator contextual é a importância da transparência. Refiro-me à aparência de uma igualdade entre os licitantes. Os leilões são processos mais transparentes do que as negociações em separado, e se a transparência for importante, um leilão é melhor. Por essa razão é que a maioria dos contratos de compras públicas (isto é, o governo como comprador) e as privatizações governamentais (o governo como vendedor) são feitas através de leilões, principalmente quando o governo está buscando neutralizar críticas de corrupção ou favoritismo (a venda da mina de cobre Antamina pelo governo peruano descrita no próximo capítulo é um exemplo).

Considere o estudo de caso do leilão do TARP que abriu este capítulo. O secretário Paulson pode ter se sentido atraído pelo leilão reverso para a compra de ativos tóxicos, pelo menos em parte, por razões de transparência. A Seção 119 da EESA limita severamente a capacidade de obter revisão judicial sobre as decisões de gastos do TARP do Tesouro. Com um poder tão abrangente, vem a responsabilidade de aplicar o capital com sabedoria e de uma maneira que seja vista como justa. Todos sabem que o secretário Paulson é ex-CEO da Goldman Sachs. A Goldman é um dos bancos com problemas que possui ativos tóxicos que podem ser vendidos dentro do TARP. Qualquer sinal de favoritismo em relação à Goldman em uma aquisição negociada separadamente de ativos tóxicos sob o TARP levantaria imediatamente um clamor público. Daí a necessidade de um processo transparente.

Poderia ser argumentado que o secretário Paulson não teria sido envolvido diretamente em nenhuma negociação particular para a compra de ativos tóxicos e, portanto, não deveríamos assumir um favoritismo em relação à Goldman apenas porque ela possa ter feito um ou dois bons negócios sob o TARP. É verdade. A efetiva gestão do TARP na administração Bush foi delegada a um auxiliar de longa data de Paulson, Neel Kashkari. Kashkari foi o chefe do OFS (Office of Financial Stability – Escritório de Estabilidade Financeira) e ex-vice-presidente da – você já adivinhou – Goldman Sachs.

Entretanto, colocando a Goldman de lado, existem centenas de funcionários do OFS de nível inferior que estarão distribuindo os fundos do TARP na administração Obama. Essas pessoas podem receber incentivos distorcidos se estiverem pensando em possíveis empregos nas instituições financeiras problemáticas no futuro. Assim, a transparência tem importância vital no TARP e essa preocupação aponta em direção a realizar um leilão reverso. Em meu ponto de vista, isso não supera os fatores contra o leilão reverso que discuti na introdução deste capítulo. Contudo, em muitos casos, como nas privatizações em economias em desenvolvimento, a transparência pode ser crítica e, por vezes, um dispositivo jurídico sobre a questão de saber quando leiloar ou negociar.

A Figura 6 resume os fatores discutidos neste capítulo. O LAVC – analisar os **L**icitantes, características do **A**tivo, perfil do **V**endedor e fatores **C**ontextuais para determinar se leiloa ou negocia – é útil nesse sistema. É bem distante do modelo simplificado de Bulow e Klemperer para leilões e negociações, mas, para mim, ela aponta os fatores que você deve pensar ao tomar uma decisão sobre a escolha básica do processo.

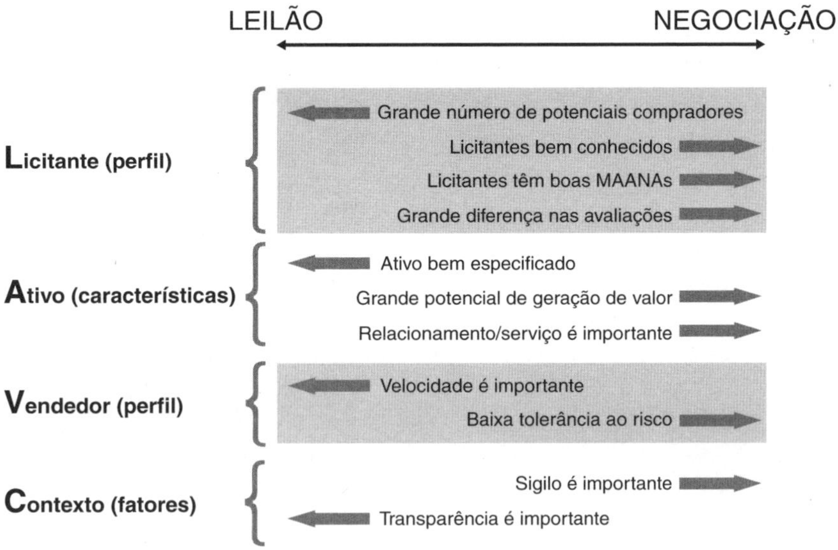

Figura 6. Quando leiloar e quando negociar? – o sistema LAVC

O que fazer se você avaliar os vários fatores e concluir que o leilão é a melhor forma de agir? No próximo capítulo, assumo que o organizador do processo escolheu corretamente conduzir um leilão, e analiso os vários tipos de mecanismos, bem como quando utilizar cada um deles.

CAPÍTULO 4

ESCOLHENDO O TIPO CORRETO DE LEILÃO

Robert Barnett é sócio sênior do prestigiado escritório de advocacia Williams & Connolly, em Washington DC. Ele gasta 90% de seu tempo profissional fazendo contenciosos e trabalhos empresariais para grandes empresas como McDonald's e Toyota, mas não é por isso que está classificado como número um na lista da revista *Washingtonian* de "Melhores Advogados de Washington". Essa honraria decorre de um confessado "negócio paralelo" representando escritores no fechamento de contratos de livros. Mas não qualquer escritor. A lista de clientes de Barnett é um "quem é quem" de políticos e outros estadistas de todo o mundo. Sua página no site da Williams & Connolly lista seus clientes com livros publicados, como Bill e Hillary, obviamente, mas também Tony Blair, Alan Greenspan, Barack Obama, Laura Bush, "vários" ex-secretários de Estado dos Estados Unidos, "numerosos" senadores do país, a Rainha Noor da Jordânia e o último de Benazir Bhutto do Paquistão, entre outros.

Barnett não precisa convencer as editoras de que os livros de seus clientes venderão. Pelo contrário, essas editoras se atropelam para assinar com seus autores imperdíveis não apenas pelo lucro potencial, mas também pelas vantagens em termos de reputação que um grande nome político traz para sua marca. Em alguns casos pouco usuais, Barnett negocia o contrato de um livro com uma única editora – por exemplo, Bill Clinton queria trabalhar com determinado editor da Knopf, então Barnett negociou o contrato do ex-presidente com essa editora em particular. Entretanto, na maioria das situações, Barnett desfila com seu cliente famoso pelas maiores editoras na cidade de Nova York, seu cliente descreve o livro para os editores que desmaiam de emoção e Barnett vai embora do esperançoso licitante, deixando uma carta descrevendo como o processo funcionará.

Barnett passou mais de três décadas na Williams & Connolly, cultivando a reputação de um atirador certeiro, e sua carta descrevendo as regras do leilão reflete esse fato. Nela muda o nome e a data, mas o restante do texto é sempre o mesmo:

> Se os senhores estiverem interessados em adquirir os direitos de publicação do livro de [autor], favor submeter sua oferta escrevendo para mim, em meu escritório, até a data de [data]. Gostaríamos de saber o máximo possível de detalhes, isto é, que direitos os senhores desejam adquirir, qual é o valor do adiantamento, qual será o cronograma de pagamento do adiantamento, que níveis de direitos autorais e divisões de receitas os senhores oferecem, qual é o seu comprometimento financeiro com promoção e propaganda, quais bônus, se houver, os senhores propõem etc. Pedimos... que todas as propostas e subsequentes discussões permaneçam confidenciais...
>
> Em [data] chamarei a menor proposta e perguntarei se pode oferecer mais do que a maior proposta. Esse processo continuará pelo tempo que for necessário.
>
> O [autor] se reserva o direito de rejeitar todas as ofertas, de aceitar menos do que a maior proposta e de levar em conta todos os fatores, incluindo, por exemplo, todos os aspectos da oferta, os recursos da editora e a experiência do editor.

Esse processo maximiza o valor para o escritor? Barnett não deveria dizer ao licitante com menor proposta o número a superar para permanecer no jogo? Ele deveria conduzir uma única rodada de leilão com propostas fechadas em vez de um processo com múltiplas rodadas? Barnett é um advogado, e não um teórico sobre leilões ou um economista; assim, ele não pretende saber ao certo se seu processo maximiza o valor para seus clientes. Quando ele vem para meu curso de Negociações, em Harvard, os estudantes muitas vezes lhe perguntam por que ele utiliza esse processo específico. Sua resposta é: "Porque é justo."

No capítulo anterior, forneci um sistema que ajuda a determinar se você deve conduzir um processo mais aberto (do tipo de um leilão) ou um processo mais fechado (do tipo de negociação). Neste capítulo me volto para a questão de qual tipo de leilão utilizar, assumindo que você (como Barnett) é o "organizador do processo" e que tenha determinado que o leilão seria a melhor forma de conduzi-lo. Depois de analisar os vários fatores a serem considerados, volto ao cenário do leilão de livros de políticos para examinar e avaliar as escolhas feitas por Barnett.

PROPOSTAS À VIVA-VOZ OU FECHADAS?

A primeira encruzilhada na estrada é decidir se realiza um leilão à viva-voz ou com lances fechados. Em um *leilão com lances fechados*, os licitantes submetem propostas por escrito e não conhecem os lances dos outros ou (geralmente) quantos licitantes participam, antes que o vencedor seja revelado. Em muitos casos, o número de licitantes e a faixa das propostas não são abertos mesmo depois de anunciado o vencedor. O Pedido de Cotação padrão na maioria das empresas é, em geral, um leilão com propostas fechadas. Esse tipo é diferente do *leilão com lances à viva-voz*, no qual os licitantes sabem o maior lance em todos os momentos, e têm a opção de superá-lo. Normalmente, os licitantes em um leilão à viva-voz conhecem a identidade do participante com o maior lance, bem como o valor que está sendo ofertado.

Embora a questão de lances fechados *versus* lances abertos seja geralmente retratada como uma escolha dicotômica, na verdade, os leilões com lances fechados podem se parecer bastante com leilões à viva-voz se houver múltiplas rodadas. No leilão do livro de Robert Barnett, a exigência de propostas fechadas até uma data-limite faz com que ele se pareça com um leilão de lances fechados (naturalmente). Mas lembre-se de que a proposta mais elevada não vence automaticamente – Barnett conta para o licitante com o lance menor qual é a maior proposta e oferece a opção para que ele aumente o seu. Do ponto de vista teórico, esse processo é idêntico a um leilão à viva-voz; assim, mais tarde neste capítulo, analisaremos o leilão do livro como um leilão à viva-voz, embora tecnicamente os lances sejam todos com propostas fechadas.

Depois existem os casos intermediários. Considere um leilão de propostas fechadas em duas rodadas com dez licitantes, no qual seis licitantes serão eliminados depois da primeira rodada; o maior lance será anunciado e os quatro licitantes restantes serão convidados a participar de uma rodada "final com seu melhor preço". Esse é um leilão à viva-voz ou de propostas fechadas? A resposta é que ele tem características de ambos. No que se segue, trataremos os leilões à viva-voz e de propostas fechadas como opções de processo distintas para poder fornecer claramente os custos e vantagens de cada um, compreendendo que em algumas situações esses mecanismos podem ser interligados para colher alguns dos benefícios de cada mecanismo isolado.

Colocada essa hipótese simplificadora, existem quatro fatores que você deve considerar para determinar se conduz um leilão à viva-voz ou um leilão com lances fechados. Aproximadamente em ordem decrescente de importância, são eles: (1) a quantidade de potenciais licitantes, (2) o grau em que as avaliações dos licitantes estão "associadas", (3) o grau de aversão ao risco pelo licitante e (4) a necessidade de evitar o conluio entre os licitantes.

Quantidade de Potenciais Licitantes

O fator mais importante na determinação de se fazer um leilão à viva-voz ou um leilão com lances fechados é a quantidade de potenciais licitantes. No capítulo anterior vimos que quando há mais licitantes você deve se inclinar a utilizar um mecanismo do tipo de leilão, mantidas inalteradas todas as demais variáveis. Uma vez que tenha decidido conduzi-lo, você deve voltar a esse fator para determinar que tipo utilizar. Pelo fato de o leilão à viva-voz ser um processo mais transparente, ele faz sentido quando você espera que vários potenciais licitantes apareçam. Imagina-se que o número mínimo de licitantes iniciais em um leilão à viva-voz esteja na faixa de cinco a seis, embora esse número possa ser maior se existirem licitantes fracos no meio, ou menor, se todos os licitantes forem fortes e comprometidos em "percorrer a estrada". Uma competição feroz entre esses licitantes deve elevar o preço a um nível desejado. Em comparação, um leilão com lances fechados faz sentido quando o número de potenciais licitantes for menor do que cinco ou seis. Como o processo não é transparente, ele levanta a possibilidade de que os licitantes façam lances contra eles mesmos para competir com seus concorrentes ocultos.

Existe uma ressalva para os organizadores de processo que atuam repetidamente, como os executivos de bancos de investimento que regularmente vendem empresas. Se você desenvolver uma reputação de sempre conduzir leilões à viva-voz quando há muitos licitantes e sempre realizar leilões com lances fechados quando forem poucos participantes, com o tempo os licitantes saberão aproximadamente quantos concorrentes existem, apenas sabendo que mecanismo você escolheu. Para evitar esse problema, você deve misturar um pouco as características de um leilão para o outro – por exemplo, utilizar algumas vezes o leilão com propostas fechadas mesmo que existam vários licitantes – ou simplesmente se comprometer com o mecanismo de leilão com lances fechados, independentemente de quantos licitantes tenha.

Em caso extremo, um leilão à viva-voz simplesmente não funciona se você tiver somente um licitante. Nessa situação você deve realizar um leilão com lances fechados. Mesmo a possibilidade de que tenha só um licitante deve conduzi-lo fortemente em direção a um processo com lances fechados. Ao contrário de um processo à viva-voz, um leilão com lances fechados permite que você crie a percepção de uma competição, mesmo quando não há nenhuma. Como me disse em uma ocasião um executivo de um banco de investimento:

> Realizamos muitos leilões com um só licitante. Nunca deixamos o licitante na sala central, de forma que o único participante pensa que está competindo com outros licitantes. Nós não mentimos para eles, apenas dizemos: "Você ficará nesta sala e voltaremos periodicamente até aqui." Nunca mentimos. Nunca faltamos com a verdade, mas nós os mantemos imaginando quem mais estaria participando. Porque se alguém perceber que não há outro concorrente, então, você está em apuros.

Como uma variante dessa tática, considere o exemplo de um executivo de um banco de investimento tentando vender uma divisão de uma companhia no final dos anos 1990. Havia rumores de três licitantes interessados, mas, quando o executivo os chamou, somente um deles manifestou interesse em inspecionar mais a empresa – conhecido no setor como *due diligence*. De forma arrojada, o executivo informou seu único comprador interessado de que a due diligence teria que ser conduzida durante o fim de semana, com a entrega de uma oferta firme na manhã de segunda-feira. Sem problema, disse o comprador. Que tal irmos para o "data room" (onde estão localizadas as informações confidenciais da companhia) no sábado ao meio-dia? Desculpe, disse o executivo, esse horário já está tomado. Sábado, às 17h? Tomado. Domingo, às 17h? Tomado.

O único horário ainda disponível, de acordo com o executivo, seria domingo, às 8h. Mesmo no setor dos bancos de investimento que nunca para, esse era um horário doloroso, mas o comprador interessado aceitou a contragosto. A equipe do comprador foi dormir cedo no sábado à noite e apareceu no horário combinado no domingo de manhã, encontrando caixas vazias de comida chinesa empilhadas nas latas de lixo em volta do "data room" – um truque do executivo para criar a impressão de que outra equipe esteve lá na noite anterior.

A tática funcionou. Sem suspeitar, o comprador levou o lixo para fora, conduziu sua due diligence e fez uma oferta "arrasa-quarteirão". Depois de mais algumas discussões sobre detalhes apenas para manter a encenação, o executivo do banco do vendedor rapidamente aceitou a oferta. Esse resultado não teria sido possível em um leilão à viva-voz.

Essa história naturalmente levanta a questão de a tática da comida chinesa ser legal. É evidente que os leilões e as negotiauctions levantam questões jurídicas importantes e específicas, e volto a essas questões no capítulo final do livro. Por ora, observe simplesmente que a tática da comida chinesa provavelmente tenha sido legal porque não houve visível representação falsa pelo vendedor – apenas a forte sugestão de que licitantes concorrentes estiveram lá na noite anterior.

Como questão jurídica, as palavras que são realmente ditas ou as ações que são realmente tomadas importam bastante, mesmo se a mensagem que foi recebida não for a mesma da que foi enviada. Como um exemplo bem-humorado desse ponto, um executivo de um banco de investimento sediado em Londres relatou-me um leilão que ele ajudou a conduzir alguns anos atrás. Por existir a possibilidade de um único licitante, o executivo decidiu utilizar um processo com lances fechados. Logicamente, no dia do leilão apareceu somente um licitante. Depois de pedir o primeiro lance, o executivo encaminhou calmamente seu único licitante para uma sala de reuniões e disse-lhe a seguinte frase com palavras cuidadosamente escolhidas:

> "Não vou mentir para você. mas até agora você é o concorrente com o menor lance."

A oferta subiu bem e o executivo rapidamente fechou o negócio.

Voltaremos à legalidade dessa tática no Capítulo 11. Por ora, o aspecto importante é que processos com lances fechados permitem que você crie a percepção de competição quando essa competição pode realmente não existir. Lembre-se, porém, de que é importante misturar um pouco os procedimentos se você for um organizador de processos que atue repetidamente.

Associação dos Sinais dos Licitantes

Um segundo fator a considerar na determinação de realizar um leilão à viva-voz ou um leilão com lances fechados é o grau no qual os sinais dos licitantes estão "associados". Em um estudo teórico clássico do início da década de 1980, os professores Paul Milgrom e Robert Weber demonstram que um leilão à viva-voz é mais desejável para o vendedor quando as avaliações dos licitantes devem ser influenciadas pelos lances dos outros – um fenômeno que eles chamam "sinais associados" que, como veremos no próximo capítulo, está relacionado com o "valor comum".[1] A intuição é que um licitante entrará em um leilão com determinada avaliação – digamos, $100 – mas, quando os licitantes a seu redor oferecem confortavelmente lances na faixa de $120 a $130, sua própria reserva de valor deve subir – não por uma elevação irracional, mas porque ele está aprendendo com os movimentos dos outros.

No próximo capítulo, discutimos a situação na qual você deve "racionalmente atualizar" sua reserva de valor como licitante. Mas a questão nesse momento é que, como vendedor, você deve se utilizar de um leilão à viva-voz em situações nas quais os licitantes têm maior probabilidade de aprender com os lances dos outros e de, assim, ajustar suas próprias avaliações. Como Milgrom e Weber demonstram, a informação extra obtida pela observação do comportamento dos competidores ao fazer seus lances leva a ofertas mais agressivas em leilões à viva-voz, resultando em um preço maior para o vendedor do que seria propiciado por um leilão com lances fechados. Assim, se as avaliações dos licitantes dependerem umas das outras, um leilão à viva-voz maximizará o preço para o vendedor.

Aversão ao Risco pelo Licitante

No capítulo anterior, vimos que os vendedores que querem evitar o risco devem preferir negociar a leiloar. Agora vamos analisar a aversão ao risco por parte do licitante. Quando os licitantes exibem aversão ao risco, considere realizar um leilão com lances fechados para tirar vantagem disso. Leilões com lances fechados são proposições arriscadas para os licitantes; leilões à viva-voz não possuem risco inerente. Licitantes avessos ao risco em um leilão com lances fechados vão esconder menos suas ofertas, beneficiando o vendedor.

Para ver esse ponto, imagine um jovem representante de vendas que é instruído a fazer uma oferta para um negócio em um novo cliente dentro de um leilão com lances fechados. Se o negócio chegar a menos do que sua reserva de valor (lembre-se de que é um leilão reverso), então ele não irá querer o negócio. Nenhum prejuízo, a não ser a perda de tempo. Seu maior medo, porém, é que o negócio saia por mais do que sua reserva de valor e que ele faça um lance muito agressivo. Na medida em que ele seja mais avesso ao risco (isto é, com maior medo de perder o negócio nesse cenário), ele esconderá menos a sua oferta em um leilão com lances fechados. O risco inerente em um leilão com lances fechados o induz a pagar mais. Assim, quando os licitantes forem avessos ao risco, utilize um leilão com lances fechados para tirar vantagem disso.

Conluio entre Licitantes

O fator final a considerar na determinação de realizar um leilão à viva-voz ou um leilão com lances fechados – evitar conluio – não é importante na maioria dos leilões e, por essa razão, é o último da lista. Mas quando o conluio é um fator, normalmente ele é o mais importante e deve conduzir o organizador do processo a realizar um leilão com lances fechados. Para ver por que, imagine dois licitantes – Bo e Luke – que possuem avaliações igualmente elevadas pelo ativo sendo leiloado. Bo e Luke chegam a um acerto, concordando que somente Bo fará lances; então, depois de Bo ganhar o leilão, Bo e Luke dividirão os lucros. Sem o conluio, o vendedor teria obtido a avaliação total de Bo (ou de Luke) e ambos os licitantes não teriam lucro. Com o conluio, o vendedor obteria um preço menor, e tanto Bo quanto Luke ganhariam dinheiro.

Abordo a legalidade desses acertos no Capítulo 11. A questão agora é como o organizador do processo consegue evitar os efeitos negativos dos conluios sem recorrer a ações judiciais contra os dois compradores. A resposta é um leilão com lances fechados. Neste, Luke tem um incentivo para romper com seu acerto com Bo, fazer uma oferta ligeiramente superior e ficar com todos os lucros para si mesmo. Quando Bo descobrir a traição de Luke, já será muito tarde – os envelopes terão sido abertos e Luke sairá com o prêmio.

Compare esse resultado com a situação em um leilão à viva-voz. Luke rompe o acerto, mas, desta vez, Bo rapidamente vê o que está acontecendo e percebe que seu acordo com Luke está cancelado. Bo responde com um lance maior e a competição entre as ofertas se desenvolve. O vendedor obtém a avaliação total de Bo (ou de Luke) como se não tivesse havido o conluio.

Agora imagine a conversa inicial entre Bo e Luke quando estão montando seu esquema de conluio. Se o organizador do processo estabeleceu um leilão à viva-voz, Bo e Luke confiam que seu acerto valerá. A ameaça implícita é que se Luke quebrar o acordo, Bo saberá imediatamente e poderá revidar, e vice-versa. Nenhum licitante tem um incentivo para quebrar o acordo, e o acerto do conluio se mantém. Se em vez disso o organizador do processo estabelecer um leilão com lances fechados, Bo e Luke terão a real preocupação de que seu acordo não se mantenha porque nenhum deles conseguirá revidar imediatamente. Os licitantes estarão, assim, menos propensos a tentar acordos de conluios em leilões com lances fechados porque o acerto é mais difícil de impor.[2]

A Figura 7 resume os quatro fatores que você deve considerar na determinação de realizar um leilão à viva-voz ou um leilão com lances fechados. Para ver esse sistema em ação, volte ao leilão de livros de Robert Barnett. Como descrito anteriormente, embora os licitantes estejam tecnicamente submetendo propostas fechadas nesse leilão, Barnett conta ao licitante com menor oferta qual foi o maior preço e convida que seja feito um novo lance, dessa forma, replicando a dinâmica fundamental de um leilão à viva-voz.

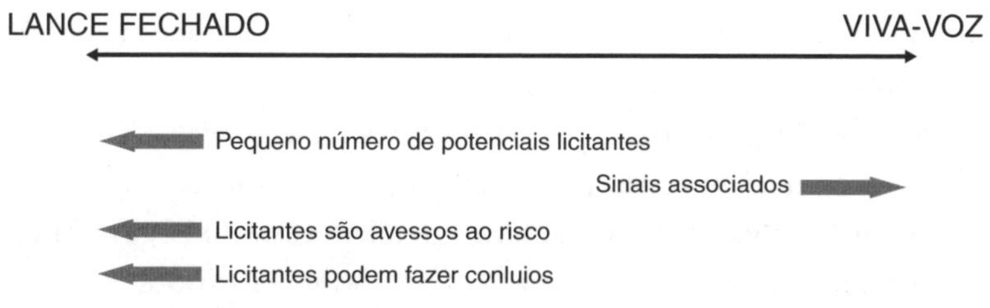

Figura 7. Leilão com lances fechados ou viva-voz? Quatro fatores a considerar

A estrutura que descrevi confirma a opção desenhada por Barnett:

1. O número de potenciais compradores é alto.
2. Existem sinais de associação. Por exemplo, a Simon & Schuster está disposta a pagar mais quando souber que sua arquirrival Knopf está disposta a pagar ainda mais.
3. A aversão ao risco dos licitantes é baixa. De fato, os editores são notórios em "especular" com livros de alto risco que apelam para seus instintos em vez de se basear em projeções financeiras.[3]

4. Conluios entre licitantes são praticamente inexistentes neste mundo por causa do grande número de potenciais licitantes e as consequências em termos de reputação caso o acerto seja descoberto (para uma exceção conhecida no mundo editorial, pule para a história do leilão de Barnett para dois autores associados, James Carville e Mary Matalin, descrita no Capítulo 9).

Em resumo, todos os fatores na estrutura apontam na direção de um leilão à viva-voz, que é também para onde a intuição e a preocupação com justiça de Barnett o conduziram.

LEILÕES À VIVA-VOZ: ALGUMAS OPÇÕES

Suponha que você tenha analisado os quatro fatores descritos na seção anterior e concluiu que quer conduzir um leilão à viva-voz. Vamos descascar mais uma camada da cebola para discutir as opções de processos dentro da categoria leilões à viva-voz. Quando a maioria das pessoas pensa nesse tipo de leilão, elas visualizam o que os teóricos no assunto chamariam de *leilão inglês*: o preço começa baixo, os participantes levantam suas mãos e os lances continuam até que reste somente um licitante. Os leilões ingleses são, de longe, o tipo mais comum de leilão à viva-voz.

Em um leilão inglês, uma questão importante é o *menor incremento dos lances* – isto é, o valor mínimo pelo qual cada lance subsequente precisa aumentar. Se o menor valor de incremento dos lances for $10, então os lances podem prosseguir como nesse exemplo: $55, $65, $80 (pode ser maior que o incremento, mas não menor), $90, $100 e assim por diante. Embora não exista uma ciência exata para responder a essa questão, é uma boa ideia começar com lances incrementais maiores e diminuir ao longo do leilão. Grandes incrementos nos lances desde o começo dão ritmo para o leilão e sinalizam que você espera bem mais do que o lance inicial.

Como regra geral, os leiloeiros profissionais normalmente começam com um lance inicial correspondente à metade do menor preço possível que esperam no leilão, mas casam isso com um maior incremento nos lances. O preço inicial baixo atrai muitas pessoas interessadas, mas o grande incremento nos lances mantém o ímpeto.[4] Entretanto, à medida que o leilão avança, os leiloeiros experientes reduzem o incremento nos lances para extrair o valor total do licitante com maior avaliação. Voltando ao exemplo simples do parágrafo anterior, se o maior lance atual for $100 e o incremento mínimo permanecer $10, um licitante que avalie o ativo em $108 não poderá dar o lance e o vendedor acabará deixando dinheiro na mesa. Nesse ponto do leilão, o leiloeiro poderia estar usando um menor incremento nos lances – $2, por exemplo – para extrair o valor total do licitante mais elevado.

Se esses pontos parecem intuitivos, voltemos para a venda da CWA, na qual a maioria dessas regras foi violada. O lance inicial no leilão da CWA foi $50 milhões, como estabelecido pelo processo dos vendedores. Os executivos do banco de investimento do lado vendedor fixaram um incremento mínimo nos lances de $1,5 milhão, o que, retrospectivamente, teria exigido 75 lances para atingir o preço final de aquisição de $168,3 milhões. Pelo fato de o licitante normalmente rodar novamente seu modelo financeiro a cada momento em que faz um novo lance, esse pequeno incremento nas ofertas significou um leilão que consumiria muito tempo. E realmente aconteceu. Talvez percebendo o erro, os executivos do banco do lado vendedor *aumentaram* o incremento dos lances depois de 20 horas do processo em andamento – de $1,5 milhão para $2 milhões – continuando um doloroso martírio até o preço final de aquisição de $168,3 milhões.

Os pequenos incrementos nos lances também tinham outro efeito mais sutil. Como descrito por Phil Mindlin, um sócio na Wachtell, Lipton, Rosen & Katz que esteve envolvido no leilão da CWA:

> Como comprador você ficava condicionado pelo comportamento dos outros compradores... fica imaginando que o preço-alvo está à vista. Assim, ninguém pensa que se você tem uma oferta de $60 milhões e os incrementos são de $250 mil que se poderia chegar a $100 milhões... É como estar em um carro que está reduzindo a velocidade.[5]

Assim, os incrementos nos lances correspondem a um fator importante para avançar direto em um leilão à viva-voz ascendente.

Outro tipo de leilão à viva-voz é o *leilão holandês*. Em um leilão holandês, a oferta começa em um valor alto e vai diminuindo até que um único licitante esteja disposto a fazer o lance. Os leilões holandeses são em geral confundidos com leilões reversos, no qual o comprador é o organizador do processo e os potenciais vendedores são os licitantes (uma licitação é o paradigma de um leilão reverso). Tanto nos leilões holandeses quanto nos leilões reversos, o preço começa alto e vai diminuindo, mas os aspectos operacionais dos leilões reversos são idênticos aos do leilão inglês padrão – apenas com os papéis trocados entre comprador e vendedor. Assim, é melhor pensar os leilões reversos como uma categoria do leilão inglês em vez de um equivalente aos leilões holandeses.

Quando você deve usar o leilão holandês no lugar do mais convencional leilão inglês? De longe, a razão principal é quando a velocidade for importante. Pegue o mais famoso leilão holandês de todos: a venda de flores na Holanda (na verdade, é por isso que os leilões holandeses têm esse nome). Os leilões acontecem em Aalsmeer, uma pequena cidade próxima a Amsterdã, desde 1911. De acordo com um relato: "Em Aalsmeer... as três palavras mais importantes no setor das flores são rápido, rápido, rápido."[6] As flores chegam no meio da noite de viveiros de todo o mundo e os clientes (a maior parte exportadores e atacadistas) estão em seus escritórios às 5h para verificar a mercadoria e se preparar para fazer os lances. O leilão começa oficialmente às 6h30. Os potenciais compradores se reúnem em uma das cinco salas de leilão, sentam-se ao redor de mesas e acompanham o leiloeiro por meio de fones de ouvido. Uma tela mostra a foto da flor específica à venda, junto com informações estatísticas, como fatores ambientais, qualidade e o logotipo do produtor.

O processo de venda é governado pelo relógio, que mostra o preço para uma única flor. O leiloeiro estabelece o preço inicial e as luzes do relógio mostram o preço caindo a uma velocidade vertiginosa – mais rápido do que o ponteiro de segundos de um relógio – até que um participante aperta o botão em sua mesa. Esse licitante decide, então, a quantidade de flores que quer comprar ao preço marcado no relógio. O relógio volta, então, ao lance inicial e o preço cai novamente, até que outro participante (que pode ser um licitante ganhador anterior) aperte o botão. O procedimento é repetido até que todo o lote de flores seja vendido. Dessa maneira, 2,1 milhões de flores e plantas são vendidos todos os dias, gerando receitas de mais de $20 bilhões por ano. De acordo com um especialista: "Uma rosa vendida pelo relógio de manhã pode estar enfeitando uma mesa de jantar nesta mesma noite em Paris, Roma ou Nova York."[7]

Começando em 1989, o Sydney Fish Market também tem funcionado pelo processo de leilão holandês. Os frutos do mar chegam ao mercado até as 15h e os compradores têm até as 4h30 da manhã seguinte para inspecionar a mercadoria. Da mesma forma que em Aalsmeer, um relógio é fixado em um preço alto, o leilão se inicia e o preço cai até que um licitante faça o lance. Depois que o licitante que fez a oferta seleciona a quantidade desejada do lote, o peixe remanescente é novamente leiloado. O Sydney Fish Market vende todos os dias perto de mil caixas de peixe por hora nesse processo.[8]

Esses exemplos ilustram que, quando a velocidade é importante, o leilão holandês resolve o problema. Outra razão para utilizar esse tipo de leilão é que ele volta a introduzir o risco, o que funciona em benefício do vendedor se os licitantes forem avessos a isso. Considere novamente o leilão de flores. Quando o relógio está acima de sua reserva de valor como licitante, você fica calmo – se outro participante apertar o botão, não importa, afinal, você não está disposto a pagar esse preço. Quando o relógio corre abaixo de sua reserva de valor, você começa a suar. Cada segundo que você espera aumenta seus lucros no negócio, mas também aumenta o risco de que outro aperte primeiro o botão. Se for neutro em relação ao risco, você simplesmente procura adivinhar quando o próximo licitante entra e aperta seu botão um pouco antes disso. Quanto mais avesso ao risco você for, maior é o amortecedor que constrói, fazendo com que aperte seu botão mais cedo, aumentando o preço que você paga, se comparado com o leilão inglês.

Outra variante de viva-voz é o *leilão japonês*. Em um leilão desse tipo, o preço começa baixo e sobe como em um leilão inglês. A diferença é que *todos* os licitantes precisam assinalar sua disposição em fazer o lance a cada novo valor ofertado, e qualquer participante que saia não pode mais voltar. O leilão japonês é chamado algumas vezes de "leilão do botão" porque uma maneira de operacionalizá-lo é através de botões. Como no leilão holandês, cada licitante tem um botão; mas, dessa vez, o participante tem que manter apertado seu botão, sinalizando a disposição em fazer o lance enquanto o relógio sobe de preço. Quando os licitantes tiram a mão do botão, eles estão fora do leilão. Como em um leilão inglês, a última pessoa com a mão no botão ganha o leilão.

O leilão japonês não é muito comum na prática, mas ele possui algumas características interessantes que o tornam uma razoável opção de processo em algumas situações.[9] Como no leilão inglês, com o qual se assemelha em alguns aspectos principais, o leilão japonês beneficia os vendedores se as duas avaliações mais altas forem próximas uma da outra. Se as avaliações forem parecidas, o licitante com a segunda maior avaliação manterá o botão apertado quase que durante o mesmo tempo que o licitante com a maior avaliação, forçando esse último a pagar um preço próximo de seu máximo.

Como o leilão holandês, o leilão japonês é rápido. No leilão holandês, o relógio começa com um valor alto e diminui; no leilão japonês, o relógio começa baixo e sobe. As duas formas são mais rápidas do que o leilão inglês. A velocidade pode ter efeitos substantivos por si só; por exemplo, ela torna mais difícil que os licitantes atualizem sua reserva de valor, o que pode induzir os especialistas a participar (bom para o vendedor), mas pode amortecer a atualização da reserva de valor pelos licitantes (ruim para o vendedor). Esses efeitos são discutidos em detalhes no próximo capítulo.

LEILÕES COM LANCES FECHADOS: ALGUMAS OPÇÕES

Volto-me agora para algumas opções de leilões com lances fechados. Uma opção que é bastante discutida academicamente, mas raramente considerada na prática, é a escolha entre leilões de primeiro preço e de segundo preço. Um leilão com lances fechados de primeiro preço é aquele com o qual todos estamos acostumados: a maior oferta ganha o ativo e paga o preço de seu lance. Um leilão com lances fechados de segundo preço tem uma diferença: o licitante com maior oferta ganha o ativo, mas paga somente o segundo maior lance.

Por que algum vendedor iria querer deliberadamente deixar o maior licitante liberado de uma porção do que está disposto a pagar? A resposta é que um leilão de segundo preço elimina a estratégia e a adivinhação que, de outra forma, acompanha uma situação com lances fechados. Como veremos em detalhes no próximo capítulo, os licitantes em um leilão com lances fechados de primeiro preço estão todos tentando adivinhar qual seria o segundo maior lance para poder ofertar apenas um pouco mais. Ninguém dá um lance com sua reserva de valor total em um leilão de primeiro preço porque, se ganhassem sob essas circunstâncias, teriam lucro zero. Em comparação, em um leilão de segundo preço, todos os licitantes devem simplesmente ofertar seu valor de reserva total.

Considere um exemplo. Você avalia um ativo em $100, que você assume ser a maior reserva de valor no leilão, e seu palpite é que o próximo lance será de $60. Em um leilão de primeiro preço, você apostaria algo apenas um pouco maior do que $60 – alto suficiente para ter certeza de ganhar, mas baixo o suficiente para maximizar seus lucros com o negócio. Em um leilão de segundo preço, toda a adivinhação é eliminada e você oferta simplesmente seu valor de reserva total de $100. Se você vencer com $100, paga somente o próximo maior lance, que você previu como sendo $60. Se perde, o licitante vencedor avaliou o ativo acima do que você, logo, você não irá mesmo querer com esse preço.

Considere um lance alternativo – digamos $90. Se você vencer, continuará pagando a próxima maior reserva de valor, que é cerca de $60. Mas suponha que você perca com $90 e o lance ganhador seja de $95 – você teria preferido ofertar $96 e vencer. Toda vez que você dá um lance menor do que seu valor de reserva total em um leilão de segundo preço, existe uma chance de que o ativo vá para outro por menos do que você estaria disposto a pagar, e, nesses casos, você teria preferido fazer um lance maior.

Considere agora um outro lance alternativo – digamos $110. Aqui, a possível desvantagem é muito mais fácil de ver: você vence o leilão e o segundo maior lance acontece de ser $105. Opa! Para cada lance que seja maior do que seu valor de reserva total existe alguma chance de que você venha a pagar mais pelo ativo do que o valor que atribuiu a ele.

Pelo fato de seu lance em um leilão de segundo preço determinar somente se você ganha ou perde, e não o montante real a pagar, a estratégia dominante é ofertar seu valor de reserva total. Toda a estratégia que faz parte de um processo com lances fechados de primeiro lance deixa de fazer sentido. Isso torna a vida mais simples para os licitantes e pode beneficiar o vendedor ao estimular uma maior competição pelo ativo. O vendedor em um leilão com lances fechados de segundo preço deve receber a segunda maior reserva de valor – exatamente o mesmo que os vendedores recebem, em média, nos leilões com lances fechados de primeiro preço.

Embora os leilões de segundo preço sejam intelectualmente interessantes, na prática, eles são raros. Os economistas levantaram vários motivos para explicar por quê,[10] mas a maior razão seria simplesmente o fato de que é difícil explicar aos participantes por que a melhor estratégia em um leilão de segundo preço seria ofertar seu valor de reserva total. A menos que tenham um conhecimento bem elaborado ou sejam versados em teoria sobre leilões, os licitantes em leilões de segundo preço vão mesmo esconder seus lances, resultando em menor preço para o vendedor.

Outro motivo importante para os leilões de segundo preço serem tão incomuns é o medo de trapaça por parte do vendedor. Em um leilão à viva-voz, o licitante pode observar os procedimentos e os comportamentos de seus concorrentes e desistir do leilão se sentir que está sendo enganado pelos outros. Em um leilão com lances fechados, as ofertas são “ocultas” e o vendedor pode "ajustar" o segundo maior lance para alcançar um preço maior.[11] O licitante com o segundo maior lance não se importa (de qualquer forma, ele não irá ganhar) e o licitante com o maior lance nunca saberá.

Um terceiro motivo para os leilões de segundo preço serem raros é que os licitantes podem se sentir desconfiados em revelar sua reserva de valor total para o vendedor, acreditando que esse tipo de honestidade poderá prejudicá-los. Isso pode ser uma preocupação válida em situações onde haja negociações depois que o leilão é concluído.[12]

Para entender esse ponto, imagine vender sua casa através de um leilão com lances fechados de segundo preço. O maior lance é $600 mil e os lances seguintes são $500 mil e $475 mil. Sob as regras do leilão de segundo preço, o lance ganhador paga $500 mil – um ótimo preço para o ganhador que avaliou a casa em $100 mil a mais. Agora o licitante vencedor realiza a usual inspeção da casa e vem com problemas significativos que normalmente implicariam redução do preço de aquisição. Você faria concessões no preço de aquisição? Muito improvável. Você sabe que o licitante vencedor avalia a casa em $600 mil, logo, seria razoável dizer: "Esse é um ótimo negócio para você, logo, tire esses valores dos problemas da inspeção de seus lucros." Visualizando essa questão antecipadamente, os licitantes esconderão seus lances no leilão, apesar de o processo ter sido escolhido para extrair seus valores de reserva totais.

Disparado, o maior experimento verdadeiro com leilões de segundo preço é o eBay (o bastante conhecido site de leilões on-line). Desde seu início ele emprega um mecanismo de leilão de segundo preço, para o deleite dos teóricos de leilões, que acreditam que esse mecanismo elegante é subutilizado na prática. Pelo fato de a característica do segundo preço ser diferente da dos mecanismos de primeiro preço que as pessoas estão acostumadas, o eBay instrui seus usuários sobre como fazer o lance em seu "sistema de lances pelo servidor":

> Decida o valor máximo que quer pagar pelo item antes de fazer o lance. Entre com esse valor como seu lance máximo. Este precisa ser maior do que o lance mínimo atual no anúncio. O eBay fará os lances automaticamente em seu nome, com base em incrementos preestabelecidos, mas somente até seu lance máximo. Quando os outros derem seus lances, sua oferta é aumentada automaticamente até que você seja novamente o licitante com o maior lance. Você será superado somente se outro licitante colocar um lance máximo superior ao seu.[13]

Assim, o eBay construiu um leilão de segundo preço: você dá o máximo lance que está disposto a pagar, mas paga somente um pouco mais do que o lance do segundo mais alto. A análise já esboçada sugere que a melhor abordagem para esse tipo de leilão é entrar com sua reserva de valor total como seu lance máximo e depois esquecer o leilão – ou você ganha e paga alguma coisa menos do que seu lance ou o ativo será vendido a alguém por mais do que sua reserva de valor.

De fato, o eBay costuma aconselhar explicitamente seus licitantes sobre isos, "encorajando todos os membros a utilizar o sistema de lances pelo servidor que foi estabelecido para ofertar o máximo absoluto que desde o início estão dispostos a pagar por um item e deixar que o sistema de lances pelo servidor trabalhe por eles".[14] Mas não era isso que os licitantes faziam. Em um estudo, os professores Al Roth e Axel Ockenfels constataram que o licitante médio oferta praticamente o dobro (1,89 vez) em um leilão do eBay, normalmente nos últimos segundos do leilão. Roth e Ockenfels destacam que "alguns observadores expressaram surpresa e perplexidade diante desses padrões de fazer lances múltiplos no fim dos leilões pela internet que surgem apesar do conselho dos leiloeiros de que os licitantes devam submeter simplesmente os maiores preços que estão dispostos a pagar, de uma só vez, no início do leilão".[15]

No próximo capítulo eu forneço algumas explicações para esse comportamento do lado comprador com base nas constatações de Ockenfels e Roth, entre outros. O ponto a destacar nesse momento é que embora o mecanismo de segundo preço seja elegante em teoria, os licitantes reais não atuam como a teoria prevê. Essa desconexão pode explicar, pelo menos em parte, por que os leilões de segundo preço não são muito utilizados na prática.

A escolha de processo mais importante em leilões com lances fechados é o número de rodadas que serão realizadas. Uma consideração importante é o custo das propostas. Se levar muito tempo e dinheiro para o licitante estabelecer sua oferta, muitos licitantes com elevados valores podem ser dissuadidos pela perspectiva de fazer um elevado investimento no processo de due diligence, mas sair com as mãos vazias. Em face dessa preocupação legítima, conduza uma rodada preliminar, em que os licitantes possam fazer "manifestações de interesse" não obrigatórias. Algumas vezes isso é chamado de "rodada indicativa" das propostas, na qual os licitantes indicam uma estimativa aproximada de seu lance. Os participantes podem apresentar esses lances com substancialmente menos due diligence; o resultado é uma participação bem maior do que você obteria em um leilão com lances fechados em uma única rodada.

Uma vez que tenha recebido indicações de interesse, você pode peneirar o campo para os quatro a sete licitantes mais promissores. Você convida então esses licitantes para conduzirem uma due diligence mais completa com o objetivo de receber ofertas (lances) "sérias". Esses participantes podem investir mais em due diligence porque suas chances de vencer são agora maiores do que no início.

Uma rodada indicativa seguida de uma rodada com propostas incentiva a participação de licitantes quando os custos de uma proposta séria são elevados, como nos casos em que os ativos são difíceis de avaliar. Nesse cenário, uma rodada indicativa seguida de uma rodada com propostas fornece para você uma maior participação e um preço de venda maior do que se obteria de um leilão com lances fechados em uma única rodada.

Uma abordagem simples para sair da rodada indicativa para o vencedor final seria conduzir apenas uma única rodada "final de melhor preço", mas você pode ficar desapontado com os lances que receberia. Você minimiza esse risco ao conduzir várias rodadas com lances fechados, eliminando pessoas ao longo do processo. Além do mais, isso exige um pouco de equilíbrio: por um lado, você quer ir eliminando licitantes do processo como forma de perpetuar o ímpeto; mas, por outro lado, você não quer eliminar, sem saber, o licitante com a maior avaliação que pode ter dado um passo errado em determinada rodada, fazendo uma oferta muito baixa.

Na medida em que você experimenta seu caminho nas múltiplas rodadas, é preciso "mostrar aos licitantes a linha de chegada". Essa é uma expressão bem conhecida entre os profissionais da área e a metáfora é apropriada. Se você já assistiu a uma chegada na reta final de uma longa corrida, deve ter percebido que os corredores geralmente dão uma arrancada no final. Isso é particularmente verdadeiro entre os primeiros corredores se a corrida estiver disputada, mas, mesmo aqueles que ficam para trás, dão uma arrancada até a linha de chegada para conseguir o melhor tempo possível. O que está acontecendo? Por que eles não distribuem apenas o ritmo ao longo do caminho? Entendemos que os corredores normalmente guardam um pouco de energia para utilizar no arranque final até a linha de chegada.

Agora imagine uma corrida na qual o organizador não conta aos corredores qual será a distância a percorrer – somente que os corredores devem dar a partida e, em algum momento, o organizador interromperá a corrida, declarando vencedora a pessoa que estiver na frente. Parece loucura? Assim você percebe o problema em um leilão com lances fechados que não tenha um fim em vista nem regras claras do processo para determinar o vencedor. Certamente os licitantes ficarão frustrados, mas também guardarão algo na expectativa de que irão precisar em uma futura rodada. O resultado é que eles não fazem sua melhor oferta e, assim, prejudicam o vendedor.

Considere o exemplo de um varejista nos Estados Unidos que estava expandindo rapidamente o número de suas lojas alguns anos atrás. O varejista realizou um leilão eletrônico para selecionar o empreiteiro local que construiria cada uma de suas lojas e deixou claro que o preço seria importante, mas não o único critério – reputação, cronograma para a conclusão e outros fatores também teriam seu peso na decisão. O varejista também anunciou uma regra adicional: uma vez que fosse escolhido o melhor licitante, haveria uma janela de 30 dias durante a qual os licitantes derrotados teriam a oportunidade de ver a proposta vencedora e submeter uma melhor oferta, se quisessem.

Essa regra adicional não parecia passível de objeções, em princípio – o que poderia estar errado em adicionar um pouco de competição no processo? A experiência do varejista com a rodada pós-leilão também parecia validar essa visão: novas propostas choveram de vários dos licitantes derrotados, muitas vezes com significativas reduções de preço em relação à oferta "vencedora" no leilão eletrônico formal. Entretanto, na medida em que avançava a experiência e com um pouco mais de reflexão, o varejista percebeu o que estava acontecendo: como o processo de leilão não mostrava aos licitantes a linha de chegada, os licitantes não estavam colocando sua melhor oferta durante o leilão eletrônico formal. Eles sabiam que poderiam sempre voltar durante o processo pós-leilão.

No final, a lógica prevaleceu e o varejista parou de utilizar seu processo em duas etapas. Agora os empreiteiros apresentam propostas fechadas, o varejista escolhe a melhor oferta e não há oportunidades para novos lances. O varejista perde a competição pós-leilão, mas ganha o grande benefício de ter licitantes que fazem sua melhor oferta no próprio leilão. Mostrando aos licitantes a linha de chegada, o varejista eliminou o jogo entre os participantes e provavelmente obteve preços comparáveis ou melhores do que em seu processo em duas etapas.

O leilão do varejista destacou um ponto geral, que é uma maneira útil de encerrar este capítulo: em leilões com lances fechados, o organizador do processo precisa pensar com muito cuidado sobre as opções do processo. Pequenas diferenças nas regras do jogo podem ter grandes implicações nas estratégias dos licitantes. Em algumas situações com lances fechados, as regras do leilão podem criar incentivos imprevistos, involuntários e perversos aos licitantes.

Considere o caso da Antamina, uma mina de cobre e zinco do Peru.[16] Em junho de 1996, a companhia estatal de mineração, Centromin, decidiu vender a mina através de um processo de leilão com lances fechados. Inicialmente, 40 licitantes manifestaram interesse e 12 visitaram o "data room"; mas, na medida em que o prazo para dar o lance se aproximava, esperava-se que apenas três fizessem lances formais: Noranda, uma grande companhia mineradora com sede em Toronto, Canadá; Rio Algom/Inmet, uma joint venture entre outras duas companhias canadenses, e RTZ-CRA, o maior grupo de mineração mundial, com operações espalhadas por todo o globo.

A Centromin especificou que cada proposta consistiria em duas partes: um pagamento inicial, que seria devido na assinatura, e um "compromisso de investimento" que o licitante vencedor teria que gastar ao longo de cinco anos após a assinatura. Os licitantes teriam que oferecer no mínimo $17,5 milhões no pagamento inicial e $135 milhões de compromisso de investimento. Os lances seriam avaliados pela soma do pagamento inicial, com 30% do compromisso de investimento.

Depois de dois anos, o licitante vencedor poderia devolver a mina para a Centromin desde que tivesse gasto pelo menos $13,5 milhões em exploração e desenvolvimento. Se não devolvesse a mina no prazo de dois anos, o licitante vencedor pagaria uma multa de 30% sobre os valores não aplicados no compromisso de investimento para os cinco anos. Por exemplo, se o licitante vencedor comprometeu-se a gastar $1 bilhão, não devolveu a mina para a Centromin depois de dois anos e gastou somente $500 milhões após cinco anos, ele ficou devendo para a Centromin $150 milhões (30% de $1 bilhão, menos $500 milhões).

Sem dúvida era complicado, mas essas regras tinham um propósito. A possibilidade de devolver a mina para o governo protegia todos os licitantes contra o risco de perda financeira. Se um licitante venceu o leilão e descobriu que a mina é um fracasso, ele pode simplesmente ir embora depois de dois anos. Essa característica atraiu licitantes para o leilão, o que foi extremamente útil para um governo que passou por dois leilões sem sucesso na tentativa de vender o mesmo ativo nos dois anos precedentes.

O outro objetivo importante para o governo – promover o investimento na mina – foi alcançado através do processo de compromisso de investimento. De acordo com um funcionário da Centromin: "Obviamente queremos vender a um preço interessante, mas o principal objetivo é manter e desenvolver o setor, atraindo companhias de qualidade."[17] Outro porta-voz disse: "Nossa principal preocupação é com o montante que os novos proprietários irão investir para promover, modernizar ou expandir" a mina.[18] As regras refletiam esse interesse, com o compromisso de investimento avaliado a $0,30 no cálculo dos valores das propostas. A multa de 30%, imposta após cinco anos sobre qualquer déficit, asseguraria que o licitante vencedor levaria a sério o compromisso de investimento.

O problema à espreita era que esses dois objetivos – proteger os licitantes contra o fracasso e promover o investimento – estavam em tensão entre si. Para compreender esse ponto, comece com a melhor composição entre o pagamento inicial e o compromisso de investimento, sob a perspectiva dos potenciais licitantes. Uma análise custo-benefício revela que a melhor estratégia é fazer o menor pagamento inicial possível ($17,5 milhões) e carregar todo o valor de sua proposta no compromisso de investimento. Um dólar lançado no pagamento inicial vale $1 em termos de pontos na proposta e custa $1 para o licitante se a oferta é bem-sucedida. Em comparação, $1 carregado no compromisso de investimento vale $0,30 em termos de pontos na proposta e custa ao licitante – no pior cenário – $0,30 em cinco anos. Os licitantes obtinham mais custo-benefício no compromisso de investimento do que no pagamento inicial, o que significa que todos os licitantes deveriam minimizar seu pagamento inicial e maximizar seu compromisso de investimento ao preparar suas propostas.

Até aí tudo bem, você poderia dizer, pois o principal objetivo do governo é fazer com que o licitante vencedor desenvolva a mina, e um maior compromisso de investimento promove exatamente isso. Mas o licitante vencedor no leilão da Antamina tinha uma opção após os dois anos: devolver a mina para o governo ou seguir adiante e ficar exposto por qualquer déficit no investimento. Que tipo de licitante teria a maior probabilidade de devolver a mina para o governo depois de dois anos? Aquele com maior compromisso de investimento, se seguisse adiante. E que tipo de licitante teria maior probabilidade de vencer a licitação? Aquele com maior compromisso de investimento.

Assim, as regras do leilão criaram uma situação em que o licitante vencedor seria aquele com *maior* probabilidade de desistir da mina após os dois anos. Se o licitante vencedor desistisse, a Centromin estaria na difícil posição de tentar revender uma mina que seria vista como "mercadoria com defeito".

Três propostas chegaram em 12 de julho de 1996. A RTZ-CRA ofertou $17,5 milhões de adiantamento e $900 milhões de compromisso de investimento. A Noranda ofertou $17,5 milhões de adiantamento e $1,9 bilhão de compromisso de investimento. E a proposta vencedora foi da Rio Algom/Inmet, que ofertou $20 milhões de adiantamento e incríveis $2,52 bilhões de compromisso de investimento. Em uma entrevista coletiva com a imprensa naquele dia, o representante da Rio Algom deixou claro que o consórcio ficaria perfeitamente tranquilo em desistir após dois anos: "Se ela não se mostrar viável, nós apenas perderemos o investimento no adiantamento."[19]

O contrato foi fechado dois meses depois, em setembro de 1996. Em 26 de fevereiro de 1997, a Rio Algom/Inmet anunciou que levantamentos geológicos revelaram aproximadamente 400 milhões de toneladas de minério em Antamina – bem além de suas expectativas.[20] Como resultado, o consórcio recusou o exercício de sua opção de desistir em setembro de 1998, assinando, em função disso, seu compromisso de investimento de $2,52 bilhões.[21] O consórcio completou o projeto Antamina no final de 2001, antes do prazo e dentro do orçamento. O gasto total de capital ficou em $2,148 bilhões – $372 milhões abaixo do compromisso de investimento do consórcio.

Esse resultado revelou a natureza ilusória do compromisso de investimento da Rio Algom/Inmet, pois mesmo uma imensa descoberta de minério não justificou o gasto de todo o investimento que o consórcio havia se comprometido ao assinar. Nos termos do contrato, a Rio Algom/Inmet pagou multa de 30% sobre a diferença, ou $111,5 milhões.[22] No final, o consórcio foi bem e o governo obteve o desenvolvimento que queria da mina, mas as regras do processo do governo não facilitaram esse resultado.

Como ilustram os exemplos do leilão reverso do varejista e da Antamina, as regras do leilão com lances fechados podem produzir grandes efeitos no comportamento do licitante. A chave é pensar o processo pela perspectiva do licitante ao projetar o leilão. No próximo capítulo analisaremos esse tópico com profundidade: ao aceitar o processo como dado e descrevendo a melhor maneira de atuar no jogo como o "tomador no processo".

CAPÍTULO 5

ATUANDO NO JOGO COMO TOMADOR NO PROCESSO

Quando dou aulas sobre leilões para grupos de executivos na Harvard Business School, algumas vezes inicio o curso leiloando uma jarra de moedas dos Estados Unidos (esse clássico jogo foi inventado nos anos 1980 pelos professores Max Bazerman e William Samuelson).[1] Os participantes têm a oportunidade de olhar para a jarra, sacudi-la e, depois, se quiserem, podem escrever seu lance. Explico que sei o valor contido na jarra e que o maior lance ganhará tal valor (*não* a própria jarra com as moedas – seria muito difícil eles passarem pela segurança do aeroporto na volta para casa) em troca de seu lance. Ofereço um exemplo para garantir que todos entendam as regras: "Se você aposta $20 e é o maior lance de todos, e havendo o correspondente a $25 em moedas na jarra, nós fazemos o encontro de contas e eu pagarei a diferença de $5. Mas se você apostar $30 e for o maior lance, com $25 na jarra significa que você me deve $5." Esclareço ainda que isso é um leilão real e que dinheiro de verdade será trocado em uma direção ou na outra.

Os participantes escrevem seus lances, mostram para um vizinho para se comprometer e eu peço que levantem as mãos: "Quem aqui fez um lance superior a $10?" Já se observam alguns olhares preocupados na sala, $10? Ele não acabou de dizer que eram $25 na jarra? Internamente fico maravilhado com o poder da ancoragem, embora tenha tornado bastante claro que meu exemplo era somente para fins ilustrativos.

Entretanto, o propósito do exercício não é demonstrar a ancoragem. Peço aos participantes que mantenham as mãos erguidas se fizeram lances superiores a $15. Alguns braços se abaixam. Mais do que $20? Mais alguns. Mais do que $25? Agora existem cerca de 10 mãos erguidas no ar e os participantes começam a se olhar com certo nervosismo. Mais do que $30? Neste momento permanecem normalmente dois ou três braços erguidos; então, eu paro e pergunto seus lances: "$32", diz um, "$35", diz outro. Com grande preocupação, o participante com maior lance diz "$38,50".

A parte interessante vem em seguida. Antes de revelar quanto de fato há na jarra, pergunto ao licitante vencedor como ele se sente (quase sempre é ele e não ela). "Não tão bem." Por quê? "Porque aparentemente fiz um palpite maior do que todo mundo na sala." O aspecto extraordinário desse comentário é que ele vem *antes* da revelação de quanto tem na jarra. O vencedor sabe que ele provavelmente pagou um preço excessivo pelo simples fato de ter sido o participante com o maior lance. Esse é o bem conhecido, mas pouco compreendido, problema da *maldição do vencedor*. Com certeza, nos dez anos em que utilizo esse exercício em Harvard, o participante com o maior lance sempre ficou sujeito à maldição do vencedor. Minhas duas jarras na Harvard Law School e na Harvard Business School contêm $15,88 e $15,67 respectivamente. O maior lance é sempre maior do que esses valores e normalmente por volta de $30. Brinco com os participantes que se não tivesse emprego como professor eu poderia ter um bom ganho leiloando jarras de moedas nas esquinas da cidade.

ANTES DE ENTRAR: PENSE EM TODOS OS CUSTOS E BENEFÍCIOS NO ESTABELECIMENTO DE SUA RESERVA DE VALOR

Voltarei ao problema da maldição do vencedor e como resolvê-lo, mas inicio com o primeiro passo para atuar no jogo como tomador no processo: determinar sua reserva de valor. Você se lembra de que em uma negociação sua reserva de valor é definida como sua avaliação total para o ativo, que determina seu limite na negociação. Não é o que você espera obter nem o que você espera pagar, mas a reserva de valor indica se você está gerando valor no acordo que está sobre a mesa. Sua reserva de valor é determinada pela sua MAANA (melhor alternativa em relação ao acordo negociado). No exemplo de "Frasier" apresentado no Capítulo 1, a reserva de valor da Paramount para o seriado de televisão era algo em torno de $5,25 milhões por episódio, que refletia sua MAANA de vender o programa para a CBS.

As coisas ficam mais complicadas em leilões porque você precisa computar *todos* os custos e benefícios de vencer ou perder o leilão no cálculo de sua reserva de valor e, em muitos casos, esses custos e benefícios são sutis. Primeiro, perder o leilão algumas vezes custa algo para você; isto é, sua MAANA no leilão não é a situação atual, mas algo pior do que a situação atual. Alguns anos atrás, uma empresa europeia de fundos de investimentos estava vendendo uma das empresas de sua carteira em um leilão à viva-voz com lances ascendentes. Os licitantes eram dois clientes dessa empresa da carteira do fundo de investimentos, e estava claro para todos os participantes que, como resultado do leilão, o licitante vencedor se tornaria um concorrente mais forte no mercado e o licitante perdedor se tornaria um concorrente mais fraco.

Como cada um dos licitantes deveria pensar sobre sua reserva de valor nesse leilão? A resposta começa com sua avaliação total do ativo, mas inclui também os custos que deverão arcar se perderem. Se um licitante avalia a empresa em $100, mas sofreria uma perda de $20 se não ganhasse, sua reserva de valor deveria ser de $120. Embora pareça ir contra a intuição, é melhor o licitante ganhar o leilão com $119 e pagar um preço adicional de $19 do que perder o leilão e sofrer uma perda de $20.

Como essa análise previa, a empresa de fundos de investimentos obteve um preço astronômico pela empresa de sua carteira. Cada licitante, desesperadamente preocupado com o fato de que seu concorrente poderia conseguir a empresa-alvo, continuou fazendo lances bem além de suas avaliações, considerando apenas as características da empresa. No final, o licitante vencedor pagou um preço excessivo e o licitante perdedor sofreu no mercado. Os teóricos em leilão chamam esses tipos de *leilões em que todos pagam*, porque todos os licitantes precisam pagar algo, independentemente de ganharem o prêmio. Leilões em que "todos pagam" são péssimos para os licitantes e ótimos para os vendedores.

Pense na ironia da situação. Normalmente imaginamos que ter dez licitantes é melhor do que ter dois. Mas se houvesse dez clientes interessados, então, cada licitante perdedor teria sofrido somente 1/9 da perda de mercado para o licitante vencedor. O impacto do leilão em que "todos pagam" seria menor e o licitante vencedor teria pagado menos. Com dois licitantes, o participante perdedor sofreria o custo total da perda de participação no mercado. O impacto do leilão em que "todos pagam" seria severo e os lances subiram de acordo com isso. Para a companhia de fundos de investimentos, existirem dois licitantes interessados foi melhor do que dez.

As características em que "todos pagam" são comuns em leilões reais e são geralmente negligenciadas. Considere este relato feito em um artigo recente da *Harvard Business Review* sobre um leilão de compras on-line:

> Antes que o leilão terminasse, o vice-presidente já dera um lance bem abaixo do limite racional previamente calculado. Por sorte, a companhia perdeu o leilão. Ele admitiu mais tarde que havia parado somente porque não tinha certeza sobre quem seria seu rival; ele disse que se soubesse que era seu maior concorrente, provavelmente teria continuado a dar lances.[2]

Os autores do artigo apresentam esse caso como um exemplo de "excitação competitiva" em situações de leilão. Na análise deles, o VP se sentiu tentado a fazer lances mais pelo desejo irracional de não perder para seu maior concorrente. A excitação competitiva pode ter sido um fator para levar o VP abaixo de sua reserva de valor. Também seria altamente racional que o VP fizesse lances mais agressivamente (mais baixos) contra seu maior concorrente – por exemplo, em uma situação em que sua empresa sofreria se seu concorrente obtivesse o negócio. Em situações em que "todos pagam" não somente é racional, mas essencial, incluir *todos* os custos associados a sua MAANA para determinar sua reserva de valor no leilão. Se não fizer isso, acabará saindo muito cedo.

É importante distinguir as características racionais em que "todos pagam" da excitação competitiva. Considere novamente a negociação de "Frasier", descrita no Capítulo 1. Na negotiauction entre a CBS e a NBC para adquirir o seriado, o negociador líder pela NBC, Marc Graboff, estava confiante de que a NBC fez uma avaliação superior à feita à CBS em termos do programa em si, mas estava preocupado que a CBS pagasse significativamente mais do que seu valor de equilíbrio, apenas para tirar o seriado da NBC. Do outro lado da mesa, Kerry McCluggage confirmou a forma como a CBS via o seriado:

> Eles [CBS] não somente conseguiriam um seriado que poderiam promover e vender, e talvez lançar outras comédias de sucesso, como também seu concorrente perderia. Logo, havia valor nisso para a nova rede porque eles ganhariam um programa de sucesso e seu concorrente perderia um.

Os vendedores adoram estruturas em que "todos pagam" porque os licitantes que atuam racionalmente fazem lances bem além do valor real do ativo. Assim, os vendedores devem procurar características em que "todos pagam" ou fazer com que os licitantes fiquem conscientes da existência de características em que "todos pagam". Certamente o resultado de leilões em que "todos pagam" é insatisfatório para todos os licitantes, mesmo se (na verdade, especialmente se) estiverem atuando racionalmente. O licitante vencedor paga um preço excessivo pelo ativo, mas evita o custo de perder o leilão; os outros licitantes evitam o preço excessivo pelo ativo, mas arcam com o custo de perder. Lembre que isso foi exatamente o que aconteceu na negociação de "Frasier".

Movimentos de mudança no jogo, que discuto na Parte II, podem ajudá-lo a dar os lances com eficácia em leilões em que "todos pagam". Porém, a principal ideia neste momento é que os licitantes devem reconhecer as características de um leilão em que "todos pagam" antes que seja muito tarde, e incorporar esses custos quando calcular suas reservas de valor.

Na determinação de sua reserva de valor em um leilão, é importante não apenas incorporar custos, mas considerar todos os potenciais benefícios de vencer ou perder. Considere um acordo de sociedade entre dois sócios – Ernie e Bert – que especifica que, diante da dissolução por qualquer sócio, a sociedade será vendida por leilão à viva-voz, com lances crescentes para o licitante de maior preço, e os resultados da venda, distribuídos igualmente pelos dois sócios. Essa é uma condição de dissolução comum em contratos de sociedade. Em geral, quando essa condição é acionada, a sociedade é vendida para um dos sócios, que depois continua como proprietário único.

Certamente os sócios devem determinar o valor da empresa como ponto de partida para sua estratégia de fazer a oferta, mas a estratégia também muda porque o sócio perdedor recebe um benefício na forma de 50% dos resultados da venda. Imagine que Ernie avalie a sociedade em $100. Ele deveria fazer lances até $100 e depois desistir, como prevê a teoria de leilões simples? Não necessariamente, por causa do benefício que ele recebe de ser o licitante perdedor. Agora considere o cenário extremo em que Ernie sabe com absoluta confiança que Bert avalia a empresa em $200. Nesse caso, Ernie deve fazer lances em todo o processo até $198, para maximizar o valor que recebe da venda. Surge uma reviravolta interessante se Bert souber com igual confiança que Ernie avalia a sociedade em somente $100. Nesse caso, é provável que Bert pague o blefe de Ernie. A sociedade seria vendida para Ernie por um valor maior do que ele estaria disposto a pagar, e ambos os sócios sabem disso. O resultado provável é que Ernie e Bert renegociem na ZOPA (zona de possível acordo) entre $100 e $200.[3]

As situações reais são bem mais complexas porque cada sócio tenta adivinhar o valor de reserva do outro sócio e fazer lances até esse ponto. Se o sócio fizer um palpite errado, pode haver renegociação "após o fato". Considere sempre os custos e benefícios tanto de ganhar quanto de perder, para estabelecer sua reserva de valor em um leilão à viva-voz com lances crescentes. Como os exemplos ilustrados aqui, essa análise pode ficar bastante complexa.

O PROBLEMA DA MALDIÇÃO DO VENCEDOR: O QUE É, QUANDO SE APLICA E COMO SUPERAR

A determinação de sua reserva de valor para um leilão não estará concluída enquanto você não tiver determinado se a maldição do vencedor se aplica e, caso positivo, ajustar sua reserva de valor para levar isso em conta. O problema da maldição do vencedor não se aplica apenas a leilões de jarras de moedas – ele se aplica a quase todo leilão com lances fechados, desde fazer ofertas por atletas profissionais até a venda de campos para exploração de petróleo em Oklahoma. Entretanto, o problema da maldição do vencedor é muitas vezes mal compreendido, já que muitas pessoas não têm ideia de onde ele vem ou quando ele se aplica.

Muita gente assume que pessoas racionais não sucumbem ao problema da maldição do vencedor. Você evita, "mantendo sua cabeça no lugar". Essa interpretação confunde a maldição do vencedor com outro problema bem conhecido em licitações, algumas vezes chamado de "febre de leilão" ou "frenesi de lances", no qual os participantes tentam irracionalmente vencer uns aos outros no calor da batalha, apenas para descobrir que o licitante ganhador pagou um preço excessivo quando do término do leilão.

Embora tanto a febre de leilão quanto a maldição do vencedor levem a um pagamento excessivo pelo licitante, elas estão baseadas em fenômenos diferentes. A febre de leilão está, na verdade, baseada em uma escalada irracional e em um apego emocional (falarei sobre formas de superar a escalada irracional em leilões à viva-voz adiante, neste capítulo). Em comparação, o problema da maldição do vencedor é desprovido de conteúdo emocional. Considere o leilão da jarra de moedas descrito no início deste capítulo. Ninguém tem qualquer apego emocional (óbvio) com a jarra de moedas. Não há frenesi de licitação ou escalada irracional dos lances. Todos os participantes estão tentando adivinhar a mesma coisa: quanto dinheiro existe na jarra.

Uma longa linha de pesquisa experimental mostra que a estimativa *média* dentro de uma sala lotada de pessoas pode ser notavelmente próxima ao valor real dentro da jarra.[4] Mas essa estimativa média não vence – o maior lance é que ganha. Colocando esses dois fatos juntos, a probabilidade é que o licitante vencedor tenha feito um lance excessivo.

Na situação com a jarra de moedas, os licitantes deveriam olhar à frente e raciocinar para trás da seguinte forma: "Quando eu for o licitante com a maior oferta (o único cenário que interessa), o que vou saber que não sei agora?" A resposta é que todos os demais na sala terão feito estimativas menores do que a minha. "Vou me sentir confortável ao fazer esse lance, sabendo desse fato?"

A resposta poderia ser sim. Alguns licitantes possuem uma experiência que lhes dá uma "dianteira" sobre os outros; isto é, eles conseguem avaliar o ativo melhor do que qualquer outro. Imagine uma situação em que a ExxonMobil e a Bob's Oil & Gas Company sejam os únicos licitantes pelo direito de explorar petróleo em uma área específica. O equipamento de exploração altamente sofisticado da ExxonMobil indica a possibilidade de reservas no valor de $300 milhões. A Exxon deveria ficar preocupada quando vence com um lance fechado de $200 milhões e descobre que a Bob fez um lance de apenas $150 milhões? Quase certamente não. A Exxon tem significativa dianteira com sua profunda experiência e equipamento de alta tecnologia e, portanto, pode se sentir confortável com sua oferta vencedora, embora a Bob tivesse feito um lance significativamente menor.

Em um leilão de uma jarra de moedas é improvável que qualquer licitante tenha vantagem com base na experiência. De fato, embora eu não tenha sistematicamente reunido dados a esse respeito, o ganhador da jarra de moedas em meus cursos de educação executiva na Harvard Business School é geralmente um participante de fora dos Estados Unidos. É possível que as pessoas de fora dos Estados Unidos (ou, pelo menos, essas pessoas que vêm para os programas de educação executiva nos Estados Unidos) estejam mais dispostas a fazer lances agressivos do que os participantes americanos. Penso que uma explicação mais plausível é que os participantes estrangeiros estão em desvantagem sistemática por não estarem familiarizados com a moeda americana; assim, estão mais propensos do que os participantes americanos a fazer estimativas muito altas ou muito baixas. Muito baixo não é problemático, mas muito alto é bem problemático. Sabendo que o jogo tem uma tendência contra eles, os estudantes de fora dos Estados Unidos deveriam se recusar a participar do leilão da jarra de moedas. Mesmo os estudantes dos Estados Unidos deveriam desconfiar ao jogar, pois lhes falta uma base de avaliação. A questão em sua forma mais simples é a seguinte: "O que eu sei que ninguém mais sabe?" Se a resposta for "nada", então as preocupações com a maldição do vencedor se aplicam com toda a força.

Outra maneira de superar a maldição do vencedor vem de sinergias, ou "valor exclusivo" no ativo. O ativo pode ter um valor especial para sua empresa que não possui para nenhuma outra, permitindo que você faça, com segurança, lances maiores do que os outros. Considere novamente a concorrência de licitação para os direitos de exploração do petróleo. Se a ExxonMobil possuir terras adjacentes à área que estiver sendo licitada enquanto a Bob's Oil & Gas não possuir, a ExxonMobil utilizará equipamentos de perfuração já existentes nas terras adjacentes para também explorar esse local. Esse custo menor de exploração é uma fonte de valor exclusivo para a ExxonMobil, suavizando o problema da maldição do vencedor (muito provavelmente, essa vizinhança também dá à ExxonMobil uma melhor percepção sobre as reservas na área).

É improvável que um leilão de uma jarra de moedas forneça um valor exclusivo para algum dos licitantes. Algumas vezes o licitante vencedor poderá brincar de ser conhecedor de jarras de moedas e, assim, teria um valor exclusivo para justificar seu lance. Porém, essa explicação não se sustenta porque as regras estabelecem que o licitante vencedor ganha o valor *contido* na jarra e não a própria jarra. Em vez disso, o leilão de uma jarra de moedas é uma clássica situação de *valor comum,* na qual todos os licitantes tentam adivinhar a mesma coisa – quanto está na jarra? Ninguém tem uma base de avaliação e ninguém possui sinergias que pudessem proporcionar um valor exclusivo.

A maldição do vencedor é um fenômeno onipresente no mundo real dos leilões. Como exemplo, voltemos para os leilões de livros de Robert Barnett. Em dezembro de 2000, a então recém-eleita senadora Hillary Clinton contratou Barnett para encontrar uma editora para suas memórias dos oito anos como primeira dama – um livro que, no final, receberia o título *Vivendo a história* (Globo, 2003). Barnett conduziu um leilão utilizando o processo descrito no início do Capítulo 4. Oito editoras apareceram no leilão, todas elas grandes nomes do mundo editorial da cidade de Nova York. Simon & Schuster foi a licitante vencedora, com um adiantamento de $8 milhões e um direito autoral de 15%.[5] Esse foi o terceiro maior adiantamento já oferecido pelas memórias de um personagem público, atrás do adiantamento de $15 milhões para Bill Clinton e $8,75 milhões para o Papa João Paulo II (este último fato aparentemente deu um alívio para a senadora Clinton, que queria ficar de bem com seus eleitores católicos em Nova York).

David Rosenthal é o vice-presidente executivo da Simon & Schuster, que fez as propostas no leilão do livro de Hillary Clinton. Após vencer, ele disse à imprensa: "Não ouvi falar dessa maldição do vencedor, mas existe um velho ditado no setor editorial: 'A única coisa pior do que não conseguir um livro é conseguir um livro.' Esse é um motivo para os editores tenderem a não gostar de leilões."[6] É um pouco estranho que Rosenthal, que participa todo ano em dezenas de leilões de livros, afirme não ter ouvido falar da maldição do vencedor. Mas, mesmo que seja verdade, seu "velho ditado do setor editorial" certamente é consistente com a lógica que fundamenta a teoria.

No leilão do livro de Hillary Clinton, todos os editores estavam tentando adivinhar a mesma coisa: quantas cópias o livro venderia em capa dura, livro de bolso, no exterior, em áudio e assim por diante? Ao fazer essa avaliação, alguns editores possuem fontes de valor exclusivo – por exemplo, experiência em memórias políticas, maior capacidade de distribuição em certas partes do mundo ou a melhor estrutura de marketing ou talento na edição. Mas a licitação do livro de Hillary era principalmente um leilão de valor comum. Dentre os grandes nomes de editoras da cidade de Nova York, nenhum licitante tinha vantagem significativa para estimar quantas cópias o livro venderia ou qualquer vantagem significativa para fazer o livro vender mais.

A natureza de valor comum do leilão significava que a maldição do vencedor se aplicava com força total e os comentários de Rosenthal refletiram esse fato. O leilão do livro de Hillary Clinton ilustra também outro aspecto importante do problema da maldição do vencedor. Contrariamente à concepção popular, não é verdade que, quando a maldição do vencedor se aplique, o licitante vencedor sempre perca. *Vivendo a história* foi fabulosamente bem para a Simon & Schuster, gerando muito dinheiro para a editora e pagamentos de direitos autorais bem acima do adiantamento de $8 milhões para Hillary Clinton.[7] O problema da maldição do vencedor nos diz somente que o licitante vencedor perderá, em média, a menos que os licitantes ajustem suas estratégias para ponderar o problema. Ele não diz que o licitante ganhador perderá toda vez que se aplicar a maldição do vencedor.

Os licitantes precisam estar cientes do problema da maldição do vencedor e se ajustarem para isso em sua estratégia para a licitação, antes que seja muito tarde. Voltemos ao exemplo dos direitos de extração de petróleo – uma situação pura de valor comum. Na década de 1950, uma nova tecnologia permitiu que as companhias extraíssem petróleo em plataformas marítimas, tornando subitamente valiosos os direitos de exploração no Golfo do México. O governo federal dos Estados Unidos licitou os direitos e a competição se mostrou feroz.[8] Com o tempo, os licitantes vencedores descobriram que, em média, estavam perdendo dinheiro em seus investimentos para extração marítima. O que estava acontecendo? O problema é que ninguém sabia com alguma segurança o que valiam essas áreas. A nova tecnologia criou a possibilidade de perfurar em plataformas marítimas, mas os métodos para determinar quanto petróleo realmente havia no oceano ainda estavam sendo desenvolvidos. Todos tentavam estimar a mesma coisa – quanto petróleo havia na área marítima – mas os palpites estavam completamente equivocados. Em um estudo empírico da situação, publicado no início dos anos 1970, os pesquisadores constataram que três fatores tornaram o problema da maldição do vencedor especialmente grave no caso dos direitos de perfuração em plataformas marítimas: (1) muito pouca informação, (2) grande incerteza nas avaliações e (3) grande número de licitantes.[9] Essa é, de fato, a combinação perfeita na qual a maldição do vencedor tende a ser mais grave.

O que pode ser feito para compensar a maldição do vencedor? Alguns anos atrás, os alunos em meu curso de Negociação de Contratos examinaram a venda, em dezembro de 2003, da revista *New York*. O vendedor era a Primedia, um conglomerado da área de publicações que, por sua vez, tinha como proprietário o poderoso fundo de investimentos Kohlberg Kravis Robert (KKR). Quatro grupos manifestaram sério interesse em comprar a revista: duas editoras de revistas de notícias (American Media e CurtCo Media Labs), um consórcio encabeçado pelo escritor Michael Wolff e o bilionário Mort Zuckerman, e o famoso banqueiro de investimentos (e também bilionário) Bruce Wasserstein. Os últimos lances chegaram na quinta-feira, 11 de dezembro, às 17h: $40 milhões da American Media, $44 milhões do grupo de Zuckerman, $52,5 milhões da CurtCo e $55 milhões de Bruce Wasserstein. Wasserstein assinou a compra nos dias seguintes e hoje é o dono da revista.

Wasserstein veio a meu curso de Negociação de Contratos em abril de 2007 para discutir sua estratégia em relação aos lances no leilão da revista *New York*. Em um momento da discussão, um aluno perguntou se ele ficou preocupado com o problema da maldição do vencedor em função do importante elemento de valor comum que o ativo parecia possuir. Wasserstein respondeu:

> Vamos pensar que você tenha dez licitantes. A "pessoa razoável" é aquela dentro do desvio padrão, correto? Assim, para qualquer que seja, teríamos um número de três a sete dos que seriam os "caras inteligentes". Porém, eles nunca compram nada. Então você precisa ter alguma vantagem comparativa...
>
> Muitas vezes você tem um grupo de pessoas sentadas espalhadas por uma sala e todas elas dizem: "Você não foi inteligente, você obteve a taxa de desconto de 11,23% e você projetou isto e fez aquilo..." E você tem um livro que pesa uma tonelada, e todos ficam olhando uns para os outros, mas não compraram nada...

Agora, pode ser uma boa ideia comprar algo ou pode ser uma péssima ideia comprar algo. A questão é: Se você tem uma visão, uma tese para um investimento, uma hipótese, um plano de negócios, por que isso funcionará para nós?... Assim, foi isso que fizemos; mas penso que é mais *dilema* do que maldição do vencedor, já que toda vez que você é o comprador fica imaginando por que as outras nove pessoas não quiseram.

Wasserstein conhece claramente sua teoria em relação aos leilões. Sua "tese para um investimento" é o equivalente para a questão de "vantagem" apresentada anteriormente neste capítulo. Essa vantagem pode vir da experiência em avaliar o ativo, fontes de valor que os outros não possuem ou ambos. No leilão da revista *New York*, Wasserstein sentiu que tinha uma experiência operacional que extrairia mais valor da revista do que seus concorrentes conseguiriam – uma fonte importante de valor exclusivo. Além disso, existiam outros elementos pessoais de valor exclusivo no negócio. Como antigo morador de Manhattan, Wasserstein indubitavelmente considerou o "valor de troféu" que viria com a posse da revista *New York*. Wasserstein também pensou em si mesmo como sendo um pouco jornalista, pois trabalhou em um jornal estudantil na faculdade e, durante sua carreira em banco de investimento, escreveu livros que foram bem recebidos. Para Wasserstein, essa vantagem permitiu que ele superasse o problema da maldição do vencedor na apresentação de seu lance para a revista *New York*.

Resumindo, com uma vantagem, você pode dar o lance confortavelmente; sem uma vantagem, você deve mascarar seu lance ou considerar um dos movimentos de mudança do jogo, os quais serão discutidos em detalhes na Parte II. De forma mais específica, o fluxograma da Figura 8 descreve os passos que você deve tomar para se ajustar quanto à maldição do vencedor.

A primeira pergunta a fazer é se o leilão possui um elemento de valor comum. Em alguns casos a resposta é negativa e o ativo é puramente de valor exclusivo, mas esses casos são poucos e bastante espaçados. Pense em um quadro de Monet; é um exemplo clássico de um ativo alegadamente com valor exclusivo. Se você e todos os outros licitantes estão participando no leilão do Monet para pendurar o quadro sobre a lareira em casa, então o valor para você é teoricamente totalmente independente do valor para qualquer outro. Então, e se o outro licitante avalia o quadro em \$2 milhões? Se você acha que vale \$3 milhões ficar olhando todo dia para a pintura, então deve se sentir confortável em ganhá-la com um lance de \$2,9 milhões – você criou \$100 mil de valor – mesmo que o outro licitante tenha avaliado por significativamente menos.

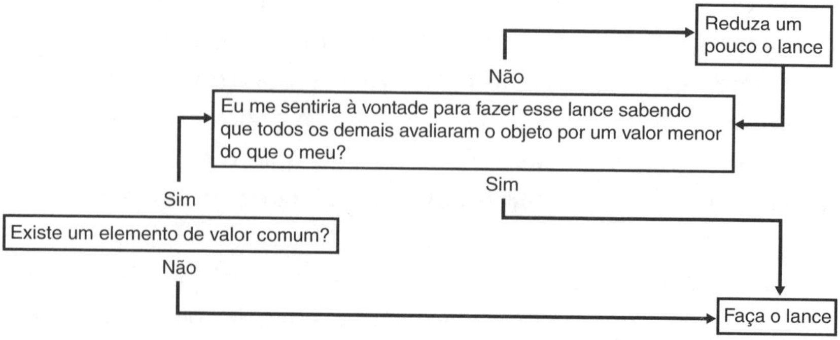

Figura 8. Ajuste para a maldição do vencedor – fluxograma

Mesmo com um ativo aparentemente de puro valor exclusivo, existe um importante elemento de valor comum. No mundo real, você (ou seus herdeiros) irá algum dia querer vender o quadro do Monet e, quando esse dia chegar, se sentirá incomodado ao descobrir que o valor de mercado do quadro é, na verdade, de apenas $2 milhões. Todos os licitantes estão tentando estimar a mesma coisa: Quanto o quadro valerá lá na frente? A resposta não é relevante para o prazer que você sente de olhar o quadro todos os dias, mas a resposta é relevante para revender mais tarde.

Se o ativo for verdadeiramente de valor exclusivo, então o fluxograma indica que você deve fazer o lance sem qualquer consideração quanto ao problema da maldição do vencedor. Isso quase nunca acontece – praticamente todos os ativos possuem *algum* elemento de valor comum, logo, a investigação prossegue para a próxima questão: Você se sentiria à vontade para fazer esse lance sabendo que todos os demais avaliaram o objeto por um valor menor do que o seu? Se você possui uma vantagem, como descrito anteriormente, então talvez a resposta seja positiva – se for assim, você deve seguir adiante e fazer seu lance. Se a resposta for negativa, você deve ir reduzindo seu lance até que a resposta da questão seja afirmativa.

OFERTAS EM SITUAÇÕES DE LANCES FECHADOS

Em stuações de lances fechados, ajustar para a maldição do vencedor é apenas parte de seu desafio. Qualquer pessoa que já tenha vencido em um leilão de lances fechados sabe que passados cinco segundos da euforia de ganhar vem a preocupação de haver pago mais do que era necessário. Não de pagar mais do que o valor do ativo (essa é a maldição do vencedor à qual presumivelmente você já se ajustou), mas de pagar significativamente mais do que o segundo maior licitante.

Como forte ilustração desse fenômeno, considere o leilão do astro do beisebol na posição de interbase, Alex Rodriguez.[10] Em novembro de 2000, "A-Rod" teve seu passe liberado, significando que seus talentos consideráveis estariam disponíveis para a melhor oferta. Ele foi representado por Scott Boras (o A-Rod dos empresários esportivos), que era bastante conhecido no mercado por conseguir salários astronômicos para seus clientes. Boras conduziu um "leilão às cegas" por A-Rod, com times sendo convidados para apresentar seus lances sem saber quem mais estaria participando ou qual era o maior lance. Boras assegurou à imprensa que estava havendo uma guerra de ofertas por A-Rod; de fato, segundo Boras, um clube estava tão interessado em Rodriguez que enviou um fax com uma oferta para o escritório de Boras poucos minutos depois do início do período de apresentação de propostas estabelecido como sendo meia-noite de 11 de novembro.

Em 9 de dezembro, durante os quatro dias de leilão do passe em Dallas, Texas, Boras anunciou que estava estreitando o grupo, passando de oito times para quatro finalistas. Alguns observadores questionaram a matemática de Boras, considerando que somente Texas, Atlanta e Seattle apareceram com ofertas no fim de semana, e somente Chicago, Colorado e Pittsburgh tenham sido mencionados como competidores periféricos. No final, Boras recebeu ofertas de apenas dois times: o Texas Rangers e o time onde A-Rod surgiu, o Seattle Mariners. A proposta dos Rangers foi de $225 milhões por 12 anos. Boras se reuniu então com Tom Hicks, proprietário dos Rangers e CEO do fundo de investimento Hicks, Muse, Tate & Furst. O par negociou durante todo o domingo, em 10 de dezembro. Às 4h de segunda-feira, os Rangers fecharam um acordo de 10 anos por $252 milhões para a contratação de Rodriguez.

E a oferta concorrente dos Mariners? Um contrato de cinco anos, com apenas os três primeiros garantidos, por um salário total de $92 milhões. Os créditos foram todos para Scott Boras, e Tom Hicks foi, por algum tempo, motivo de riso entre os especialistas de beisebol. James Surowiecki escreveu no *The New Yorker*:

> Surgiram rumores, mas o empresário de Rodriguez, Scott Boras, manteve todo mundo no escuro sobre quem tinha interesse e quanto estariam dis-

postos a pagar. Assim, Tom Hicks teve que decidir quanto valia Rodriguez sem nenhum parâmetro real sobre o que os outros times estariam pensando. No final, ele concluiu que Rodriguez valia um quarto de bilhão por dez anos; este valor era, oh, apenas $100 milhões acima do que qualquer um estava disposto a pagar.[11]

O colunista do *New York Daily News*, Bill Madden, contou no programa "60 Minutes": "É incrível que essas pessoas façam milhões e milhões de dólares em suas vidas e, assim que vêm para o beisebol, se tornam perfeitos idiotas... [Tom Hicks] estava competindo contra ele mesmo. [Os outros proprietários] não estavam nem perto desse valor."[12]

Três anos mais tarde, Hicks negociou Rodriguez com o New York Yankees. Os Rangers pagariam $67 milhões para A-Rod, distribuídos ao longo dos próximos dez a doze anos, para se livrar do contrato de $252 milhões. Em troca por Rodriguez, os Rangers escolheram o segunda base Alfonso Soriano e outro jogador a ser determinado posteriormente (no final, Joaquin Arias).[13] Os Yankees pagariam a A-Rod $16 milhões por ano.[14] Os Rangers se desfizeram de um astro do beisebol que era evidentemente muito grande para o mercado do Texas. Tom Hicks pagou caro por seu imprudente lance às cegas.

Hicks não está sozinho. Quando dou aula para executivos muitas vezes pergunto como eles determinam suas ofertas em situações de lances fechados. Mesmo quando milhões de dólares estão em jogo, a resposta é normalmente alguma versão de "improviso": "Na verdade começamos com nossa avaliação plena e depois vamos reduzindo para constituir algum lucro, com base em quantos licitantes imaginamos que participariam, e qual seria o poder deles."

Reconhecidamente, fazer uma oferta em lance fechado requer muita arte e as abordagens dos profissionais refletem essa inevitável realidade. Mas também existem ferramentas analíticas que podem ser usadas. O desafio central em qualquer situação de lances fechados é fazer uma oferta alta o suficiente para ganhar, mas baixa o suficiente para preservar o máximo de lucro possível no negócio. Negociadores experientes em situações de lances fechados fazem uma comparação entre a probabilidade de ganhar e os lucros com essa vitória.

Como você faz isso? Um ponto de partida útil é a análise *máxima oferta dos outros* (ou MODO), do professor Howard Raiffa, que capta a comparação fundamental de forma gráfica.[15] O primeiro passo em uma análise MODO é determinar como cresce sua chance de vencer à medida que seus lances aumentam. Como mostra a Figura 9, se você faz um lance baixo, sua chance de

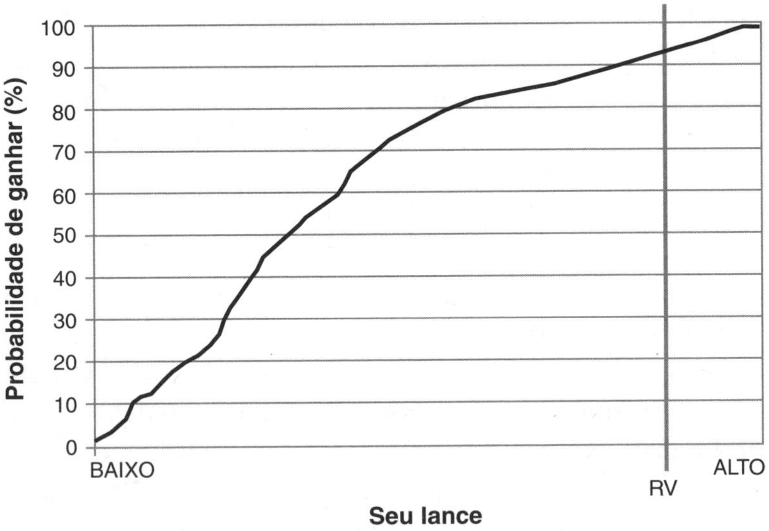

Figura 9. Fazendo ofertas em situações com lances fechados – ilustração MODO

vencer é muito baixa, e se fizer um lance com o total de sua reserva de valor, a chance de vencer é (normalmente) muito alta. Retratando a maioria das situações reais, o gráfico é desenhado de forma a que mesmo que você faça um lance com o total da reserva de valor; não é 100% certo que consiga obter o negócio. Em outras palavras, na maioria das situações de licitação, você não tem 100% de certeza de ser o licitante com a maior avaliação.

Entre um lance baixo e um lance alto, tudo que você sabe é que sua chance de vencer cresce na medida em que sua oferta sobe, mas você não sabe exatamente como. Para ficar satisfeito com o contorno dessa curva é preciso alguma tentativa e erro e algumas iterações. Você pode conseguir algumas projeções ao comparar as probabilidades subjetivas que você está tentando avaliar com probabilidades objetivas, como bolas em um recipiente. Por exemplo, pergunte a si mesmo no que apostaria: vencer com um lance fechado de $100 ou tirar uma bola preta de um recipiente contendo 60 bolas pretas e 40 bolas brancas. Se as duas apostas forem igualmente atraentes, então você pode lançar um dos pontos de sua curva MODO: 60% de chance de ganhar com um lance de $100.

Também existem outras técnicas para realizar uma análise MODO. Por exemplo, em uma transação com um imóvel residencial que descrevo de forma mais completa no Capítulo 8, solicita-se que dois compradores façam uma última rodada com lances fechados de sua melhor oferta final. Uma oferta foi resultado de três diferentes análises MODO: uma do marido, uma da esposa e uma de seu corretor. Embora tenham trabalhado de forma independente, os três desenharam curvas MODO semelhantes, e o fato assegurou ao casal que estavam com a estimativa correta para o lance.

A parte difícil é desenhar a curva MODO. Quando você chega com razoável confiança na forma geral da curva, boa parte do restante é apenas um problema de matemática, de se multiplicar a probabilidade de ganhar pelos lucros obtidos com a vitória. Por exemplo, considere uma oferta relativamente baixa, como ilustrado na Figura 10. Esse lance tem apenas 20% de chance de ganhar, mas se acontecesse, seus lucros seriam muito grandes.

Agora compare esse caso com o de uma oferta relativamente alta (Figura 11), em que a chance de ganhar é aproximadamente 75%, mas os lucros com a vitória são menores. A tarefa é simplesmente maximizar a área da caixa sombreada. Para colocar em termos mais concretos, o que você faz com essa análise é maximizar os lucros esperados com seu lance.

A análise MODO é uma ferramenta útil para organizar seu pensamento em torno da relação fundamental entre a probabilidade de ganhar e os lucros dessa vitória. Evidentemente, você deve ajustar essa análise para levar em conta o contexto do negócio. Por exemplo, você deve elevar um pouco mais a sua oferta para refletir o arrependimento que sentiria se não vencesse.

Sem ter uma ferramenta formal para orientá-las, muitas pessoas "improvisam" em situações com lances fechados. Nessas ocasiões, normalmente fazem ofertas excessivas – aumentando suas chances de ganhar, mas reduzindo seus lucros. Considere a sabedoria de Roe Stamps, um veterano do setor de fundos de investimento que fundou a companhia de investimentos de enorme êxito, a Summit Partners. Em seu cortês sotaque sulista, ele me disse:

> Algumas vezes eu sento em reuniões com os mais jovens, e eles ficam um pouco atrapalhados em torno de uma situação. "Dê o lance que for preciso", eles diriam. Eu lhes digo para se acalmarem porque os negócios são como ônibus: se você perde este, há outro que vem logo chegando.[16]

Recentemente, um colega meu estava trabalhando com representantes comerciais e gerentes de negócios de uma empresa industrial para aperfeiçoar suas habilidades de negociação. Os representantes de vendas dessa empresa participavam regularmente de licitações com lances fechados. E como deci-

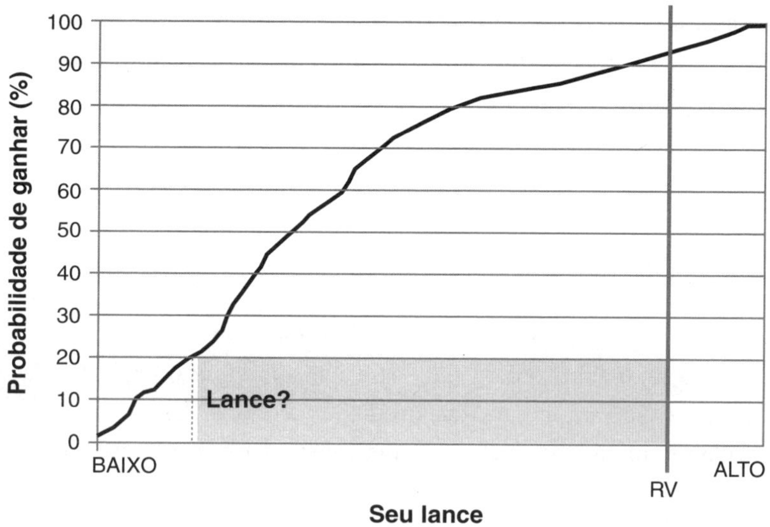

Figura 10. Análise MODO – ilustração com lance baixo

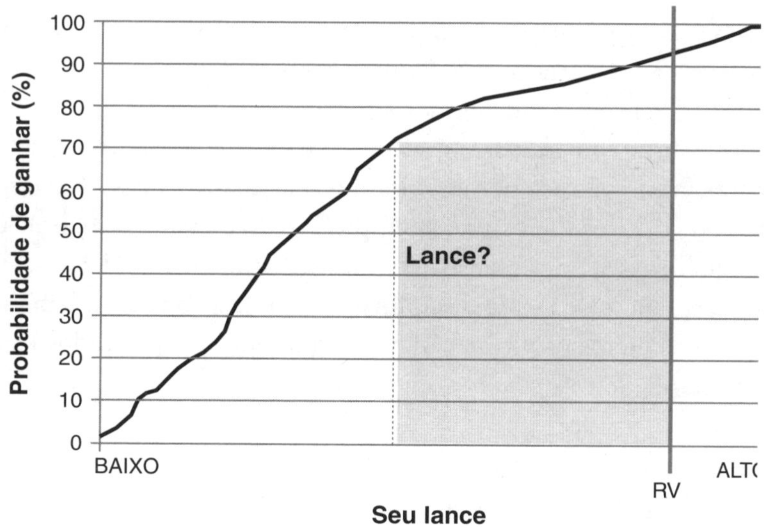

Figura 11. Análise MODO – ilustração com lance alto

diam a oferta deles nesses leilões? Meu colega pediu que eles imaginassem um caso simples, no qual o custo industrial para o pedido de um cliente específico fosse de $500. Depois pediu que o grupo analisasse três lances hipotéticos para o negócio:

> $600, que teria 90% de chance de sucesso.
> $800, que teria 50% de chance de sucesso.
> $1.000, que teria 10% de chance de sucesso.

Sem hesitar, os representantes comerciais responderam que fariam um lance de $600, pois, assim, maximizariam sua chance de conseguir o negócio. Os gerentes de negócios que estavam na sala ficaram desconcertados. A razão era o valor esperado de cada oferta, que os gerentes de negócios calcularam mentalmente:

> Oferta de $600 = 90% de chance de lucro de $100 = $90 de valor esperado.
> Oferta de $800 = 50% de chance de lucro de $300 = $150 de valor esperado.
> Oferta de $1.000 = 10% de chance de lucro de $500 = $50 de valor esperado.

Os gerentes de negócio perguntaram por que os representantes comerciais apresentariam uma oferta com $90 de valor esperado quando poderiam apresentar uma oferta com $150 de valor esperado? A análise MODO revelou que os representantes comerciais estavam sistematicamente destruindo valor ao fazer lances muito baixos que aumentavam suas chances de ganhar o negócio, mas que reduziam os lucros para a empresa – exatamente o mesmo instinto contra o qual Roe Stamps estava alertando seus colegas mais jovens.

Para fazer lances de forma disciplinada, você relaciona a probabilidade de ganhar com os lucros da vitória. Alguns negociadores sofisticados fazem isso instintivamente. Se você não for um deles, a análise MODO pode ajudar.

OFERTAS EM SITUAÇÕES DE LANCES À VIVA-VOZ

Fazer lances em situações de viva-voz é consideravelmente mais simples do que fazer ofertas em situações com lances fechados – pelo menos no começo. Não há necessidade de se preocupar em prever os lances prováveis dos outros, e não há necessidade de se engajar em uma análise MODO. Mesmo o problema da maldição do vencedor é em geral bastante pequeno, pois o grupo dos licitantes remanescentes é visível e você pode perceber, antes que seja tarde demais, que está com uma avaliação maior do ativo do que praticamente todos os demais na sala.

A estratégia em um leilão à viva-voz é relativamente simples. Você determina sua reserva de valor total para o ativo. O leilão começa e você se mantém dando lances desde que o preço permaneça abaixo desse número. Se o preço exceder seu valor, você desiste. Por outro lado, se for o último licitante a permanecer, você paga ligeiramente mais do que o segundo maior licitante e ganha um lucro com o negócio.

Bastante simples para iniciantes. Mas existem algumas nuanças importantes. Suponha que você tenha examinado completamente todos os custos e benefícios de ganhar e perder, e estabeleceu com firmeza sua reserva de valor. Em um leilão à viva-voz com preços ascendentes, a história não termina aqui. Sempre que o valor comum desempenha um papel, os participantes devem racionalmente "atualizar" suas reservas de valor durante o decorrer do leilão, com base em quais sejam os licitantes remanescentes e nos lances que estão ofertando. Essa é outra maneira importante dos licitantes experientes influenciarem os leilões. No Capítulo 4, discuti as opções de leilão que os organizadores do processo se deparam quando tentam convencer os especialistas a participarem. Se o organizador do processo escolheu um leilão à viva-voz, os que não são conhecedores podem pegar dicas dos especialistas na determinação de suas reservas de valor.

Esse fator é uma das prováveis explicações do porquê de os participantes em leilões no eBay fazerem lances mais de uma vez: eles estão aprendendo com os movimentos dos outros. Para amortecer esse efeito, os licitantes com experiência optam por "ficar de tocaia", ou seja, fazer o lance no último minuto. Como explicado em um site:

> A maior vantagem de "ficar de tocaia" é que isso lhe confere anonimato entre os outros licitantes. Se você participa há muito tempo, os outros que fazem lances nos mesmos itens acabarão por reconhecer seu nome de usuário. Alguns podem inclusive "ficar em sua cola", fazendo buscas no site dos leilões em que você está participando, e talvez até fazer lances nos mesmos itens. Se você optar por "ficar de tocaia", os outros licitantes não saberão onde você estará em seguida, e isso poderá significar mais vitórias e, frequentemente, preços melhores para você.[17]

Consistente com esse conselho, mas inconsistente com a teoria de leilões de segundo preço, os professores Roth e Ockenfels constataram quantidade significativa de pessoas que "ficam de tocaia" em leilões on-line com "encerramento definido" (isto é, um prazo fixo para todos os lances), como os leilões do eBay.[18] Essa descoberta empírica terá sentido somente se os licitantes estiverem preocupados com que outros reajam a seus lances.

Para ver outro exemplo desse ponto, considere a competição no leilão da Revlon, a bastante conhecida companhia de cosméticos, em meados dos anos 1980. A competição pública começou em agosto de 1985, quando o notável artista da incorporação de empresas, Ron Perelman, fez uma oferta hostil em dinheiro pela Revlon a $47,50 por ação. O Conselho da Revlon rejeitou a oferta e instalou defesas contra a incorporação para evitar que Perelman seguisse adiante. Mas ele continuou avançando: aumentou sua oferta para $50, $53 e, finalmente, para $56,25 por ação, com a promessa de até mais se o Conselho da Revlon negociasse com ele. O conselho persuadiu o gigante da aquisição de empresas, Ted Forstmann, da Forstmann Little, a entrar no leilão com um lance de $57,25, mas Perelman prontamente aumentou sua oferta para $58 por ação.

A venda da Revlon foi um evento marcante na negociação empresarial, e, 25 anos depois, fiz um estudo de caso retrospectivo sobre o negócio, entrevistando os principais participantes de todos os lados envolvidos. O Conselho da Revlon preferia Ted Forstmann a Ron Perelman, mas Perelman conhecia bem sua teoria de leilões e poderia utilizar as regras legais para aprender com os lances de Forstmann. De acordo com Steve Fraidin, advogado que representou Ted Forstmann no negócio:

> Em um ponto houve negociações entre as partes para tentar resolver a situação e meu cliente diz para Perelman: "Temos uma grande vantagem – possuímos informações confidenciais e você não tem nenhuma. Sabemos o que ofertar e o que não ofertar." Perelman, que é um homem esperto, disse: "Na verdade eu tenho até melhores informações do que você, porque sei o que você está ofertando. Conhecendo o seu lance e sabendo como você é esperto, e que você tem todas essas informações confidenciais, sei que posso oferecer um valor um centavo acima do seu e, ainda assim, fazer um bom negócio." Ele estava absolutamente certo.[19]

No final, a Suprema Corte de Delaware determinou que o Conselho de Administração da Revlon havia conduzido um leilão tendencioso para favorecer Ted Forstmann e adjudicou a companhia para Ron Perelman pelo preço arrasa-quarteirão de $58 por ação (representando um prêmio de 132% sobre o preço de mercado anterior ao negócio, de $25 por ação). Ron Perelman é proprietário da empresa de cosméticos até os dias de hoje.

Está claro que Perelman venceu ao atualizar sua reserva de valor com base nas ofertas de um licitante bem informado com dados internos da companhia. No caso da Revlon, esse movimento representou a diferença entre conseguir o negócio e não conseguir o negócio. Entretanto, existe um lado negro de se avançar além de sua reserva de valor que todos nós conhecemos bem. Você está em um leilão de caridade para sua escola ou igreja local. O vinho corre livremente. Você comprou uma mesa e, portanto, sua esposa e seis de seus amigos mais próximos estão lá. Surge um item que você tem algum vago interesse – por exemplo, uma viagem de iate ao largo de Cape Cod para quatro pessoas. Você pensa em uma reserva de valor de $1.500. Os lances começam com $500 e você entra na briga. Os lances se alternam rapidamente – $750, $90, $1.200, $1.400. De repente, é você e uma pessoa do outro lado da sala. "Um mil e quinhentos dólares", você diz enfaticamente. "Um mil e seiscentos dólares", vem a resposta imediata.

A adrenalina está fluindo, seus amigos estão olhando e, de repente, nada é mais importante para você do que vencer esse leilão. A ironia é evidente somente em retrospecto. Há apenas dez minutos atrás você não tinha qualquer interesse em perder um dia dentro de um iate passeando em Cape Cod. Agora você está disposto a pagar qualquer coisa para consegui-lo. "Um mil e setecentos", você responde. E foi dada a largada!

Para quem duvida da capacidade dos leiloeiros em extrair um preço maior dessa forma, considere esse relato de um leiloeiro experiente de uma importante casa internacional de leilões:

> Como leiloeiro, você precisa ter uma integração com as pessoas na sala e realmente entender de onde elas vêm. Assim, por exemplo, você consegue dizer quando um casal está em seu primeiro leilão, desejando um item específico e tendo estabelecido um firme limite em sua mente. Eles se sentam próximos da frente e permanecem calmos na maior parte do leilão; então, quando seu item aparece, eles ganham vida. Algumas vezes, existe um momento em que precisam decidir rapidamente se vão ultrapassar seu limite. Dependendo de fatores específicos, que posso identificar, sei que consigo um lance superior.[20]

O fenômeno possui vários nomes – "escalada irracional", "excitação da competição", "frenesi de lances" – mas o ponto básico é que a racionalidade saiu pela janela. O resultado final é apenas parecido com o do leilão da Revlon – você ultrapassa a reserva de valor previamente estabelecida para poder ganhar – mas o motivo é a emoção, mais do que uma atualização da reserva de valor tendo como base novas informações.

A diferença é importante. Perelman não pagou em excesso pela Revlon. Sua oferta ganhadora de $58 estava perfeitamente dentro da faixa de $50 a $60 que os analistas estimaram como valor da dissolução da Revlon antes do início do leilão, sendo que essa faixa não incluía o valor obtido por melhorias operacionais que Perelman podia perceber se *não* desmembrasse a companhia.[21] Mas você certamente pagou um preço excessivo pelo seu passeio de iate por Cape Cod. O professor Deepak Malhotra e colegas identificam três fatores que alimentam o que chama de "excitação da competição": intensa rivalidade entre os licitantes, pressão do tempo e a presença de público (o efeito "estar sob a luz dos refletores").[22] Todos esses três fatores estão presentes no exemplo fictício, mas não irreal, do leilão de caridade que acabei de descrever.

Alguns psicólogos sugerem que você deveria diminuir o ritmo do leilão para evitar uma escalada irracional, com base na teoria de que, dando um passo para trás, permitiria que se voltasse a controlar as emoções. Esse é um bom conselho, mas é evidente que, em alguns casos (como o do leilão de caridade), você não pode se dar ao luxo de desacelerar. Nessas situações, seja explícito sobre os motivos para exceder sua reserva de valor.

O primeiro passo nesse processo é calcular sua reserva de valor para o leilão e *escrever no papel.* Estudos em psicologia social mostram que esse simples ato de escrever algo pode ser um artifício eficaz para estabelecer o compromisso.[23] Quando você escreve um número, fica mais difícil depois convencer a si mesmo de que, na verdade, havia planejado pagar $2 mil pelo passeio de iate. O fato de escrever o número também acentua o momento da verdade, quando você é forçado a decidir se ultrapassa sua reserva de valor ou desiste do leilão.

Quando chegar ao momento da verdade, pergunte a si mesmo: "O que sei agora que não sabia no começo do leilão?" No caso de Perelman, a resposta é fácil – ele sabia que Ted Forstmann imaginava que a companhia valia pelo menos esse tanto. No exemplo do iate, você também poderia ter uma resposta. Seu chefe está sentado à mesa e parece muito entusiasmado com a possibilidade de você vencer (e levá-lo junto para o passeio). Essa nova informação certamente tem um valor que você deve considerar em sua reserva de valor. De fato, seria insensato não fazê-lo.

Se você tiver nova informação, atualize sua reserva de valor e, novamente, escreva no papel. O novo valor deve refletir essa sua nova informação. Mas se não existir uma nova informação que justifique exceder sua reserva de valor previamente determinada, você deve desistir do leilão. O mesmo leiloeiro que me contou que consegue extrair mais de licitantes novatos tem a dizer o seguinte sobre negociadores experientes: "Em comparação [aos licitantes novatos], existem os grandes negociadores, que normalmente ficam no fundo da sala. Jamais tento persuadir esses negociadores a ultrapassarem seu limite, pois eles sabem o que estão dispostos a pagar e nunca pagarão mais do que isso."[24] Os licitantes disciplinados sabem quando desistir.

Como outro exemplo de ofertas disciplinadas, considere a famosa batalha para controle de uma companhia entre os implacáveis rivais Summer Redstone (presidente e CEO da Viacom) e Barry Diller (presidente e CEO da QVC) na aquisição da Paramount no final de 1993.[25] A Viacom fez a oferta inicial de $70 por ação; a QVC entrou na briga com $80; a Viacom subiu para $85; a QVC para $90. Nesse ponto, as partes entraram em grande litígio na Suprema Corte de Delaware, cujo resultado foi a continuação do leilão.

O Conselho da Paramount anunciou que a Viacom e a QVC deveriam submeter sua melhor oferta às 16h de 20 de dezembro de 1993.[26] Os acionistas deveriam "votar" nas ofertas concorrentes, colocando sua participação para um dos licitantes, e o leilão terminaria quando um deles conquistasse 51% das ações da Paramount.[27] Ambos os licitantes poderiam modificar suas ofertas a qualquer tempo, e os acionistas da Paramount poderiam alterar seus votos em conformidade com as mudanças. Mas o prazo final definitivo para as ofertas e contrapropostas seria 1º de fevereiro de 1994.[28]

A QVC foi a maior oferta em 20 de dezembro com um lance de $92. Mas, pelo fato de o processo da Paramount não "mostrar aos licitantes a linha de chegada", não é surpresa que a Viacom tenha voltado com mais – $105 e depois $107 por ação (se esse comportamento no leilão lhe soar familiar, lembre-se da experiência do leilão reverso do varejista americano descrito no Capítulo 4). De acordo com a revista *Time*:

> Diller empacotou 5kg de documentos da Paramount e os carregou junto para umas férias de fim de ano no Caribe. Rodando os números a bordo do iate alugado *Midnight Saga* enquanto navegava próximo a St Barts, Diller

decidiu que a Paramount não valia um centavo a mais do que $10 bilhões em dinheiro e ações que a QVC estava ofertando. "Quando voltei em 3 de janeiro", ele lembra, "disse: 'Não iremos exceder nossa oferta...'. Penso que teria sido irresponsável e me mantive firme nessa crença."[29]

Diller agarrou-se a sua oferta existente e perdeu para o lance da Viacom de $107. Um estudo detalhado do negócio estimou, alguns anos mais tarde, que a Viacom pagou um montante em excesso correspondente a $2 bilhões e que a QVC teria desembolsado um excesso de $688 milhões se tivesse vencido.[30] Uma análise disciplinada no *Midnight Saga* salvou Diller de vencer o leilão e não querer o prêmio.

CAPÍTULO 6

OS LIMITES DA TEORIA EXISTENTE

Na primavera de 2005, ofereci pela primeira vez um curso sobre negociações na Harvard Law School (HLS). A ideia era analisar em profundidade uma série de negócios do mundo real, com os principais negociadores presentes na sala de aula para as discussões, a fim de extrair princípios que pudessem servir de orientação para os negociadores de forma mais geral. Após alguns anos na HLS, comecei a oferecer o curso em conjunto com meu colega Jim Sebenius, na Harvard Business School (HBS). A cada ano, metade dos 90 lugares era reservada a estudantes da HLS e metade para estudantes da HBS, e as aulas eram realizadas igualmente nas duas escolas.

Para montar o currículo a cada ano, eu deliberadamente não era sistemático – pegando negócios dos jornais ou por experiência pessoal que considerava ser interessante não pelo seu valor monetário, mas pela dinâmica que apresentavam. Então, perguntava: "Quem é o profissional – advogado, banqueiro, CEO etc. – no centro deste negócio?" Algumas vezes eu estava envolvido como perito ou como consultor, que me possibilitava um envolvimento em primeira mão para responder a pergunta. Em muitos casos, eu procurava em volta para perguntar quem deveria convidar para discutir a negociação. Depois dos primeiros anos com esse curso, passei a receber ligações de ex-alunos, assim como de profissionais, com recomendações de quem poderia convidar para as aulas.

Os termos do compromisso eram exigentes. Em cada negócio, uma equipe de alunos de cinco ou seis estudantes de MBA ou de doutorado preparava material de apoio para os outros alunos, baseando-se em relatos públicos da negociação e em uma reunião prévia por telefone ou computador com o profissional. Passávamos então duas horas em classe examinando o negócio: a primeira hora era para uma conversa entre alunos e professores, com o profissional interferindo apenas em alguns momentos selecionados; a segunda hora era dedicada ao profissional: ele podia fazer comentários sobre nossa discussão e oferecer suas visões adicionais sobre o negócio. Vários dos exemplos e ilustrações que apresento no livro vieram de negócios que discutimos durante o curso.

Embora eu não estivesse buscando isso, o que ficou claro para mim ao longo dessa experiência de ensino foi que a teoria de negociação existente possui muitas vezes uma importância de segunda ordem para os negociadores sofisticados e experientes do mundo real. Por exemplo, não consigo lembrar de um único exemplo em que a análise MAANA ou o Dilema do Negociador tenha gerado ideias que não fossem óbvias sobre o caso. Nem consigo me lembrar de um exemplo em que a compreensão dos efeitos comportamentais nas negociações tenha "permitido" nosso diagnóstico da situação da negociação, tanto de forma descritiva quanto de forma prescritiva. Não que esses fatores possivelmente não sejam importantes em negócios do mundo real que envolvam altos investimentos – apenas que são menos importantes do que a literatura sobre negociação sugeriria. Reconheço que essa é uma afirmação forte, então, tomo o restante deste capítulo para explicar a razão.

DEFICIÊNCIAS NA TEORIA DE NEGOCIAÇÕES

Começo com o princípio mais fundamental na teoria de negociações: MAANA (melhor alternativa à negociação de um acordo). O conceito faz bastante sentido no contexto de solução de litígios, em que MAANA é normalmente ir para o tribunal. Os advogados, junto com seus clientes, avaliam cuidadosamente a MAANA em um processo judicial para determinar sua reserva de valor nas negociações de acordo com o outro lado. Às vezes o conceito pode ser traduzido razoavelmente bem como negociação. No estudo de caso de "Frasier", por exemplo, a MAANA da NBC era comprar outro seriado para preencher a programação e a MAANA da Paramount era vender o programa para a CBS. Nesses tipos de negociações, não é que o conceito de MAANA esteja errado: trata-se apenas de que negociadores com razoável capacidade analítica, e não levados pela bagagem emocional que geralmente existe em disputas, pensam nela instintivamente.

Indo além de "Frasier", existem outros contextos de negociações em que o conceito MAANA é menos útil. Imagine que você esteja tentando vender um produto para um cliente em potencial. Essa é uma negociação clássica. Qual é a sua MAANA? Você poderia responder heroicamente: "A possibilidade de algum outro negócio." Na verdade, essa MAANA não é uma *alternativa* a seu acordo negociado; na maioria dos casos, você pode concluir a negociação alternativa e a negociação que está sobre a mesa. O conceito MAANA assume implicitamente que a alternativa fora da mesa é mutuamente excludente com a negociação sobre a mesa. Isso faz muito sentido no mundo da resolução de litígios, em que você pode resolver o caso ou ir para o tribunal. Entretanto, em muitas situações de negociações, a MAANA não se sustenta porque os acordos não são mutuamente excludentes. Você pode vender para nenhum, um, dois ou trinta clientes. O conceito de MAANA não está errado – certamente você deve pensar em sua MAANA antes de entrar em uma negociação – mas é menos útil para muitos negociadores sofisticados porque não vai além do óbvio.

O Dilema do Negociador é outro conceito central da teoria de negociações que é menos relevante para os negociadores reais do que sugere a literatura teórica. Um dos pressupostos fundamentais, mas não explicitados, no Dilema do Negociador é que as partes farão um acordo. Esse ponto está implícito no fato de que Stone e Ward (os negociadores hipotéticos na formulação clássica de Lax e Sebenius, discutida no Capítulo 2) irão ambos aceitar até mesmo um acordo "terrível", no sentido de que tal acordo deva ser melhor do que suas MAANAs. No mundo real, os negociadores não aceitarão acordos "terríveis" ou, mais precisamente, a probabilidade de que negociadores aceitem um acordo aumenta com os lucros em fazê-lo. Em alguns de meus trabalhos empíricos com as chamadas transações de recompra (recompras de ações pelos acionistas controladores), constatei que as implicações para a estratégia de negociação mudam acentuadamente quando saímos da hipótese de que os negociadores aceitariam acordos que sejam apenas melhores do que suas MAANAs para a hipótese mais realista e com mais nuanças de que a probabilidade de o outro lado dizer sim aumenta com o incentivo dado para fazê-lo.[1]

Para ver como a remoção dessa hipótese muda as coisas, dê uma nova olhada na formulação de Lax e Sebenius sobre o Dilema do Negociador, mas, desta vez, com as possibilidades (entre parênteses) de que o acordo realmente aconteça (Figura 12). Considere a escolha de Ward: se escolhe Reivindicar, ele enfrenta um possível resultado medíocre ou um improvável ótimo resultado. Se ele escolhe Criar, passa a enfrentar um provável bom resultado ou um improvável terrível resultado. Stone enfrenta as mesmas opções, com os mesmos resultados. Ao injetar alguma chance de não haver acordo, nos afastamos da

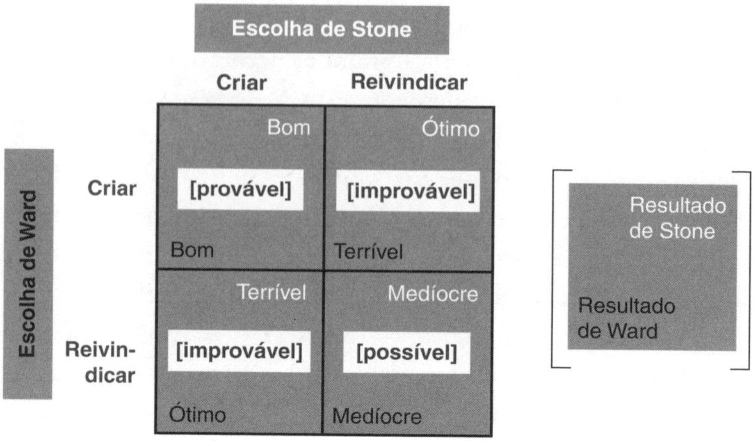

Figura 12. O Dilema do Negociador revisto

estratégia dominante Reivindicar/Reivindicar para o que os pesquisadores em teoria dos jogos chamariam de "estratégia mista", que combina movimentos de Criar e de Reivindicar. De fato, se nos afastarmos da possibilidade de que Ward ou Stone aceitem resultados Terríveis (isto é, se atribuirmos 0% de probabilidade para resultados "improváveis"), a estratégia dominante se torna Criar/Criar.

No mundo real, o incentivo para ser cauteloso e enganador no contexto da negociação é menos pronunciado do que sugere o Dilema do Negociador, porque a estratégia Reivindicar aumenta a probabilidade de não ter acordo. Considere a negociação de "Frasier". Quando as partes chegaram a um impasse, a NBC ofereceu compromissos de desenvolvimento em um esforço para salvar o acordo. Graboff disse com sinceridade para a Paramount que os compromissos de desenvolvimento eram mais baratos para a NBC do que dar mais dinheiro por episódio. A Paramount poderia ter blefado, desvalorizando os compromissos de desenvolvimento, como prevê o Dilema do Negociador, mas McCluggage e seus colegas compreenderam que, se fizessem isso, arriscariam perder completamente o acordo. O resultado foi uma troca relativamente leal de ambos os lados, inconsistente com o Dilema do Negociador, mas facilmente explicável pelo modelo mais realista desenvolvido aqui.

Quando injetamos uma hipótese simples, mas altamente realista – de que a probabilidade de acordo aumenta com o lucro auferido – o Dilema do Negociador se torna um problema significativamente menor. De fato, com as probabilidades corretas associadas aos diferentes quadrantes, uma análise no estilo Dilema do Negociador pode, na verdade, mudar para fornecer como estratégia dominante a Criar/Criar.

Essa virada se torna particularmente provável em situações com significativa competição do mesmo lado da mesa. Por exemplo, considere a competição entre a Microsoft e a Netscape para se tornar o fornecedor do navegador interno para o gigante da contabilidade, KPMG, nos idos de 1997. Após ouvir os argumentos de ambos os lados, Roger Siboni, vice-presidente da KPMG, chamou o CEO da Netscape, Jim Barksdale, para lhe dizer que a Netscape havia ganhado o negócio, mas que ele precisava de uma semana para dar a notícia para Jeff Raikes, um dos braços direitos de Bill Gates na Microsoft. De acordo com o *The Wall Street Journal*, Raikes entrou em parafuso quando ouviu:

> Durante as duas semanas seguintes, o senhor Raikes repetidamente aumentou as primeiras ofertas e concessões da Microsoft. Para atender às preocupações da KPMG em relação ao cronograma do software da Microsoft, Raikes concordou em incluir a KPMG em um programa de "rápida implantação" para dar à empresa um dos primeiros acessos ao software da Microsoft, antecipando o cronograma em um total de oito meses e prometendo acelerar o trabalho nas versões de seus programas para o Macintosh... O senhor Raikes ofereceu também grandes descontos em outros softwares se a KPMG concordasse em implantar toda a tecnologia da Microsoft.. Isso ainda não foi suficiente para fechar o acordo. "Enviei um e-mail para ele dizendo: 'Aqui estão as minhas ideias'", contou o senhor Raikes. "Ele me respondeu, 'Vamos conversar ao telefone'."[2]

A Microsoft – que não é conhecida por abordar as empresas de forma moderada – estava promovendo movimentos de criação de valor de acordo com os livros para maximizar a probabilidade de conseguir fechar o negócio. O "aqui estão as minhas ideias" de Raike vem direto do manual para negociações francas e abertas. No final, a estratégia da Microsoft teve êxito: a KPMG desfez seu compromisso verbal com a Netscape e, em vez disso, fechou com a Microsoft. "Não me liguem dizendo que consegui o contrato para depois passar para o próximo sujeito", falou um frustrado Barksdale para o *Journal*.[3]

A questão geral é que, quando existe significativa competição do "mesmo lado da mesa", a estratégia dominante para as partes deste lado da mesa normalmente se torna uma incansável busca de oportunidades de geração de valor para maximizar a probabilidade de conseguir o negócio. Como resultado, uma ou mais partes são extremamente abertas tendo em vista seus interesses. A competição "do mesmo lado da mesa" representa uma qualificação importante para as análises e previsões do Dilema do Negociador.

DEFICIÊNCIAS NOS ESTUDOS EMPÍRICOS DE NEGOCIAÇÕES

Até agora descrevi por que os conceitos fundamentais da teoria das negociações como a MAANA e o Dilema do Negociador são menos centrais na execução de negociações do que o conhecimento convencional sugeriria. Existe também uma vasta e crescente literatura em psicologia social e economia comportamental sobre o comportamento em negociações. É possível que esses estudos empíricos sejam úteis para os negociadores reais? Se a resposta for positiva, será bastante importante que os profissionais conheçam esses estudos para, efetivamente, construir a ZOPA (zona de possível acordo).

Para responder a essa questão, precisamos analisar a maneira como é conduzida a maior parte do trabalho empírico sobre negociações. Os estudiosos de negociações tendem a não examinar empiricamente as negociações do mundo real porque os dados dos acordos reais são difíceis de obter; mesmo quando estão disponíveis, é difícil fazer o controle para os numerosos fatores que influenciam essas negociações para poder comparar acordos de forma significativa (o mundo das fusões e aquisições geralmente fornece uma exceção a esse ponto). Em vez disso, a maioria dos estudos empíricos de negociações utiliza dados das aulas de graduação. Um artigo recente, que investiga todos os estudos empíricos de negociações publicados nas principais revistas científicas entre 1990 e 2005, constatou que dois terços desses estudos utilizam dados de salas de aula.[4]

Os economistas tendem a ignorar os dados de salas de aula porque os "pesquisados" dos experimentos normalmente não possuem incentivos financeiros em jogo. Algumas vezes os pesquisados possuem outros incentivos para se sair bem, como notas ou manutenção de reputação na classe, mas estes são idiossincráticos de uma forma que provavelmente torna os resultados difíceis de interpretar.

Em vez de pegar pessoas em sala de aula, muitos economistas que estudam negociações o fazem em laboratórios, onde os fatores que acreditamos influenciar as negociações, incluindo os incentivos dos participantes, podem ser cuidadosamente controlados e medidos. De fato, a Harvard Business School possui um dos mais sofisticados laboratórios desse tipo nos Estados Unidos: o Computer Lab for Experimental Research (geralmente chamado, reconhecidamente de forma redundante, de "CLER Lab" – Laboratório de Computação para Pesquisa Experimental). Os pesquisados comparecem ao laboratório e realizam tarefas para gerar percepções e ideias sobre como funcionam as negociações. De acordo com o site do CLER Lab, os pesquisados normalmente recebem uma gratificação de $10 pelo comparecimento, mais um adicional de $10 a $15 em função do desempenho no exercício. Um estudo relata que a média dos participantes do CLER Lab recebe $23,80 em uma sessão.[5]

Não é fácil chegar ao *campus* da HBS com transporte público – ele está a 20 minutos de caminhada da estação de metrô Harvard Square ou mais perto da parada de ônibus, mas de uma rota local muito lenta. Os estudos no CLER Lab normalmente levam de uma a duas horas. Assim, quando alguém pensa em participar de um experimento e considera o tempo para ir e voltar ao HBS, além do tempo gasto no próprio estudo, estará implicitamente avaliando a sua remuneração em algo como $8 a $10 por hora (se assumir que receberá a média de pagamento).

Portanto, não chega a surpreender que a vasta maioria dos participantes do CLER Lab seja de estudantes em escolas locais. Assim, o grupo de participantes é o mesmo que o dos estudos em salas de aula, mas a diferença é que os pesquisados recebem compensação financeira no laboratório experimental. A questão é saber se esses pequenos pagamentos em dinheiro são suficientes para gerar incentivos para um bom desempenho. Outra questão igualmente importante é saber se esses pequenos pagamentos em dinheiro não acabam atraindo pesquisados com menor sofisticação do que aqueles que participam de estudos em salas de aula por créditos no curso.

Mesmo dentro do grupo rigorosamente selecionado dos participantes de estudos de laboratório, existem características tendenciosas. Aproximadamente 40% daqueles que se inscrevem para os estudos do CLER Lab não aparecem para os experimentos.[6] Dentre aqueles que aparecem, a maioria o faz repetidas vezes. Um estudo relata que ao longo de um período de dois anos, um pesquisado do CLER Lab teve participação média em mais de seis estudos anteriores.[7] Se esses participantes repetidos são diferentes dos candidatos à pesquisa que não aparecem, ou (ainda mais importante) são diferentes dos negociadores do mundo real, temos o que os economistas costumam chamar de problema de "viés tendencioso".

Em um recente artigo intitulado "Um Número Muito Grande de Estudos Utiliza Estudantes Universitários como Cobaias", o *The Wall Street Journal* observou:

Muitos dos números que se tornam notícia sobre como nos sentimos, pensamos e nos comportamos são derivados de estudos com base em uma população restrita: estudantes universitários. É barato para os cientistas sociais buscar dentro do próprio *campus* o grupo de pesquisa – todos aqueles, desde veteranos de psicologia que precisam participar em estudos para obtenção de créditos no curso a estudantes que respondem a cartazes prometendo alguns trocados se eles se inscreverem.[8]

A questão natural que surge é: Quais são as inferências que podemos tirar desses experimentos em salas de aula e em laboratório para as negociações do mundo real? Essa é uma questão básica em praticamente todo empreendimento científico. Considere, por exemplo, novos medicamentos que demonstraram eficácia com ratos e macacos em experimentos de laboratório. Antes que esses medicamentos possam ser oferecidos ao público, centenas de horas de trabalho de pessoas são devotadas anualmente para a questão da possibilidade de transferir os resultados – os humanos reagirão da mesma forma que os ratos e os macacos? Certamente, o que está em jogo no caso de novos medicamentos é muito maior do que nos estudos sobre negociações, mas como acadêmicos surpreendentemente gastamos pouco tempo ou esforço para investigar se os resultados de experimentos de baixo risco ou investimento feitos com estudantes universitários podem ser traduzidos para as negociações no mundo real com muita coisa em jogo. Os estudos experimentais devem ser úteis para esclarecer pontos básicos nas negociações, tais como o efeito de ancoragem ou a regra do ponto intermediário, mas, na medida em que os estudos se afastem dos fenômenos fundamentais, é preciso haver uma maior exploração sobre a possibilidade de transferir resultados antes de fazer inferências para as negociações no mundo real.

Para ver os perigos de extrair prescrições para as negociações no mundo real sem avaliar primeiro a questão de possibilidade de transferência dos resultados, considere um estudo "clássico" do final dos anos 1970 que examina o poder das justificativas. Os experimentadores esperavam em uma mesa no centro estudantil da City University of New York (CUNY) com um olho na máquina copiadora. Quando um pesquisado se aproximava da copiadora e não havia fila de pessoas esperando, um dos experimentadores se aproximava rapidamente da copiadora e pedia para "passar" na frente. Para o grupo de controle, o experimentador dizia: "Desculpe, tenho cinco páginas para copiar. Posso usar a máquina de xerox?" Para o grupo experimental, o experimentador dizia: "Desculpe, tenho cinco páginas. Posso usar a máquina de xerox, pois tenho que fazer algumas cópias?"[9]

Claro que a explicação oferecida no grupo experimental estava evidente no grupo de controle, porém, os autores do estudo relataram resultados totalmente diferentes: 60% dos pesquisados no grupo de controle permitiram que o experimentador passasse na frente para utilizar a máquina copiadora, mas um número marcante de 93% dos pesquisados do grupo experimental permitiu que o experimentador passasse na frente.[10] O estudo concluiu: "Se foi apresentado um motivo para o pesquisado, ele foi mais propenso a concordar do que no caso de não se apresentar um motivo, ainda que o motivo apresentado não trouxesse nenhuma informação relevante."[11]

Vários livros recentes sobre negociações se basearam no estudo para demonstrar o poder da justificativa sem sentido. O problema é que essas prescrições não são garantidas. Uma preocupação com o "famoso"[12] e "amplamente citado"[13] estudo da copiadora é que a diferença desaparece totalmente quando é feito um "grande" pedido, como no caso dos experimentadores terem mais páginas para copiar do que o pesquisado. Assim, uma conclusão mais precisa seria de que quando uma solicitação for trivial, qualquer motivo serve, mas quando a solicitação não for trivial, motivos sem sentido não causam impacto.

Mesmo com os resultados se sustentando para "grandes" pedidos, os estudiosos de negociações não exploraram a questão da possibilidade de transferência das conclusões. O efeito entre os estudantes da CUNY em volta da copiadora pode ser traduzido para as negociações do mundo real com muitas coisas em jogo? A resposta é, no mínimo, incerta. O encargo parece ficar sobre aqueles que propõem táticas de negociação que vão contra a intuição para demonstrar que, de fato, se sustenta a transferência da conclusão.

Na prática jurídica, uma tática padrão entre os litigantes é buscar falhas nos argumentos dos advogados da parte contrária, mesmo que esses argumentos não sejam centrais. O fato de encontrar falhas em argumentos não centrais também lança dúvidas sobre os argumentos centrais, mesmo que esses argumentos sejam realmente sólidos. Consequentemente, os litigantes tomam cuidado para não extrapolar e apresentar argumentos fracos quando tiverem argumentos fortes à disposição.

A mesma lição parece valer no caso de negociações. Motivos sem sentido acabam tendo impacto negativo em negociações importantes, pois negociadores sofisticados pulariam em cima de qualquer falha lógica de seus argumentos para tentar que, de uma forma geral, você fique na defensiva. Contrariamente aos resultados do estudo da copiadora, mas consistente com o que você aprendeu no oitavo ano da escola, a qualidade de suas justificativas é importante.

Existem outras questões sobre metodologias e inferências de estudos experimentais, mas não vou entrar em detalhes neste ponto. Em vez disso, me voltarei para um problema mais sutil sobre a forma como é conduzida a maior parte da pesquisa sobre negociações. Os estudos experimentais de negociações normalmente utilizam "MAANAs estáticos" – isto é, MAANAs bem definidos que são o resultado caso os pesquisados não cheguem a um acordo. Ocasionalmente, os estudos experimentais permitem "MAANAs dinâmicos", mas normalmente de uma maneira definida com precisão; por exemplo, "se o Pesquisado nº 1 escolhe romper as negociações com o Pesquisado nº 2 e, no lugar disso, decide negociar com o Pesquisado nº 3, o Pesquisado nº 1 incorrerá em um custo de $1".

O problema é que o mundo real é bem mais confuso do que sugerem esses processos bem especificados. Como um gerente sênior recentemente me contou: "Quando negociamos com nossos clientes, normalmente não conseguimos descobrir suas MAANAs; acredito que isso se deve, em grande parte, ao fato de que eles trabalham simultaneamente com outros fornecedores sem chegar ainda a um acordo, deixando sua MAANA em fluxo."[14]

Para pegar um exemplo duro, mas bem conhecido, considere uma negociação para suprir o Wal-Mart. Você é colocado em uma das famosas (ou infames) baias em Betonville, Arkansas, com seu maior concorrente em uma baia ao lado e um fornecedor de produtos sem marca própria em uma baia do outro lado. Ou talvez não. A questão é que você não sabe. Certamente a pressão sobre o preço vem do "comprador" do Wal-Mart do outro lado da mesa, mas também vem dos concorrentes conhecidos, desconhecidos e potenciais que estão escondidos nos bastidores. Se seu comprador deixa a sala, você não tem certeza se ele saiu para beber água ou para conversar com seus concorrentes (e é claro que ele pode dizer uma coisa e fazer outra). Você está lutando em duas frentes, de uma maneira que dificilmente os estudos experimentais conseguem apreender.

A raiz do problema é que os estudos experimentais requerem especificações precisas quanto ao processo de negociação. Mas na maioria das negociações complexas, o processo é obscuro e confuso (estando ele mesmo sujeito à negociação), e não conduz a especificações precisas. Juntando esses dois pontos, a pesquisa experimental em negociações não consegue captar a forma como os acordos reais são feitos, ou deveriam ser feitos.

DEFICIÊNCIAS NA TEORIA SOBRE LEILÕES

Cerca de seis meses após a venda da CWA, recebi uma ligação de um advogado que esteve envolvido no acordo me pedindo para moderar um painel de discussão na cidade de Nova York. A ideia era reunir participantes de todos os lados envolvidos na transação da CWA e extrair conselhos de um conhecido estudioso sobre leilões de como os profissionais poderiam ter conduzido melhor o processo de venda. Prontamente concordei, pois fiquei curioso em saber como estas interação funcionaria.

O evento aconteceu em novembro de 2004. Apesar da boa afluência e do diálogo envolvente, ficou evidente a desconexão entre o teórico em leilões e os profissionais na sala. Em uma troca de ideias, o executivo do banco de investimento envolvido na transação perguntou ao teórico de leilões o que ele teria feito se tivesse vindo aconselhar os profissionais na sala de reuniões de Park Avenue às 6h. O teórico em leilões respondeu que o trabalho difícil já havia sido realizado ao conseguir que sete licitantes comparecessem e que o processo de competição através dos lances faria o trabalho a partir desse ponto. Com base na reação dos profissionais, tive a impressão de que essa resposta não foi de muita ajuda. Quando o grupo se desfez, tive a sensação de que muitos se sentiram insatisfeitos com aquilo que a teoria de leilões poderia oferecer para orientá-los no calor da batalha – embora muitas das batalhas em que eles estavam envolvidos tivessem elementos importantes de leilões.

Não foi culpa do teórico de leilões. A discussão contribuiu para minha sensação crescente de que a teoria de leilões tem pouco a dizer sobre como realmente funciona a maior parte dos leilões reais. Em um livro sobre leilões, o bastante conhecido economista de Oxford e teórico sobre leilões, Paul Klemperer, concorda com esta avaliação como um todo: "A maior parte da extensa literatura sobre leilões... possui uma importância de segunda ordem para o planejamento de leilões na *prática*" (em itálico no original).[15] O professor Klemperer conclui que o importante no projeto de leilões é "principalmente a boa economia elementar": coisas como desencorajar comportamento predatório, de conluios e de dissuasão de entrada. Acho impressionante que um acadêmico que tanto contribuiu para a compreensão prática e teórica dos leilões reconheça candidamente que a maior parte da literatura sobre leilões se concentra em aspectos que não são tão importantes para os leilões do mundo real.

O comentário do professor Klemperer é ainda mais surpreendente porque ele está falando sobre os tipos de problemas que a teoria de leilões deveria ser mais suscetível de resolver: situações bem definidas, nas quais as regras do jogo são precisamente especificadas e a única questão em aberto é a melhor estratégia para compradores e vendedores – situações como a venda de licenças de telefones celulares de terceira geração (3G) pelo governo do Reino Unido em março de 2000, para a qual Klemperer chegou, inclusive, a ajudar a estabelecer as regras.

Outro problema em relação à teoria existente sobre leilões que não foi identificado por Klemperer, mas que, em minha opinião, é mais importante, é que a maioria dos leilões do mundo real nos quais os economistas se baseiam para orientar seu trabalho são leilões puros, tais como os de licenças para sinais de rádio e televisão pela FCC,* leilões de arte no Sotheby's, leilões de flores holandesas e leilões de madeira, para citar alguns. Esses são casos importantes e os economistas tendem a se concentrar neles porque possuem regras claras. As regras claras tornam os problemas de leilões "tratáveis". Mas os problemas tratáveis não são aqueles que os negociadores reais têm que resolver.

Os leilões no mundo real são confusos. As regras não são claras e mudam constantemente. O preço é apenas uma das muitas questões a serem decididas. O vendedor não é um participante passivo depois de estabelecidas as regras do jogo. Todos esses fatores do mundo real violam as hipóteses fundamentais em que boa parte da teoria de leilões é baseada.

Na venda da CWA, Mark Gordon, sócio da Wachtell, Lipton, Rosen & Katz, que estava na sala de reuniões de Park Avenue às 6h, relembra:

> Estávamos coçando nossas cabeças. Lembro de alguém dizendo estas palavras: "O que fazemos agora?" E me lembro de ter pensado: "Deve haver uma resposta aqui. Não é algo que devamos ficar improvisando." Como conduzir um leilão quando você tem sete licitantes diferentes interessados, todos essencialmente oferecendo lances para a mesma coisa? – isso é algo que deveríamos ter aprendido na faculdade de administração ou de direito. Deve haver uma resposta para isso.[16]

Na verdade, a teoria de leilões não fornece uma resposta porque não considera o efeito recíproco entre leilões e negociações. O restante deste livro procura reunir a teoria de leilões com a teoria de negociações, de forma a superar os limites de cada campo isoladamente.

**Nota do Tradutor*: FCC (Federal Communications Commission) – agência independente do governo dos Estados Unidos responsável por banda larga, frequências de rádio e televisão, telecomunicações a cabo e satélite etc.

Parte II

NEGOTIAUCTIONS

CAPÍTULO 7

UMA INTRODUÇÃO ÀS NEGOTIAUCTIONS

Em 2002, como um dos responsáveis pelo primeiro ano do curso sobre negociações na Harvard Business School, conduzi um grande experimento para testar a eficácia de leilões e negociações como mecanismos alternativos para venda de ativos. Os pesquisados foram todos os 900 alunos de primeiro ano do MBA. Onze grupos com 80 a 85 estudantes cada um foram divididos em 26 equipes por grupo. Cada equipe, composta por três a quatro estudantes, recebeu quatro ativos para serem vendidos aos colegas. Cada ativo tinha dois, quatro, seis ou treze potenciais compradores; todas as equipes sabiam dessa quantidade de potenciais compradores.

Meu teste experimental se concentrava no mecanismo da venda. As equipes de número ímpar podiam somente leiloar seus ativos. Conforme minhas instruções: "Estavam proibidas negociações em particular com um ou mais potenciais compradores (mesmo se iniciadas pelos potenciais compradores). Isso significa que as equipes de número ímpar tinham que anunciar leilões para vender qualquer um de seus ativos." As equipes de número par podiam somente negociar a venda de seus ativos. Conforme minhas instruções: "É proibido falar com mais de um comprador ao mesmo tempo. Se essas equipes quisessem falar com mais de um potencial comprador precisariam fazê-lo sequencial e separadamente." Minha hipótese é que os leilões teriam melhores resultados do ponto de vista do vendedor quando o número de potenciais compradores fosse maior (seis ou treze) e as negociações tivessem melhor resultado do ponto de vista do vendedor quando o número de potenciais compradores fosse menor (dois ou quatro).

O experimento foi um fracasso. Apesar de meus esforços para manter os mecanismos puros, os leilões evoluíram normalmente para negociações privadas com os dois ou três compradores com maiores lances; e as negociações normalmente culminaram com o vendedor indo de comprador em comprador para extrair preços sucessivamente maiores. Apesar de os estudantes terem aderido ao texto de minhas regras, os leilões ficaram muito parecidos com negociações e as negociações ficaram muito parecidas com os leilões. Como você poderia esperar, não constatei diferenças estatísticas significativas nos preços de venda entre os dois mecanismos, para dois, quatro, seis ou treze compradores.

Fiquei desapontado. Não apenas joguei seis meses de preparação pela janela como não tinha nada para relatar aos 900 estudantes de MBA que investiram 80 minutos de seu tempo em meu exercício. Mas apesar da falta de um estudo publicável, houve o lampejo de um insight em meu experimento fracassado. Falhei porque tentei fazer duas coisas simultaneamente: manter puros os mecanismos de leilão e de negociação e também manter realista o exercício, captando como na verdade as pessoas transferem ativos no mundo real. Percebi somente mais tarde que esses dois objetivos estavam em desacordo entre si. Em um esforço para maximizar o valor tanto como compradores quanto como vendedores, os inteligentes estudantes de MBA de Harvard, que possuem bons instintos para os negócios e razoável experiência empresarial, contornaram os processos de leilão e de negociação de forma a manter somente uma vaga semelhança com os modelos puros de leilões e negociações que os acadêmicos estudam e escrevem a respeito.

Percebi padrões similares nas negociações reais que eu estava pesquisando. Em numerosas situações por todos os diversos setores da economia, o gerenciamento da competição do mesmo lado da mesa e do outro lado da mesa influenciava bem mais as condições do que a ancoragem, primeiros lances, padrões de concessão, movimentos para geração de valor e estratégias de persuasão e influência. Não que esses outros fatores não fossem importantes; eles apenas eram menos importantes do que os mecanismos implícitos ou explícitos do tipo de leilão sobre um, ambos ou todos os lados da mesa. Em 2004, eu e Richard Zeckhauser utilizamos a palavra *negotiauction* para descrever o espaço intermediário confuso entre os leilões e as negociações. Em nossa economia global cada vez mais competitiva e complexa, as negotiauctions parecem ser os mecanismos dominantes pelos quais os ativos são transferidos.

Para ilustrar esse ponto, considere minha experiência de contratar alguém para refazer a cerca ao redor de casa. Nossa velha cerca estava caindo aos pedaços e eu precisava encontrar alguém para substituí-la. Acontece que o nosso vizinho do outro lado da rua havia contratado uma pessoa para refazer sua cerca e estava satisfeito com o trabalho. Para mim também a nova cerca do vizinho parecia benfeita e pedi, então, que o empreiteiro fizesse uma proposta para a substituição da minha.

Sua proposta foi de $12 mil. Esse valor era muito maior do que eu esperava pagar e, então, peguei mais duas propostas para o trabalho. Essas propostas foram de $8 mil e $6.500. Voltei, então, ao primeiro empreiteiro de minha preferência e informei que sua proposta era a maior "por uma grande diferença", mas como constatei que fazia um trabalho de qualidade, eu queria fechar o contrato com ele. Depois de algumas sondagens sobre de quem seriam as outras ofertas (que resisti em apresentar), ele disse que poderia fazer o trabalho por $8.500. Embora ainda fosse a maior proposta, concordei com seu preço revisado e, de fato, ele fez um excelente trabalho de reconstrução da cerca.

Observe o que não aconteceu nessa negociação. Não fiz uma contraproposta a meu empreiteiro preferido. Não tentei utilizar estratégias de persuasão ou influência. Não tentei pensar criativamente sobre oportunidades em que ambos ganham. Em vez disso, utilizei apenas a competição do mesmo lado da mesa para chegar ao preço que julgava aceitável. Aposto que nada em minha história tenha surpreendido você. Essa é exatamente a forma como as negociações são feitas hoje em dia.

O que me traz para a segunda parte do livro. Na Parte I examinei os mecanismos estáticos de leilões e negociações. A Parte I tenta avançar um pouco a bola, mas ela também extrai bastante da literatura específica sobre esses dois campos. O objetivo como um todo é fornecer insights práticos para que se desempenhe o mais eficazmente possível nos jogos dos leilões e das negociações, tanto como vendedor quanto como comprador.

Na Parte II entramos no território desconhecido, mas mais importante, das negotiauctions. Este capítulo inicia a investigação ao definir o conceito de negotiauction e alguns outros termos importantes, e oferece algumas prescrições gerais de como desempenhar como comprador e vendedor em negotiauctions. Nos capítulos subsequentes, discuto três tipos específicos de movimentos que vejo repetidamente em negotiauctions: movimentos de configuração, movimentos de rearranjo e movimentos de encerramento. Em minha pesquisa, esses movimentos representam geralmente a diferença entre fechar ou não o negócio. O que distingue os grandes negociadores dos negociadores apenas muito bons em situações de negotiauctions é a incansável busca e constante avaliação da viabilidade desses três tipos de movimentos.

DEFINIÇÃO DE NEGOTIAUCTION

Negotiauction é uma situação de negócio em que a pressão competitiva vem tanto da concorrência do mesmo lado da mesa quanto da competição dos lados opostos da mesa. Como em nossa discussão sobre leilões, assumirei que o vendedor é o organizador do processo na negotiauction, exercendo pressão do outro lado da mesa, e que a competição do mesmo lado da mesa vem principalmente dos compradores. A análise permanece inalterada, mas os rótulos "comprador" e "vendedor" são trocados quando os papéis são invertidos.

As características comuns em negotiauctions são as seguintes:

1. *Vários (mas não muitos) potenciais compradores*, sendo normalmente algo entre três e dez. Se existirem mais de dez compradores, será improvável que o vendedor consiga investir seriamente em negociações com mais do que alguns poucos deles. Portanto, seria mais viável um mecanismo do tipo de leilão, embora ainda pudessem ter características de negociação, principalmente perto do final.
2. *Informação assimétrica*, na qual o vendedor tipicamente sabe mais sobre a estrutura da situação do que os compradores, pelo menos inicialmente. Por exemplo, o vendedor normalmente sabe mais sobre o próprio ativo do que os compradores. O vendedor também sabe quais são as partes interessadas, embora possa não conhecer precisamente o que motiva seus interesses. O vendedor também controla o fluxo de informações entre os participantes, pelo menos inicialmente. O vendedor determina se, quando e como os potenciais compradores entenderão a estrutura inicial da situação da negotiauction. Como veremos ao longo do restante deste livro, um dos principais desafios para os compradores em negotiauctions é superar essa assimetria na informação através de seus movimentos no processo.
3. *Ambiguidade em torno dos papéis tradicionais de organizador do processo e tomador no processo*. Em leilões tradicionais, o vendedor é o organizador do processo e os potenciais compradores são tomadores no processo. Mas em uma negotiauction, *organizador do processo* e *tomador no processo* são apenas classificações iniciais. Podemos até pensar nessas expressões como termos impróprios porque uma das ideias prescritivas fundamentais para atuar efetivamente em negotiauctions é que o processo em si tem que ser apropriado. Portanto, uma das características

principais de uma negotiauction é que o organizador do processo e os tomadores no processo refletem somente as posições iniciais. Os papéis são altamente maleáveis e o controle sobre o processo do negócio pode mudar com o tempo.

4. *Encontros um a um que lembram negociações padrões* entre o vendedor e vários dos potenciais compradores. Uma das razões das negotiauctions partirem do modelo convencional de negociação é o fato de a MAANA do vendedor ser fluida e não estática, por envolver a perspectiva de negociações com concorrentes conhecidos, desconhecidos ou potenciais do mesmo lado da mesa do comprador. Outra característica que diferencia, conforme discutido no Capítulo 6, é o abrandamento do Dilema do Negociador. Se a probabilidade de conseguir o acordo aumenta com o valor que é gerado, as melhores estratégias coletivas e individuais dos compradores podem ser as de buscar as oportunidades de geração de valor.
5. *Uma ou mais rodadas de apresentação de ofertas ou outras formas de competição direta entre potenciais compradores de um jeito que lembra leilões.* Diferentemente dos leilões convencionais, as regras nessas rodadas de leilão são tipicamente obscuras e sujeitas a possível mudança, criando, ao mesmo tempo, oportunidades e desafios para os licitantes.

No restante deste capítulo forneço três lições gerais de como atuar efetivamente em situações de negotiauction. Para tanto, volto ao estudo de caso de "Frasier" dos Capítulos 1 e 2. Nesses capítulos estudamos o acordo de "Frasier", utilizando a lente da negociação e focando aspectos como ofertas iniciais, padrões de concessão e movimentos para geração de valor. Neste capítulo aplicamos a lente da negotiauction sobre o mesmo acordo para ilustrar lições fundamentais no campo da negotiauction e para gerar insights que permitam a compreensão da situação de "Frasier" em si mesma.

Em Geral, Olhe para Frente e Raciocine Retrospectivamente para Aprender com os Movimentos dos Outros

Em negotiauction, algumas das mais valiosas informações estão contidas nos possíveis movimentos dos outros, embora no "calor da batalha" os profissionais deixem de olhar sistematicamente para frente e raciocinar retroativamente de forma a permitir que aprendam com tais movimentos. O estudo de caso de "Frasier" ilustra as percepções que podem ser obtidas ao fazer isso. Antes do início das negociações em primeiro de fevereiro de 2001, a NBC enviou uma carta à Paramount descrevendo como funcionaria o processo. Se as partes não chegassem a um acordo ao final de seu trigésimo dia do período de negociações exclusivas, a carta especificava que a Paramount submeteria uma "Última Oferta" para a NBC. Se a NBC aceitasse essa Última Oferta, eles teriam um acordo. Se a NBC rejeitasse a Última Oferta, a Paramount poderia negociar o seriado com outros potenciais compradores, mas a NBC poderia ter uma "última palavra" sob certas condições. Assim, em nossos termos, a MAANA da Paramount para um acordo negociado com a NBC seria uma negotiauction do seriado. Os parágrafos relevantes da carta descreviam as regras da negotiauction desta forma:

> Se não for alcançado um acordo até 1º de março de 2001, a Paramount submeterá sua última oferta ("Última Oferta") para a NBC. Se a NBC rejeitar esta Última Oferta, a Paramount fica livre para negociar com terceiros, sujeito aos direitos iguais da NBC estabelecidos abaixo.
>
> Se a Paramount quiser licenciar o seriado para um terceiro (incluindo, mas não se limitando, a CBS) em termos financeiros menos favoráveis à Paramount do que a Última Oferta, a NBC terá 10 dias para igualar esses termos. Por outro lado, a Paramount estará livre para licenciar o programa para um terceiro (incluindo, mas não se limitando, a CBS) em termos financeiros iguais ou mais favoráveis do que a Última Oferta, sem qualquer obrigação adicional em relação à NBC.[1]

Assim, a NBC e a Paramount concordaram com o que algumas vezes é conhecido como *direito de equiparação em um só sentido*: a NBC poderia se equiparar a qualquer acordo que a Paramount negociasse *abaixo* da Última Oferta; mas a NBC não teria o direito de igualar algum acordo que fosse *superior* à Última Oferta.

Como a NBC e a Paramount poderiam atuar nesse complexo jogo de negotiauction? A resposta exige olhar para frente e raciocinar para trás. Como ponto de partida, a sabedoria convencional é a de que o direito de equiparação beneficia o titular do direito, e essa sabedoria convencional muitas vezes está correta (para uma explicação e ilustração desse ponto, veja o direito de equiparação da KKR na negotiauction por Toys "R" Us descrita no Capítulo 10). Entretanto, no acordo por "Frasier", olhando para frente e raciocinando para trás, percebe-se que a Paramount, e não a NBC, é que provavelmente teria sido beneficiada com o direito de equiparação da NBC.

A razão é que a CBS não queria desencadear o direito de equiparação da NBC. Se a oferta da CBS desencadeasse o direito de equiparação da NBC, ambas poderiam se engajar em um vaivém de lances em um jogo que a CBS provavelmente não conseguiria ganhar. Assim, se a CBS chegasse a analisar a possibilidade de ter o seriado (isto é, se o período de negociação exclusiva terminasse), ela daria um lance pouco acima da Última Oferta, com um "prazo de validade curto" em sua oferta para que a Paramount não pudesse voltar à NBC (embora a NBC não tivesse um direito de equiparação contratual nesse cenário, a Paramount teria fortes incentivos financeiros para mesmo assim voltar à NBC). De fato, a Última Oferta da Paramount serviria como um verdadeiro ultimato para a CBS: "Se seu lance não for maior do que a Última Oferta, você entrará em competição direta de ofertas com a NBC, e isso você não deseja."

Na verdade, esse direito de equiparação em um só sentido funcionou exatamente dessa forma descrita anteriormente na última vez em que a Paramount e a NBC negociaram a renovação de "Frasier" em 1998. A única diferença naquela época foi que o outro licitante provável era a ABC e não a CBS. A NBC e a Paramount entraram no período de negociação exclusiva; a Paramount fez a Última Oferta para a NBC; e a NBC recusou a Última Oferta. Kerry McCluggage relembra, então, o que aconteceu em seguida:

> Chamei a ABC e disse: "Vocês querem conversar sobre 'Frasier'?". Insisti que, se tivessem interesse, não viessem para uma reunião a menos que apresentassem uma oferta superior a esse nível de preço [da Última Oferta]. Eles responderam: "Nos encontraremos amanhã de manhã às 8h30." Às 6h, a NBC ligou para minha casa e concordou com todos os termos que havíamos apresentado. Tive que ligar para a ABC e dizer: "Não precisam vir para a reunião; fechamos o acordo com a NBC."[2]

Essa experiência anterior ilustra como o direito de equiparação em um só sentido podia, na verdade, funcionar em benefício da Paramount em sua negociação com a NBC porque o processo de Última Oferta permitiu que a Paramount tivesse credibilidade em suas negociações com a CBS. Olhando para frente e raciocinando para trás, essa possibilidade de passar para a CBS deu poder de barganha para a Paramount em sua negociação com a NBC. Em um trabalho acadêmico que utiliza "Frasier" como estudo de caso motivador, os professores Brit Grosskopf e Alvin Roth desenvolvem um modelo teórico e constroem um teste experimental que sustenta a conclusão pouco intuitiva de que o direito de equiparação em um só sentido funciona, na verdade, em benefício da Paramount.[3] A questão geral é que o fato de "olhar sistematicamente para frente e raciocinar para trás" visando aprender com os possíveis movimentos dos outros gera uma percepção importante em situações de negotiauctions.

A lição pode ser generalizada facilmente. Participando alguns anos atrás de meu curso sobre Negociações em Harvard, Steve Munger, presidente do Global Mergers & Acquisitions Group da Morgan Stanley, falou sobre o "nevoeiro da guerra", que pode perturbar a capacidade de tomada de decisão dos negociadores no calor da batalha. Mesmo negociadores experientes podem "caminhar em direção a um despenhadeiro". Munger observou que o papel dos assessores é "captar as coisas um nível acima", pensando alguns movimentos à frente em situações de negociações envolvendo valores significativos.[4]

É importante esclarecer que a estratégia de negotiauction não é como uma partida de xadrez entre grandes mestres, na qual ambos os jogadores pensam vinte ou trinta lances à frente – qual é o movimento que eles farão, depois o que você responderá, depois o que eles farão, e assim por diante. Esse tipo de análise seria impossível de fazer em negociações no mundo atual em que vivemos. Mas o ponto de Munger é que pensar com algum rigor nos próximos movimentos e nas respostas pode gerar insights sobre as possíveis barganhas sobre a mesa que vão bem além do que o negociador típico consegue ponderar no calor da batalha.

Como Organizador do Processo, Utilize o Sistema LAVC para Determinar como Aplicar Pressão Competitiva

Lembre que a negotiauction é diferente de uma negociação e de um leilão por existir pressão competitiva tanto através dos lados opostos da mesa como no mesmo lado da mesa. Então, como organizador do processo em uma negotiauction, seu único desafio é determinar qual fonte de pressão competitiva utilizar e quando. Em geral, os mecanismos do tipo de leilão fazem uso da competição do mesmo lado da mesa, e os mecanismos do tipo de negociação fazem uso da competição dos lados opostos da mesa. Lembre que o sistema LAVC, apresentado no Capítulo 3 e reproduzido na Figura 13, enumera os fatores a considerar na determinação se devemos leiloar ou negociar.

A diferença importante em negotiauction está no fato de que a decisão sobre leiloar ou negociar não é mais uma opção estática a ser feita na instalação do processo de acordo. Na verdade, o processo de acordo evolui constantemente à medida que mudam os vários fatores do LAVC. Você pode pensar sobre isso como uma escala deslizante em cada dimensão do sistema LAVC. À medida que mudam os fatores, seu processo de acordo deve se ajustar em conformidade com isso.

A evolução mais comum é partir de mecanismos que são mais do tipo de leilão para mecanismos que são mais do tipo de negociação. Três fatores do sistema LAVC tendem a forçar os organizadores do processo nesta direção: (1) o número de licitantes diminui à medida que o organizador do processo peneira o campo, (2) a diferença de avaliações entre os licitantes remanescentes fica relativamente mais importante e (3) o potencial de geração de valor torna-se uma fração maior do valor restante do negócio. Brad Peterson, sócio do escritório de advocacia Mayer Brown e leitor de um primeiro esboço deste livro, descreve o processo de negotiauction que normalmente utiliza seguindo a trajetória "leilão e depois negociação":

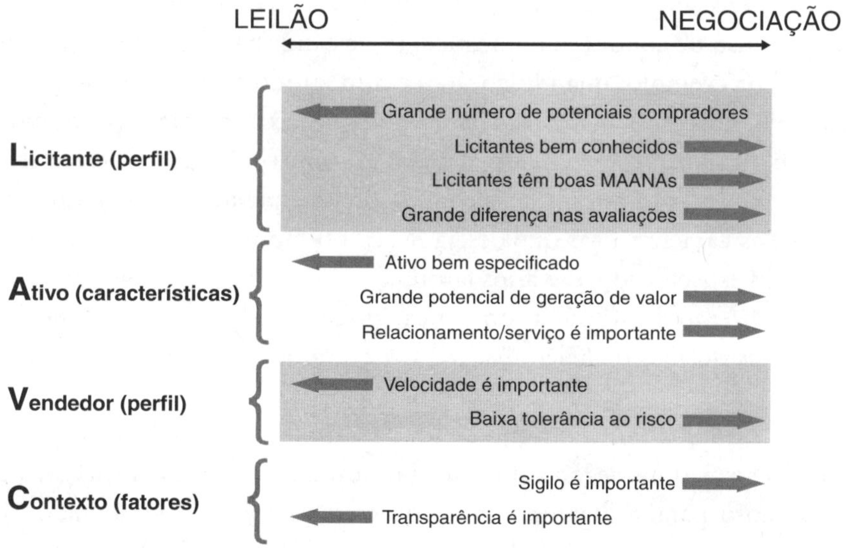

Figura 13. Quando leiloar e quando negociar? – o sistema LAVC

> Em meu trabalho, ajudo as empresas a contratar provedores de serviços terceirizados ou de Tecnologia da Informação (TI). São contratos de longo prazo que geralmente comprometem centenas de milhões de dólares ao longo de três a dez anos. Meu cliente passa a depender do fornecedor de serviço em funções com missão crítica como TI e finanças, logo, precisamos contratar corretamente. Começamos com um campo composto por quatro ou cinco fornecedores de serviços e estreitamos esse campo para dois licitantes... Depois negociamos em paralelo por semanas. É segunda-feira e terça-feira com o Licitante 1, quarta-feira e quinta-feira com o Licitante 2 e um descanso na sexta-feira. Não é incomum os licitantes chegarem a gastar $1 milhão no processo. Depois que negociamos todas as questões materiais com ambos os licitantes, o cliente seleciona um único finalista e nós negociamos os documentos finais. A ideia de negotiauction é poderosa porque estamos, ao mesmo tempo, negociando e leiloando, e buscamos, simultaneamente, alavancar o poder do mesmo lado da mesa e dos lados opostos da mesa.[5]

Esse processo de acordo incorpora, logo no início, os benefícios da competição no mesmo lado da mesa e depois muda para os mecanismos de negociação em busca de identificar as oportunidades de geração de valor e de construir um relacionamento. Assim, o sistema LAVC explica por que o "leilão e depois negociação" faz muito sentido para esse tipo de negócio.

O processo de condução do negócio pode caminhar também para o outro sentido. Por exemplo, quando você está começando a sair para comprar um carro novo, você pode não ter ideia do que quer exatamente – em termos de LAVC, o ativo não está bem especificado. Assim você passa bastante tempo em negociações com um ou mais concessionários para estabelecer a marca, o modelo e as características que deseja. Mas, no momento em que o produto estiver bem especificado, os vários fatores no sistema LAVC apontam normalmente na direção de utilizar a competição do mesmo lado da mesa através dos mecanismos do tipo de leilão. Assim, a compra de carro é uma ilustração de quando o processo "negociação e depois leilão" faz mais sentido.

Esses exemplos mostram que conduzir simplesmente um leilão puro ou se envolver em uma negociação pura praticamente nunca é a melhor abordagem, tanto para o organizador do processo como para os tomadores no processo. O processo para se chegar a um acordo é mais fluido do que isso e deve responder à medida que muda a dinâmica do acordo. A principal tarefa para os organizadores do processo em situações de negotiauction é determinar quando aplicar pressão através dos lados opostos da mesa, utilizando mecanismos do tipo de negociação, e quando aplicar pressão do mesmo lado da mesa, utilizando mecanismos do tipo de leilão. O sistema LAVC pode lhe orientar na resposta dessa questão.

Para ver esse sistema em ação, considere o estudo de caso da CWA, na Introdução. Em nossa análise do processo de negociação feita no Capítulo 3, a incerteza sobre o conjunto de licitantes e o interesse na velocidade empurraram na direção de um mecanismo de leilão; mas a grande diferença nas avaliações dos dois licitantes com maiores ofertas, Savvis Communications e Gores Technology, apontou na direção de negociações em separado. Portanto, com o sistema LAVC, uma negotiauction do tipo "leilão e depois negociação" teria maximizado a probabilidade de identificar o maior licitante (Savvis) através de um leilão e depois extrair o valor total desse licitante através de uma negociação. Em vez disso, os vendedores conduziram um leilão puro, com as últimas rodadas finais em leilão à viva-voz na principal sala de reuniões. Um processo de acordo de negotiauction com um pouco mais de nuanças provavelmente teria produzido um resultado melhor para o vendedor.

Como Tomador no Processo, Mude o Jogo em seu Benefício Através de Movimentos de Configuração, de Rearranjo e de Encerramento

Enquanto a tarefa principal dos organizadores do processo é determinar a sequência ideal de negociação, a tarefa principal dos tomadores no processo é reformular o processo de negociação e até mesmo assumir o controle se puderem – os chamados *movimentos de mudança de jogo*. A viabilidade desses movimentos depende significativamente do contexto. Em uma disputa jurídica, por exemplo, você pode descobrir fatos que lhe dão poder para negociar a liquidação da contenda, mas as oportunidades para realmente mudar o jogo são raras. Da mesma forma, você não gostaria de "mudar o jogo" em negociações com seu cônjuge.

As negotiauctions estão do outro lado do espectro. Normalmente com múltiplos aspectos sobre a mesa e uma complexa dinâmica de coalizão, as negotiauctions fornecem campo fértil para movimentos de mudança de jogo. De fato, em minha pesquisa constatei que a busca incansável de movimentos de mudança de jogo é o que distingue excelentes negociadores de negociadores apenas muito bons em negotiauctions. Como Bruce Wasserstein explicou para meus alunos de Negociações em Harvard:

> É muito raro que as regras para um leilão sejam realmente regras... Quando existem regras, você sempre tem que pensar na maneira com que quer jogá-las e até onde você quer mostrar. Assim, eu realmente não me preocupo com as regras que as pessoas dizem possuir. É preciso descobrir o que funciona para você e a energia da situação.[6]

O acordo de "Frasier" ilustra como os movimentos de mudança de jogo podem revelar um valor importante. As redes de televisão investiam pesadamente na promoção dos seriados e quando esses programas se tornavam um sucesso, os estúdios "cobravam" das redes preços significativamente maiores durante as negociações de renovação. "Frasier" foi um excelente exemplo desse problema. Poderíamos dizer que essa prática comum era boa para os estúdios e péssima para as redes. Com o tempo, porém, passou a ser ruim também para os estúdios porque as redes começaram a ficar cautelosas em promover muito pesadamente seus seriados, o que depois acabaria alimentando o problema de serem extorquidas pelos estúdios. O resultado foi que as redes passaram a investir abaixo do considerado nível "ótimo" para a promoção dos programas. Nas negociações de "Frasier", por exemplo, a Paramount alegou que a NBC alterou o dia de exibição do seriado de quinta-feira à noite para terça-feira à noite com o intuito de enfraquecer a audiência um pouco antes do início das negociações de renovação e, assim, ganhar força para reivindicar um preço menor.

No longo prazo a situação era ruim para os dois lados e a solução foi um movimento de mudança no jogo: a introdução de taxas de licenciamento permanente, nas quais a rede fazia uma pré-negociação das taxas de programas novos baseada no futuro desempenho. De fato, hoje as taxas de licenciamento permanente se tornaram norma no setor. Assim, mostrando quão interessantes eram essas dinâmicas de negociação, o acordo de 2001 para "Frasier" foi o fim de uma era. Um movimento de mudança do jogo tornou extintos esses tipos de negociações para renovação de licenciamento, gerando melhores negócios para o setor como um todo.

Embora as ilustrações possam ser úteis, o conselho "busque movimentos de mudança de jogo" é muito genérico para ser útil em si mesmo. Precisamente, o que são movimentos de mudança de jogo? Como fazemos para encontrá-los? Certamente é muito mais fácil encontrar algo se você sabe o que está procurando. Em minha pesquisa ao longo dos últimos dez anos, constatei o aparecimento regular de três tipos de movimentos de mudança de jogo em vários setores e em vários países: movimentos de configuração, movimentos de rearranjo e movimentos de encerramento. Mais do que atuar passivamente, os melhores tomadores no processo permanecem constantemente avaliando a viabilidade desses três tipos de movimentos em situações de negotiauction. Um *movimento de configuração* estabelece seus termos para entrar em uma situação de negotiauction. Um *movimento de rearranjo* muda a configuração dos ativos, das partes, ou ambos, de forma a criar um valor adicional no negócio. E um *movimento de encerramento* interrompe a competição do mesmo lado da mesa.

No caso de "Frasier", a NBC e a Paramount realizaram o jogo padrão de negociação e chegaram a um acordo de $5,4 milhões por episódio. O resultado, como Marc Graboff descreveu (ver Capítulo 2) foi que "eles não estavam felizes e nós não estávamos felizes". No longo prazo, as redes e os estúdios abriram acesso a mais valor através de um movimento de rearranjo: um novo ativo foi adicionado ao conjunto – ou seja, todas as futuras temporadas. Essa nova configuração evitou o problema de elevação do preço e eliminou a competição de outras redes interessadas quando o programa passava a ter sucesso, gerando valor entre as partes. O movimento de rearranjo mudou o jogo, de forma a permitir que uma ou mesmo ambas as partes ficassem felizes.

Na McKinsey & Company, empresa de consultoria onde trabalhei antes de ser professor em Harvard, ficávamos constantemente nos perguntando se nosso sistema de reflexão sobre um problema era "MECE" (mutuamente excludente e coletivamente exaustivo). Um argumento central deste livro é que a taxonomia dos movimentos de configuração, de rearranjo e de encerramento seja MECE. Um retorno ao diagrama da negotiauction na Figura 1 (ver a Introdução) revela o motivo. Lembre que existem duas fontes de pressão competitiva em uma negotiauction: uma do mesmo lado da mesa e a segunda do outro lado da mesa. Como veremos nos capítulos restantes, os movimentos de configuração e de encerramento funcionam para atenuar a competição do mesmo lado da mesa, enquanto os movimentos de rearranjo aumentam a alavancagem na dinâmica com o outro lado da mesa. Assim, a taxonomia dos movimentos apresentada neste livro mapeia bem as duas fontes de pressão competitiva que distinguem negotiauction de negociações e de leilões. Em vez de você ter que buscar movimentos mais amplos de mudança de jogo em situações de negotiauction, as categorias de movimentos de configuração, movimentos de rearranjo e movimentos de encerramento lhes dizem onde buscar. Os próximos três capítulos investigam em mais detalhes cada um desses três tipos de movimentos.

CAPÍTULO 8

MOVIMENTOS DE CONFIGURAÇÃO

> **ENSEADA DO CAPITÃO – JOIA À BEIRA-MAR.** Em um cenário idílico de paz e beleza à beira-mar essa maravilha contemporânea controla uma vista arrebatadora do Sengekontacket a Vineyard Sound. Entrando pelo vestíbulo azulejado em direção à sala da lareira com paredes envidraçadas e piso de carvalho, você se surpreenderá com o esplendor da iluminação natural. Uma cozinha soberba, uma área de refeições em separado, um grande dormitório com banheiro e uma bela vista completam o primeiro piso. Suba as escadas para adentrar uma área ideal para escritório interligada a uma varanda com estantes de livros, uma segunda suíte com vista, duas camas adicionais e banheiro. Muitos detalhes personalizados. Essa joia é encontrada em uma localização privilegiada ocupando um terreno com lindo projeto paisagístico composto por terraços e jardins. Garagem com vaga para dois carros, três banheiros no total. Associação de tênis, acesso ao mar, caminho direto para o santuário da vida selvagem. $1.390.000.

Depois de vários meses de procura pela residência de verão dos seus sonhos em Martha's Vineyard, uma ilha ao largo da costa de Massachusetts, Joe e Alice Townsend pensaram haver encontrado A Casa.[1] Em 12 de junho de 2005, apenas alguns dias após a propriedade ser anunciada, os Townsends examinaram suas finanças e decidiram tentar. Eles enviaram uma oferta relativamente agressiva de $1,28 milhão (8% menos do que o preço pedido) e anexaram várias condições em um piloto de sua proposta formal.

A resposta do vendedor foi rápida e inequívoca. Outra oferta havia acabado de chegar pelo preço integral do anúncio sem outras condicionantes além de fossas sépticas (que são exigidas por lei estadual) e as condições usuais de inspeção. Os Townsends precisariam fazer outra oferta e, desta vez, colocar o valor integral sobre a mesa.

Os Townsends desejavam a casa, mas não queriam ser arrastados para uma prolongada competição de ofertas contra outro interessado ou, ainda pior, em apresentar lances contra si mesmos se o outro interessado não existisse. Depois de alguma reflexão, Joe Townsend enviou um fax para o corretor do vendedor oferecendo $1,395 milhão, para demonstrar seriedade, junto com o seguinte texto:

> Estou disposto a participar do [seu] processo desde que tenha uma garantia expressa de que esta seja de fato a rodada final. Isso poderia ser alcançado se você e o Vendedor indicarem por escrito que o Vendedor aceitará a maior das duas ofertas finais e que não haverá mais lances após essa rodada final.

Pense na opção do vendedor. Certamente ele preferiria um leilão efervescente. Mas, se ler a ameaça implícita no fax de Joe Townsend, compreenderá que sua escolha seria de uma rodada de leilão com lances fechados que os Townsends propõem ou uma possibilidade razoável de que os Townsends desapareçam e ele fique com um único licitante para negociar.

Não é algo impensável do ponto de vista do vendedor. O outro participante já demonstrou um interesse sério pela casa ao oferecer o preço solicitado sem quaisquer condições. É possível que esse comprador pudesse ser pressionado a pagar mais mesmo sem uma oferta concorrente, principalmente se a desistência de Townsend do leilão não fosse revelada. Entretanto, o vendedor optou pelo mais seguro. Um leilão com uma rodada asseguraria algo além do preço solicitado, e ele pensava que seria melhor do que sua MAANA de negociar com o outro comprador. Os Townsends foram informados que as ofertas finais de ambas as partes seriam recebidas na quarta-feira, 15 de junho, às 15h.

Joe e Alice tinham agora que preparar O Número. Para chegar ao número, Joe, Alice e seu corretor fizeram em separado a análise MODO, como descrito no Capítulo 5. Os resultados semelhantes dessas análises separadamente deram um considerável conforto aos Townsends. Após várias iterações, os Townsends decidiram ofertar algo na faixa de $1,48 milhão a $1,5 milhão. Então Alice lembrou: “Nosso aniversário é 4 de agosto, ou 4/8. Assim vamos fazer uma oferta de $1,484 milhão.”

A sugestão não era frívola. Acoplando um dígito aleatório ao final de sua oferta os Townsends asseguravam que não empatariam com o outro interessado. Um empate daria vazão à possibilidade de mais rodadas de lances, anulando, assim, todas as vantagens do processo pelo qual negociaram duramente (se ganharem, os dígitos aleatórios propiciarão uma bonita história para contar aos netos enquanto todos estiverem nadando na enseada).

Os Townsends enviaram a oferta a seu corretor com a seguinte nota:

> Segue nossa oferta. Por favor, coloque em um envelope fechado e não a discuta com ninguém. Nós o autorizamos a entregar essa oferta para Barbara Levine [a corretora do vendedor], desde que:
>
> (1) O outro comprador interessado tenha enviado, de fato, uma nova oferta com um número preciso em dólares;
>
> (2) Barbara esteja preparada para assegurar a você e a mim que esta é a "rodada final" e que o Vendedor e seu advogado tenham assegurado à Barbara que o Vendedor aceitará hoje às 15h a maior oferta das duas enviadas.
>
> Ligue se você tiver quaisquer dúvidas ou problemas. É óbvio que eu e Alice "esticamos" ao máximo nossa oferta. Estamos esperançosos de ganhar.

15 de junho, 15h, chegou e passou. Às 16h ainda não havia resposta nem do corretor dos Townsends nem da corretora do vendedor. Joe ligou para seu corretor e deixou uma mensagem: "O que está acontecendo?" Às 17h o corretor ligou de volta com notícias: "Pode haver um problema com a oferta do outro interessado, possivelmente na forma de $X maior do que a oferta concorrente. Depois de uma hora e meia ainda estou ao telefone tentando saber mais." Joe assinalou que uma oferta "$X maior" violaria a primeira condição em sua carta com a oferta.

Às 22h o advogado do vendedor ligou para Joe e ofereceu uma nova rodada. A outra oferta foi, de fato, na forma de "$X a mais" que violou tanto o espírito do leilão com lances fechados quanto a condição explícita contida na oferta dos Townsends de que a outra oferta precisaria ser um "número preciso em dólares". Em vez de se engajar em prolongadas disputas jurídicas, Joe e Alice concordaram em refazer. As ofertas seriam entregues às 10h do dia seguinte.

Pelo fato de o problema com a oferta do outro interessado ter sido detectado antes que os envelopes fossem abertos, Joe e Alice preferiram submeter a mesma oferta, $1,484 milhão. Às 10h05 do dia seguinte, os Townsends receberam uma ligação de seu corretor. Eles ganharam. E a outra oferta? $1,475 milhão. Os Townsends venceram por um fio de cabelo.

Às 10h45 tocou o telefone dos Townsends. Era o outro interessado: Os Townsends aceitariam $1,5 milhão? Depois de uma breve pausa, Joe respondeu: "De jeito nenhum!" Os Townsends possuem a casa até hoje.

A compra da casa dos Townsends revela uma série de *movimentos de configuração* bastante expressivos em uma negotiauction.[2] Na compra da casa de Martha's Vineyard, o movimento de configuração mais importante foi concordar em participar somente se a segunda rodada fosse a da rodada com a melhor oferta final. Para ver por que, considere o que teria acontecido se os Townsends tivessem simplesmente aceitado o processo do vendedor e dado novo lance no prazo 15h. Se as ofertas fossem "muito próximas para encerrar", o vendedor poderia ter dito aos participantes para fazer novo lance. Ou o vendedor poderia ter chamado primeiro o participante com menor oferta e dito: "Sinto muito, mas sua oferta é a menor e estou para assinar a venda da casa para o outro comprador. Existe algo que você queira me dizer antes que eu finalize a venda?" Teria sido dada a largada ao leilão.

Na falta de um movimento de configuração, o vendedor teria conseguido obter algo parecido com um leilão à viva-voz com lances crescentes. Os Townsends teriam pago pelo menos $1,5 milhão pela casa, pois sabemos, em retrospecto, que o outro comprador estava disposto a oferecer essa quantia. O movimento de configuração propiciou aos Townsends sua casa dos sonhos a um preço menor do que aquele que eles teriam desembolsado sendo simplesmente tomadores no processo.

Existiram também outros movimentos de configuração importantes feitos pelos Townsends. Recorde que eles não sabiam a identidade do outro interessado, ou mesmo se este existia. Essa seria uma informação muito importante; evidentemente, se eles pudessem obtê-la. Martha's Vineyard é uma comunidade relativamente pequena; então pediram que seu corretor tentasse descobrir, mas ele não conseguiu. O temor, que é muito comum em situações de lances fechados, era que o outro interessado não existisse e que eles ficassem competindo contra si mesmos.

Assim, outro movimento de configuração foi a condição para sua oferta: que o lance fosse entregue ao vendedor somente se outra oferta fosse apresentada ao mesmo tempo. A solução não era infalível – o vendedor sempre poderia simplesmente pedir para sua cunhada apresentar um lance de $1 para satisfazer a condição – mas, pelo menos, exigia que o vendedor aparecesse com uma oferta concorrente para obter o benefício do lance dos Townsends. Observe que se não aparecesse nenhuma outra oferta, os Townsends não revelariam seu número ao vendedor. Nesse caso, então, os Townsends poderiam sentar em uma negociação frente a frente e conseguir um preço muito melhor sem a pressão da competição.

Outro belo movimento de configuração, que, em retrospecto, se mostrou bastante importante, foi a condição de que o outro interessado "tenha enviado, de fato, uma nova oferta com um número preciso em dólares". Os Townsends se perguntaram: "Qual seria uma estratégia racional para o outro interessado, considerando as regras do processo?" Os Townsends olharam para a frente e raciocinaram para trás, como descrito no Capítulo 7, para compreender que precisavam eliminar a possibilidade de um lance na forma de "a outra oferta mais $50 mil".

Claro que, mesmo assim, o outro interessado tentou se dar bem fazendo uma oferta desse tipo. Sem o movimento de configuração, os Townsends teriam ficado em uma posição de barganha bastante fraca, argumentando que a oferta do outro interessado não era justa. Mas o vendedor teria 50 mil razões, na forma de notas de dinheiro, para não aceitar esse argumento. A condição inicial dos Townsends lhes deu um forte argumento legal contra o corretor do vendedor que aceitou a condição para o processo. Partindo desse ponto, os Townsends fizeram uma concessão concordando em refazer a rodada de lances na manhã seguinte. Precisar refazer a rodada foi muito melhor do que aquilo que obteriam na falta de seu movimento de configuração.

Um último movimento de configuração foi propriamente esse de refazer a rodada. Lembre que os Townsends estabeleceram com muito cuidado a forma de abertura dos envelopes. Eles instruíram seu corretor a colocar sua oferta em um envelope fechado e somente permitir que fosse aberto se as condições iniciais tivessem sido satisfeitas. Imagine se os envelopes tivessem sido abertos ao mesmo tempo e o truque do outro interessado fosse descoberto somente naquele momento. O vendedor ainda ofereceria a alternativa de refazer a rodada, mas a grande diferença seria que o outro interessado ficaria sabendo o número dos Townsends de $1,484 milhão. O que estaria sendo chamado de "refazer" seria, na verdade, uma terceira rodada de ofertas na qual ambos os lances precisariam superar o valor de $1,484 milhão. Em vez disso, as precisas instruções dos Townsends permitiram que a rodada fosse realmente refeita, na qual puderam simplesmente apresentar novamente a mesma oferta.

O aspecto geral a destacar é que sua entrada em uma negotiauction pode gerar valor. Quando isso ocorrer, não faça de graça; em vez disso, extraia condições para sua entrada. Existe até uma frase dos profissionais para esse movimento: "Pague-me para eu jogar."* Na compra da casa em Martha's Vineyard, a entrada dos Townsends teve enorme valor para o vendedor porque representou a diferença entre um leilão e a negociação um a um. Os Townsends entenderam esse ponto e extraíram importantes concessões no processo em troca de sua entrada.

Evidentemente, um movimento de configuração não pode ser feito unilateralmente – quase sempre necessita ser aceito pelo organizador do processo. Um movimento de configuração terá sucesso se, e somente se, for melhor do que a MAANA identificada pelo organizador do processo. Esse é um ponto geral óbvio em negociações, mas uma consequência específica na área de negotiauction é que movimentos de configuração quase sempre precisam ser feitos no início do processo. Na maioria das vezes, desde que você já tenha entrado, fica muito tarde para tentar obter algo dessa forma.

Como outro exemplo de um expressivo movimento de configuração, considere a negotiauction pela NCS HealthCare, um antigo prestador de serviços na área de assistência médica.[3] Depois de passar por grandes dificuldades na maior parte da década de 1990, em julho de 2001, o Conselho da NCS contatou a Omnicare, líder do mercado, para negociar a venda da companhia. A NCS pediu que a Omnicare assinasse um acordo de confidencialidade antes de se sentarem para discutir seriamente. Entre outras coisas, esse acordo impediria a Omnicare de angariar clientes da NCS fora do curso normal dos negócios da Omnicare. Esta se recusou a assinar e as negociações se romperam. O que a NCS desconhecia na época é que a Omnicare estava na verdade conduzindo um assalto em larga escala aos seus clientes – uma estratégia conhecida dentro da Omnicare como a "Blitz na NCS".

Depois de voltar a apresentar um desempenho ruim, a NCS entrou em contato com a Genesis, outro concorrente no mercado de assistência à saúde de longo prazo. A Genesis estava interessada em comprar a NCS, mas tinha pavor da Omnicare, "um gorila de meia tonelada" do setor. Como movimento de configuração, a Genesis solicitou um período de negociação exclusiva, que a NCS aceitou.

**Nota do Tradutor*: No original, *pay me to play.*

A Omnicare ficou sabendo das negociações NCS-Genesis e, de repente, ficou muito interessada em comprar a NCS. Por que o súbito interesse? De acordo com a opinião da Suprema Corte de Delaware ao analisar o acordo (que discuto no Capítulo 11): "A Omnicare acreditava que a NCS negociava uma transação, possivelmente com a Genesis ou outro concorrente dela, que representaria uma ameaça competitiva em potencial para a Omnicare."[4] Essa é uma estrutura clássica "em que todos pagam" que já vimos no Capítulo 5. Em julho e agosto de 2002, a Omnicare enviou várias ofertas via fax para o Conselho de Administração da NCS, mas o Conselho da NCS recusou-se a conversar com a empresa por causa do período de negociação exclusiva entre NCS-Genesis.

Agora, porém, a Genesis estava com um problema: quando o acordo de compra da NCS fosse anunciado, ele teria que ser aprovado pelos acionistas da NCS. Na janela de três meses que se abriria entre o anúncio do acordo e o voto dos acionistas da NCS, a Omnicare poderia anunciar uma oferta pública de compra da NCS. A análise dos leilões "em que todos pagam" do Capítulo 5 sugere que tanto a Omnicare quanto a Genesis iriam racionalmente oferecer lances acima do valor real da NCS – um jogo que a Genesis não poderia ganhar. O mais provável é que a oferta da Genesis serviria apenas para abrir as portas para uma oferta melhor da Omnicare.

A solução foi um expressivo movimento de configuração: a Genesis pagaria $42 milhões para adquirir a NCS, mas como condição para o negócio, os dois maiores acionistas da NCS, que também eram membros do conselho, teriam que assinar um acordo por escrito estabelecendo que ambos votariam pelo negócio com a Genesis, mesmo que aparecesse uma oferta melhor antes da votação dos acionistas. Pelo fato de esses dois acionistas possuírem a maioria das ações, não teria mais importância se todos os demais acionistas votassem pela oferta da Omnicare. Isso tornaria o negócio NCS-Genesis um fato consumado. A Genesis poderia aguardar confortavelmente durante a janela de três meses anterior à votação dos acionistas, confiante de que seu negócio com a NCS seria inexpugnável.

Evidentemente, o Conselho da NCS não gostou desse movimento de configuração. Como o vendedor de Martha's Vineyard, o conselho teria preferido um leilão agitado entre a Genesis e a Omnicare. Mas a Genesis recusou-se a negociar sob quaisquer outros termos. Em 27 de julho de 2002, o Conselho da Genesis estabeleceu um prazo até a meia-noite de 28 de julho. Se o Conselho da NCS não aceitasse a proposta, inclusive os acordos de votos dos dois acionistas, até esta data e horário, o negócio seria desfeito.

Após longa deliberação, o Conselho da NCS votou unanimemente pela aprovação do acordo com a Genesis. O CEO da NCS assinou o acordo de fusão e os dois maiores acionistas assinaram os acordos sobre seus votos um pouco antes da meia-noite de 28 de julho. Para saber o que aconteceu em seguida, pule para o Capítulo 11. Mas para nossos propósitos nesse momento, o acordo ilustra um expressivo movimento de configuração feito pela Genesis, que abortou a inevitável contraoferta da Omnicare pela NCS.

O caso de Martha's Vineyard e o acordo da NCS são ilustrações de situações em que movimentos de configuração foram aceitos pela parte que seria a organizadora do processo se não houvesse esses movimentos mudando o jogo. Evidentemente, não é sempre que o organizador do processo aceita um movimento de configuração. Pegue o caso da Kerzner International, uma companhia de cassinos que é proprietária e operadora de resorts de alto nível em todo o mundo. Sol Kerzner, um sul-africano filho de imigrantes russos judeus, fundou a companhia em 1963. No início dos anos 2000, a Kerzner International possuía dezenas de resorts de alto luxo mundialmente conhecidos, incluindo seu mais importante resort, o Atlantis (hotel e cassino com 2.300 quartos em Paradise Island, nas Bahamas). A companhia era negociada na Bolsa de Nova York e Sol Kerzner era mais do que bilionário.

Em 3 de fevereiro de 2006, Kerzner revelou a seu Conselho de Administração que queria comprar a companhia – um "acordo de aquisição pela direção" (MBO – *management buyout*) na linguagem de Wall Street. Para cumprir com seu dever fiduciário de obter o maior preço possível, o Conselho da Kerzner International estabeleceu um comitê de diretores independentes para negociar com Sol Kerzner. As partes chegaram ao preço de $76,00 por ação e o acordo foi anunciado em 20 de março.

Sob os termos do acordo de consolidação da companhia, o conselho tinha então 45 dias para negociar com outros potenciais compradores para ver se alguém bateria o preço de Kerzner de $76 por ação – conhecida em Wall Street como cláusula de "permissão de venda" ("go shop"). Em 11 de abril, com 22 dias dentro do período de "permissão de venda", um comprador desconhecido (identificado nos arquivos da SEC sobre a Kerzner somente como "Parte A") expressou um significativo interesse em adquirir a companhia. Mas o comprador estava preocupado com o fato de que Sol Kerzner e sua equipe administrativa tivessem significativa informação privilegiada sobre quanto valia a companhia.

A solução da Parte A foi um movimento de configuração: o Conselho da Kerzner teria que pagar para ter a Parte A no jogo. A Parte A solicitou especificamente: (1) reembolso de suas despesas na ocasião em que fizer uma oferta firme de $78 por ação ou mais; e (2) aproximadamente $100 milhões a mais, caso seu lance seja a maior oferta e o Conselho da Kerzner não assine um acordo com a Parte A, dentro do período de dez dias após esse lance ter sido oferecido. O Conselho da Kerzner explicou o movimento de configuração da Parte A:

> Devido à sua preocupação de que o grupo investidor [liderado por Kerzner] tenha uma vantagem natural sobre outros licitantes por seu conhecimento já existente sobre a companhia e relacionamentos estabelecidos com autoridades governamentais e parceiros de joint ventures, seria preciso um incentivo para completar... a due diligence e submeter uma proposta de aquisição da companhia.[5]

Todavia, o Conselho da Kerzner rejeitou o movimento de configuração da Parte A e a Parte A desistiu. Poderíamos dizer que nesse caso o movimento de configuração fez a Parte A perder o negócio, mas a Parte A compreendeu corretamente que Sol Kerzner e sua equipe tinham uma grande vantagem sobre os interessados de fora. Se a Parte A fizesse o lance e ganhasse, saberia que as pessoas de dentro da companhia não pensavam que ela valesse tanto. Se a Parte A fizesse o lance e perdesse, não receberia nada pelo tempo e esforço investidos. Sob essas condições, a Parte A precisaria de incentivos razoáveis para entrar no jogo. Assim, em vez de ver a situação sob o prisma de que o movimento de configuração representou a perda do negócio, a melhor interpretação é a de que o movimento de configuração evitou uma situação em que a Parte A não conseguiria ganhar.[6]

Resumindo, movimentos de configuração são ferramentas vitais para se manter no repertório em caso de negotiauctions complexas. Em algumas situações, quando o movimento de configuração é melhor do que a MAANA identificada pelo organizador do processo, o movimento consegue formatar o jogo em seu benefício. No exemplo de Martha's Vineyard, através de alguns movimentos de configuração eficazes, os Townsends compraram a casa com um preço melhor do que teriam conseguido de outra forma. Em outras situações, em que o movimento de configuração não é melhor do que a MAANA identificada pelo organizador do processo, o movimento de configuração o protege contra seu envolvimento em uma negotiauction em que não há possibilidade de ganhar. Na situação de Kerzner, por exemplo, a Parte A precisava de concessões importantes do tipo "pague-me para eu jogar" para fazer com que valesse a pena participar do leilão. Quando a Parte A não recebeu essas concessões, ela corretamente se afastou.

Em minha pesquisa sobre negotiauctions ao longo da última década, observei com regularidade a existência de movimentos de configuração por diversos setores econômicos e em vários contextos. Os movimentos de configuração formatam o jogo em seu início. Nos próximos dois capítulos, me volto para os movimentos que podem ser utilizados quando a negotiauction já estiver em andamento.

CAPÍTULO 9

MOVIMENTOS DE REARRANJO

Na primavera de 2008, eu estava ministrando o curso de Negociações (NEG) para 90 estudantes do primeiro ano da Harvard Business School. Mais ou menos na metade do curso, recebi o seguinte e-mail de algumas alunas:

> Caro Professor Subramanian:
>
> Esperamos que tudo esteja bem. O leilão de caridade da nossa seção é na próxima semana e um dos itens será bastante disputado entre a equipe das mulheres e a equipe dos homens. O item é um jantar/jogo de basquetebol para 10 pessoas na casa do [professor da HBS] que, como você talvez saiba, tem fortes ligações com a comunidade de Capital de Risco/Fundo de Investimento (CRFI). Antecipamos que os homens estarão com forte disposição para pagar e, dadas suas experiências em CRFI, terão um substancial poder de fogo. Verificamos que no último ano esse evento saiu por $3.000.
>
> Nós, mulheres, que historicamente estivemos pouco representadas no setor de CRFI, e não por falta de interesse ou qualificação, gostaríamos de ser concorrentes à altura. Pegando um exemplo do NEG, estamos construindo uma coalizão de financiadores para ajudar a aumentar nossa oferta no caso de haver uma escalada de lances no leilão. Teremos uma estrutura de patrocínio para a contingência do lance da equipe das mulheres ser bem-sucedido e todos os resultados serão doados para a caridade. Ficaríamos gratas se você se dispusesse a considerar a possibilidade de apoiar nosso lance como parte de uma contribuição para o evento de caridade.

Pedimos também a gentileza de manter confidencial nosso plano de coalizão, pois qualquer vazamento somente iria aumentar a disposição dos homens. Desculpe o tamanho pouco usual do e-mail – obrigada por seu tempo e aguardamos ansiosas suas considerações.

Atenciosamente,

Dez Alunas da Seção C

Contribuí com alegria com $250 para o cofre de guerra das mulheres, satisfeito em colaborar com o aparente lado fraco em uma causa de caridade, e duplamente satisfeito pelo fato de as Dez Alunas terem "pego um exemplo" de meu curso. Infelizmente, ainda assim, elas perderam para os homens, que fizeram um lance astronômico de $3.500 para um jantar com jogo de basquetebol para dez pessoas. Por $350 por pessoa você poderia usufruir de um excelente jantar em praticamente qualquer restaurante de Boston que desejasse, e sobraria ainda dinheiro suficiente para comprar um lugar decente para um jogo dos Celtics. Mas talvez essa comparação não capte o foco.

De qualquer modo, embora tenha ocorrido em um contexto de leilão puro, a inteligente ideia das mulheres lembrou-me de uma negotiauction de aproximadamente um ano atrás, na qual uma manobra semelhante obteve mais sucesso. Em 19 de março de 2007, o ABN AMRO, banco holandês fundado em 1824, anunciou que estava em negociações exclusivas com o Barclays, banco britânico fundado em 1690, sobre uma possível associação.[1] O anúncio pegou o setor bancário de surpresa e fez com que os CEOs de várias instituições europeias importantes se mexessem para avaliar suas posições estratégicas. Um desses CEOs era Sir Fred Goodwin, do Royal Bank of Scotland (RBS). Goodwin tinha seus olhos voltados para as operações do ABN nos Estados Unidos, mas possuía menor interesse nos ativos na Europa, América Latina e Ásia. Ele procurou Alfredo Abad, CEO do peso pesado do sistema bancário espanhol, Banco Santander. O RBS e o Santander tinham um histórico de trabalharem juntos, e os dois CEOs rapidamente arquitetaram um plano para vencer a oferta do Barclays pelo ABN: o RBS ficaria com as operações do ABN nos Estados Unidos e o Santander com a maioria dos ativos remanescentes.

Entretanto, havia um problema: os dois CEOs pensavam ser improvável que as autoridades reguladoras holandesas permitissem a dissolução de uma instituição holandesa de duzentos anos por dois bancos estrangeiros. Entra então o Fortis, um banco holandês menor. Se o Fortis adquirisse as operações holandesas do ABN AMRO, haveria maior probabilidade de que os reguladores holandeses permitissem que o negócio seguisse adiante. Em 20 de março, apenas um dia após o anúncio inicial do Barclays-ABN, o executivo Andrea Orcel, do Merrill Lynch, organizou um encontro de Goodwin e Abad com o presidente do Fortis (Conde Maurício Lippens) e seu CEO (Jean-Paul Votron). De acordo com o *The Wall Street Journal*: "Durante o almoço no Four Seasons Hotel Des Bergues em Genebra, os chefes dos bancos e o senhor Orcel tomaram vinho e arquitetaram seu plano."[2]

Os três CEOs criaram o RFS Holdings, com 38,3% do RBS, 33,8% do Fortis e 27,9% do Santander. De acordo com o *Journal*: "Eles também formaram um pacto crucial para manter o grupo unido: o trio ganharia ou perderia conjuntamente. Se qualquer um deles fosse forçado a desistir, todos desistiriam."[3] Era um movimento remanescente do famoso lema dos Três Mosqueteiros: "Um por todos e todos por um."

Exatamente como as Dez Alunas da Seção C, o consórcio RFS rearranjou os participantes na negotiauction de uma forma que lhes deu um tremendo poder de fogo na negotiauction que estava tomando forma. Exatamente como as Dez Alunas que solicitaram confidencialidade para evitar "aumentar a disposição dos homens", o consórcio RFS pensou cuidadosamente sobre os desafios que se colocavam adiante e os enfrentou com sua aliança dos Três Mosqueteiros.

Enquanto isso, o ABN AMRO fazia seus próprios movimentos de rearranjo. Em 22 de abril, o ABN AMRO retirou sua participação no LaSalle Bank (principal subsidiária nos Estados Unidos) do acordo com o Barclays e fez uma pré-venda ao Bank of America por $21 bilhões – por qualquer conta um preço astronômico. Um dia depois o ABN AMRO anunciou um acordo de ação por ação com o Barclays para o restante do banco, avaliado em €36,25 por ação do ABN ou um valor total de $91 bilhões.

O RBS queria ir agressivamente sobre o LaSalle, mas os outros membros do consórcio RFS estavam menos dispostos a ter um confronto direto com o Bank of America. O consórcio se comprometeu em fazer uma oferta morna pelo LaSalle, que foi rapidamente rejeitada pelo Conselho do ABN AMRO por ser inferior à oferta do Bank of America.

Embora os principais ativos nos Estados Unidos tivessem deixado o pacote, o RBS ainda estava interessado em buscar os pedaços remanescentes do ABN AMRO. O consórcio fez uma oferta de €38,40 por ação do ABN AMRO, com mais de 90% do valor em dinheiro. O Barclays respondeu com uma oferta de aproximadamente €35,73 por ação, com um terço em dinheiro e o restante em ações do Barclays.

Em 30 de julho de 2007, o Conselho do ABN AMRO disse que as ofertas estavam muito próximas para encerrar, emitindo uma declaração de que não mais estaria em posição de recomendar qualquer oferta a seus acionistas. Mas os acionistas do ABN AMRO não tinham dificuldade em determinar qual oferta valia mais. No prazo final de 5 de outubro para oferecer as ações, 0,4% dos acionistas do ABN AMRO tenderam para a oferta do Barclays e 86% aceitaram a oferta do consórcio. O negócio foi fechado no final de 2007. Com um valor total de aproximadamente $100 bilhões, foi o maior negócio na história do setor de serviços financeiros.

Em situações de negotiauction, os participantes eficazes ficam constantemente avaliando a viabilidade de fazer *movimentos de rearranjo*, que defino como movimentos que mudam a configuração dos ativos ou das partes, ou ambos, de forma a criar valor adicional no negócio. Os movimentos de rearranjo podem ser feitos na instalação de uma negotiauction, mas diferentemente dos movimentos de configuração, também podem ser feitos depois que a negotiauction já estiver em andamento.

O negócio do ABN AMRO não foi benéfico para dois dos três membros do consórcio vencedor. O RBS caiu vítima da crise de crédito global e depois de uma injeção de capital de £20 bilhões pelo governo britânico, o CEO do RBS Fred Goodwin renunciou em outubro de 2008. O preço da ação do Fortis caiu 63% um ano depois da aquisição e o CEO Jean-Paul Votron renunciou em julho de 2008. Para ambos os bancos, muitos comentaristas culparam o negócio com o ABN AMRO, pelo menos em parte.[4] Somente o Santander saiu ileso, vendendo a rede italiana logo após o acordo e mantendo as operações brasileiras que, em geral, foram bem-sucedidas.

Olhando em retrospecto, o grande vencedor foi Andrea Orcel, o executivo do Merrill Lynch que reuniu o consórcio. Dizem que a Merrill Lynch ganhou $179 milhões em comissões de consultoria no negócio do ABN AMRO (a Merril ganhou um adicional de $150 milhões por ajudar a organizar o financiamento).[5] Naquele ano, o próprio Orcel levou para casa um bônus de $34 milhões em dinheiro e ações. A Goldman Sachs, empresa que regularmente presta consultoria tanto para o RBS quanto para o Santander, não identificou o movimento de rearranjo, mas desempenhou relevante papel no negócio. Comissão da Goldman: $500 mil. Há relatos de que as empresas que prestam consultoria para o Barclays (Citigroup, Deutsche Bank, Credit Suisse, Lozard e JPMorgan Cazenove) saíram apenas com a cobertura de suas despesas.[6] O contraste ilustra que os movimentos de rearranjo exigem uma profunda compreensão da estrutura da situação. A pessoa que compreender primeiro a estrutura consegue extrair um valor significativo, mesmo quando outros possam perder.

Para ver outro exemplo de um poderoso movimento de rearranjo, retorne aos leilões de livros de memórias políticas de Robert Barnett (discutidos no Capítulo 4). Em fevereiro de 1993, James Carville (o "Ragin' Cajun"* que organizou a campanha presidencial de Bill Clinton) e sua namorada na época (hoje esposa) Mary Matalin (a diretora política na campanha de Bush-Quayle) contrataram Barnett para vender sua memória conjunta da campanha presidencial de 1992. Barnett desfilou sua dupla dinamite através do que Carville começou a chamar de "As Doze Estações do Calvário Editorial". De acordo com Barnett, o par começava a discutir em alguns desses encontros, pois os nervos ainda estavam à flor da pele por causa da eleição em que o candidato de Carville venceu e o candidato de Matalin perdeu. No entanto, os editores vibravam com a perspectiva de publicar o "Hepburn e Tracy" da política de Washington.

Todos os editores receberam a tradicional carta de Barnett descrevendo as regras do leilão, como descrito no Capítulo 4. O leilão começou em 4 de fevereiro de 2003 e as primeiras rodadas prosseguiram com poucos incidentes. Mas começou a crescer o ímpeto e, com uma semana de leilão, a disputa foi ficando acirrada.

Aconteceu então algo sem precedentes. Durante uma festa, Richard Snyder, presidente da Simon & Schuster, foi até Harold Evans, chefe da divisão de livros adultos da Random House. Snyder sugeriu um movimento de rearranjo no leilão Carville-Matalin que estava em andamento: Por que não fazer uma oferta em conjunto? Evans levou a ideia para seu pessoal e obteve apoio; depois, Snyder e Evans foram juntos levar a ideia para Barnett.

Barnett adorou. Além de combinar a energia de duas casas editoriais peso pesado, Barnett raciocinou que a publicidade grátis criaria um interesse adicional sobre o livro. Em 22 de fevereiro o acordo foi anunciado. A Simon

---

**Nota do Tradutor*: Apelido com referências à origem cajun (ancestrais católicos franceses que se estabeleceram na Louisiana e no Maine).

& Schuster e a Random House iriam conjuntamente pagar ao Carville e à Matalin uma quantia fantástica (mas não revelada) pelos direitos de publicação de seu livro de memórias sobre a campanha de 1992. O livro traria os logotipos das duas editoras com todas as decisões sendo tomadas em conjunto pelas duas editoras e todos os lucros e perdas divididos igualmente. "É como os Hartfields e os McCoys publicando os Montéquios e os Capuletos", disse Barnett para o *The New York Times.*[7]

Os outros editores aplaudiram o movimento de rearranjo com um "por que não pensamos nisto?" em voz baixa após seus comentários. "É inesperado e sem precedentes", disse o participante HarperCollins que perdeu no leilão para o livro. "Em termos de tamanho, a publicação conjunta é perfeita para este projeto específico." Outro licitante disse: "Certamente direi que isso é criativo. Em meus 16 anos no mercado editorial nunca tinha ouvido antes sobre esse tipo de arranjo."[8]

All's Fair: Love, War, and Running for President foi publicado na primavera de 1994 e ficou oito semanas na lista dos mais vendidos do *The New York Times.* Exatamente como Barnett havia previsto, o esquema de publicação conjunta gerou uma publicidade adicional grátis para o livro e provavelmente gerou mais vendas. Um movimento de rearranjo orquestrado entre bebidas em um coquetel transformou um leilão padrão em uma negotiauction, e produziu uma significativa criação de valor em geral.

Os movimentos de rearranjo também podem ter implicações em termos de puxar o resultado para seu benefício. Considere a venda do mais alto arranha-céu em New England, o John Hancock Tower. O edifício de 60 andares é um marco em Boston, localizado no coração do pretensioso bairro de Back Bay e local de moradia de muitos dos maiores nomes das finanças na cidade. Em dezembro de 2006, o Broadway Partners comprou o edifício por $1,3 bilhão. Mas quando eclodiu a crise financeira, houve queda na ocupação e nos aluguéis dos 164.000m^2 de área de escritório, a Broadway Partners deixou de pagar o empréstimo e o edifício foi a leilão em março de 2009. Um analista estimou que o valor do edifício poderia alcançar algo entre $650 milhões e $750 milhões;[9] outro estimou algo entre $700 milhões e $900 milhões.[10]

O leilão foi realizado às 10h do dia 31 de março de 2009 nos escritórios do poderoso escritório de advocacia Skadden, Arps, Slate, Meagher & Flom na cidade de Nova York. O *Boston Globe* descreve o que aconteceu em seguida:

> Um rapaz jovem de cabelos negros se postou atrás de um púlpito e pediu os lances para uma multidão de advogados com expressões duras e investidores imobiliários. Da primeira fila, Jeffrey Gronning, um executivo da Normandy Real Estate Partners rapidamente levantou uma tabuleta no ar fazendo o lance de $20,1 milhões com um movimento do pulso. O leiloeiro começou a olhar em volta e apontar o dedo: "Tenho $20 milhões e 100 mil. Eu ouvi 20,2?" A multidão permaneceu em silêncio e imóvel. O leiloeiro seguiu com seu tradicional chamado, dou-lhe uma, dou-lhe duas, "alguém mais?" Novamente, nada.
>
> Em menos de 60 segundos, o mais alto edifício de escritórios de Boston foi vendido por $20,1 milhões mais $640,5 milhões da dívida remanescente, fazendo com que o valor total do edifício chegasse a $660,6 milhões... O evento terminou antes que muitos executivos pudessem tirar seus casacos.[11]

Mais tarde, analistas observaram em seus blogs que a hipoteca de $640,5 milhões carregava uma taxa de juros abaixo do mercado, de 5,6%. Um analista do Morgan Stanley estimou que o valor de conseguir um financiamento a 5,6% em um empréstimo hipotecário correspondente a 97% do valor de um imóvel comercial em março de 2009 equivalia a cerca de $190 milhões.[12] Assim, se você incluir essa fonte de valor, o preço de aquisição real foi algo na faixa de $470 milhões, bem abaixo do limite inferior sugerido pela já sombria avaliação do edifício.

Como a Normandy Partners conseguiu isso? (Os outros licitantes estavam dormindo?) A resposta é uma combinação de expressivos movimentos de rearranjo. A Normandy não estava sozinha por trás de sua oferta nos escritórios da Skadden's Times Square; ela formou uma sociedade com a Five Mile Capital Partners, outra companhia de investimentos imobiliários. Em agosto de 2008, a sociedade Normandy/Five Mile começou a montar uma participação com controle sobre a "dívida subordinada" que a Broadway Partners estava utilizando para cobrir a distância entre sua hipoteca de $640 milhões e seu capital no edifício. A Normandy/Five Mile comprou a dívida subordinada com grande desconto, a menos de 40 centavos por dólar.[13] De acordo com os "termos da licitação pública" que comandava o leilão, os proprietários da dívida subordinada poderiam utilizar o *valor de face* da dívida que possuíam para constituir sua oferta, significando que a Normandy/Five Mile estava fazendo lances de $0,40. Assim, quando Gronning levantou sua tabuleta para ofertar

$20,1 milhões, ele estava utilizando menos de $8 milhões em dinheiro vivo. O jogo pendia tanto a seu favor que os outros licitantes nem perderam tempo em fazer seus lances após o dele.

Kevin O'Shea é o sócio-gerente do escritório da cidade de Nova York da Allen & Overy e serviu como principal consultor jurídico da sociedade Normandy/Five Mile no leilão do Hancock Tower. Quando perguntei por que os outros não seguiram esta mesma estratégia de seus clientes, ele respondeu: "Para uma estratégia como esta é preciso visão, pensamento estratégico, disposição para assumir riscos e um pouco de sorte. Mas a recompensa pode ser enorme. Assim, penso que alguns outros estão acordando para esta estratégia."[14]

A verdadeira incógnita não é porque a Normandy conseguiu o edifício por um preço tão baixo – a questão é porque os outros licitantes tiveram o incômodo de permanecer na sala quando a Normandy chegou (a sorte é que não precisaram esperar muito tempo). O movimento de rearranjo da Normandy oito meses antes do leilão colocou as cartas significativamente em seu favor. O resultado foi um leilão que terminou antes de começar.

Analisando esses estudos de caso com certo distanciamento, vemos que os movimentos de rearranjo em negotiauction podem gerar consequências distributivas entre as partes (isto é, aspectos para invocar resultados) assim como aspectos de criação de valor. No aspecto de invocar resultados, os movimentos de rearranjo do lado comprador deram às Dez Alunas da Seção C e à Normandy Partners mais poder de fogo do que teriam sem esses movimentos. No aspecto de criação, os movimentos de rearranjo liberaram significativas fontes de valor para o livro de memórias de Carville/Matalin e para o ABN AMRO. Veja a descrição sobre o ABN AMRO feita pelo *The Wall Street Journal*: "A oferta do consórcio permitiu que as companhias pagassem um preço maior unindo e alocando as peças do alvo para os compradores que mais queriam estes ativos."[15] É a criação de valor apresentada pelos livros-texto escolares, através de movimentos de rearranjo.

Quando um movimento de rearranjo cria valor, ainda há a questão sobre quem fica com esse valor. A resposta depende, em parte, se o movimento de rearranjo foi iniciado pelo organizador do processo ou pelo tomador do processo. Em geral, a parte que inicia o movimento de rearranjo capta a maior parte do valor que surge como resultado. Para ver esse ponto, vamos examinar a venda de dois varejistas bem conhecidos, ambos ocorridos através de processos de negotiauction no início de 2005.

Em março de 2005, a Toys "R" Us, conhecida loja de brinquedos, pegou o Credit Suisse First Boston (CSFB) para vender a empresa. A CSFB entrou em contato com 29 compradores; nove fizeram ofertas preliminares e no final o campo se estreitou para quatro licitantes. Todos esses quatro licitantes finais eram conhecidos fundos de investimento: um consórcio de seis fundos de investimento liderados pela Cerberus; Apollo, junto com outro (não especificado) fundo de investimento; Kohlberg Kravis Roberts (KKR) e um clube de investimento BainCapital/Vornado.

Um pouco antes da rodada final com a melhor oferta, a KKR fez um movimento de rearranjo, concordando em fazer a oferta somente se pudesse se juntar ao clube Bain/Vornado. A Toys "R" Us não era como a maioria das outras varejistas, pois possuía a maior parte dos terrenos onde as lojas estavam localizadas. Uma importante fonte de valor do negócio veio da possibilidade de otimizar e racionalizar a posse dos terrenos da empresa. A Vornado era especializada em imóveis; a Bain e a KKR traziam experiência operacional e capacidade financeira. A KKR argumentou que poderia oferecer um lance mais forte se pudesse se juntar ao "clube" com estes dois outros fundos de investimento.

O Conselho da Toys "R" Us concordou com a solicitação da KKR. Foram feitos então os lances finais: o clube da Apollo ofertou $24 a $26 por ação, condicionado a uma posterior due diligence; a Cerberus ofertou $25,25 e o consórcio KKR/Bain/Vornado ofereceu por qualquer que seja o ponto de vista um lance arrasa-quarteirão de $26,75, ganhando a negotiauction. O negócio de $6,6 bilhões foi fechado alguns meses depois.

Quase exatamente ao mesmo tempo, a Neiman Marcus, conhecido varejista para consumidores de alta renda, pegou a Goldman Sachs para vender a empresa. A Goldman contatou 32 possíveis interessados e desta vez oito fizeram ofertas preliminares. Da mesma forma que no negócio com a Toys "R" Us e refletindo a grande quantidade de capital em fundos de investimento na época, todos os oito licitantes eram fundos de investimento bastante conhecidos.

Agora vem o movimento de rearranjo. Antes das últimas rodadas, os banqueiros da Neiman agruparam os licitantes em equipes de dois para aumentar seu poder de fogo: a Warburg Pincus formou par com o Texas Pacific Group (TPG); a KKR com Thomas H. Lee Partners e o Blackstone Group com a Bain Capital. No final, o clube Warburg Pincus/TPG venceu, pagando $100 por ação, ou $5,1 bilhões no total para ficar com a Neiman Marcus.

Os movimentos de rearranjo utilizados nos negócios com a Neiman Marcus e a Toys "R" Us mostram uma diferença importante: no acordo da Toys, o movimento de rearranjo foi iniciado pela KKR do lado comprador; no acordo da Neiman Marcus, o movimento de rearranjo foi iniciado pelos banqueiros da Neiman do lado vendedor. Ambas as abordagens possuem potenciais custos e benefícios que precisam ser pesados cuidadosamente em qualquer negotiauction.

Controlar os movimentos de rearranjo como organizador do processo tem o benefício de otimizar os grupos licitantes sob a perspectiva do organizador do processo. Assim, por exemplo, os banqueiros da Neiman tentaram criar grupos equilibrados para elevar as ofertas. Se em vez disso os licitantes pudessem conversar entre si, os mais fortes fariam uma associação por uma oferta conjunta que fosse somente um pouco maior do que o próximo maior lance. Assim, mudar para um processo de "conversas centralizadas", com o organizador do processo agindo como intermediário para o fluxo de todas as informações até o ponto em que os grupos de licitantes sejam formados, pode ser um movimento de rearranjo eficaz para os organizadores de processo que confiam saber quem sejam os licitantes com avaliações mais altas e mais baixas e onde residem as fontes de valor.

Se, pelo contrário, o organizador do processo tiver menos certeza sobre quem sejam os licitantes com maiores avaliações para cada uma das peças e para o todo, então os organizadores do processo devem considerar permitir que as "conversas" ocorram entre os licitantes. Isto é o oposto do processo de "conversas centralizadas", também chamado de sistema de "conversa entre pares" – na verdade, o que o Conselho da Toys "R" Us permitiu que a KKR fizesse com o Bain/Tornado. O sistema de "conversa entre os pares" aumenta as chances de identificação de oportunidades de criação de valor porque elimina a intermediação do organizador do processo. Por exemplo, se o Licitante nº 1 valoriza alguns ativos e o Licitante nº 2 valoriza outros em uma negotiauction, nenhum estará disposto a revelar seus interesses ao organizador do processo, mas é bem provável que os dois licitantes descubram esta informação entre si. O custo, logicamente, é que o Licitante nº 1 e o Licitante nº 2 procurem extrair uma boa parte do valor que criarem ao fazerem uma oferta conjunta.

O resultado final é o seguinte: se você estiver seguro sobre a "estrutura" da negotiauction – quem são os licitantes com maiores avaliações, quanto eles estão dispostos a pagar e que licitantes podem querer certas partes – você deve considerar a possibilidade de fazer movimentos de rearranjo nos quais controle o fluxo de informações (um sistema de "conversas centralizadas"). Essa é a forma com que os banqueiros da Neiman conduziram sua negotiauction. Se não estiver seguro sobre a estrutura da situação, você deve convidar os licitantes para que façam movimentos de rearranjo. Eles identificarão as oportunidades de criação de valor, mas provavelmente ficarão com a maior parte dele. A quantidade de valor extraída pelo grupo formado com o rearranjo está limitada pela existência de outros licitantes. No caso do negócio da Toys "R" Us, o consórcio Bain/Vornado/KKR criou bastante valor, mas a presença de outros licitantes forçou o grupo a dar uma parte razoável dele para os acionistas da Toys "R" Us.

Como uma ilustração de quem capta valor com os movimentos de rearranjo, retornaremos ao exemplo da Cable & Wireless visto na Introdução. Você se lembra que a Savvis Communications, o licitante vencedor, prontamente realizou uma transação de venda e arrendamento de cinco centros de processamento de dados com a DuPont Fabros (um licitante concorrente), assim que o negócio inicial foi fechado. Como a Savvis e a DuPont Fabros identificaram um ao outro? Os banqueiros da CWA escolheram inicialmente um sistema de "conversas centralizadas" para conduzir a negotiauction que, de acordo com as análises apresentadas neste capítulo, exigiriam que a CWA identificasse o possível acordo lateral entre a Savvis e a DuPont Fabros. No encontro introdutório, o banqueiro do vendedor disse aos licitantes reunidos que cada equipe seria conduzida a uma sala de reuniões, e não seria permitido que os participantes ficassem perambulando pelos corredores. Qualquer um que violasse estas regras seria eliminado. Essa é uma situação clássica de "conversas centralizadas", com a CWA controlando o fluxo de informações. Mas vinte horas depois, o banqueiro do vendedor mudou para um sistema de "conversas entre pares". Os licitantes poderiam falar entre si, desde que acompanhados entre as salas de reunião por representantes do vendedor.

Essa mudança do processo tornou bem mais provável que a Savvis e a DuPont Fabros conseguissem identificar a oportunidade de criação de valor entre elas, mas também aumentou a possibilidade de que a Savvis e a DuPont Fabros, e não a CWA, se apropriassem deste valor. Isso deve ser particularmente verdade porque o segundo licitante com a maior avaliação, Gores Technology, avaliou os ativos da CWA bem abaixo do que a Savvis.

Volto-me agora para o terceiro, e em minha opinião o mais poderoso, movimento de mudança no jogo em negotiauction. A ordem é aproximadamente cronológica: os movimentos de configuração (cobertos no capítulo anterior) ocorrem tipicamente no início da negotiauction; os movimentos de rearranjo (este capítulo) surgem tipicamente enquanto a negotiauction estiver em andamento, e os movimentos de encerramento (o próximo capítulo) que terminam prematuramente a negotiauction – geralmente (se benfeitos) de uma forma que beneficia tanto o comprador quanto o vendedor.

CAPÍTULO 10

MOVIMENTOS DE ENCERRAMENTO

Em 2004, minha esposa quis me comprar um carro novo especial para comemorar um marco profissional; assim, quatro anos mais tarde eu cedi, vendi meu Toyota 4Runner de dez anos (que eu adorava) e fui comprar um novo carro. Eu me detive em uma marca e modelo específicos, entrei no site Edmunds.com, escolhi os opcionais que queria e coloquei meu CEP e cor preferida.

Descobri que o preço de venda sugerido pelo fabricante (PVSF) para o meu carro era de $57.975, e o preço da nota fiscal era $54.615. O PVSF é um número bruto – é o "preço de tabela" pelo carro, que o fabricante calcula partindo de uma base de preço pelo carro e que soma nas várias opções de PVSFs. Em comparação, o preço da nota fiscal é um número mais flexível – ele representa o custo nominal do carro para a concessionária com base no preço de nota da fábrica, mas não inclui coisas como "retenções" da concessionária que podem reduzir o preço real do carro para os representantes. Eu aspirava pagar um valor próximo do preço de fatura, assumindo que as retenções assegurariam à concessionária um lucro razoável pela venda.

Armado com esta informação, eu passei a pensar sobre a execução do negócio. Negociar ou leiloar? Tinha pesquisado bastante para indicar as características que eu queria, e sabia que existiam quatro concessionárias na área de Boston; assim, os fatores discutidos no Capítulo 3 apontavam para um leilão: quatro potenciais "licitantes" (os vendedores), um produto que é commodity e um negócio que girava integralmente em torno do preço. O site Edmunds.com realiza um leilão com incrível facilidade: pressionando alguns poucos botões eu entrei com os opcionais que queria, anunciei meu interesse às quatro concessionárias e solicitei cotações. Depois, recostei-me na cadeira e fiquei aguardando as ofertas chegarem.

Não seria assim tão fácil. A Concessionária número 1, que era mais próxima de minha residência, nunca me respondeu. A Concessionária número 2 me ligou, mas recusou-se a fazer uma cotação pelo telefone. "Nossos melhores negócios estão reservados aos clientes que vêm a nosso showroom", assegurou-me o vendedor. "Venha e lhe daremos um excelente preço." Esse representante estava a cerca de 50km de distância, o que tirava a chance desta proposta ser aceita por mim.

A Concessionária número 3 estava aparentemente disposta a entrar no jogo. Depois de uma troca inicial de e-mails na qual o vendedor insistiu para que eu fosse à concessionária e descobriu que eu não iria, ele mudou o jogo: "Se oferecermos um grande negócio agora, você faz seu pedido de compra ainda hoje conosco?" "Claro", respondi. Aí veio a oferta: $57.975, exatamente o PVSF. Enviei um e-mail: "Não pode fazer algo melhor do que isto?" Em resposta veio o seguinte e-mail, desta vez do gerente de vendas:

> Se podemos fazer melhor do que o PVSF?... Sem dúvida!! John estava buscando apenas um comprometimento de sua parte para comprar, em vez de apenas jogar [sic] um número fora para nunca mais ouvirmos nada de você novamente. Tivemos a impressão que você já possui alguns números que está tentando melhorar, mas não nos passou por alguma razão... Como ele disse, não há preço melhor do que no showroom; se quiser um negócio espetacular, por favor, venha até aqui... quando você poderia nos visitar?

Isso era *déjà vu* tudo de novo, como diria Yogi Berra.* Risquei a Concessionária número 3 de minha lista.

A troca mais interessante foi com a Concessionária nº 4. Um vendedor – que chamaremos de Chris – ligou-me para confirmar o modelo e os opcionais que eu havia escolhido no formulário da internet. Chris ligou-me de volta com um preço de $41.650.

$41.650?!? Mais de $10 mil abaixo da fatura? Aceitei a oferta no ato. Chris me disse que eu precisaria ir à concessionária para assinar a papelada. Eu lhe disse que ficaria feliz em ir assinar os papéis, mas queria primeiro receber por fax a oferta por escrito, indicando todos os opcionais incluídos.

**Nota do Tradutor*: Referência jocosa do autor à forma de falar do famoso jogador de beisebol, Yogi Berra. O autor brinca com a redundância de "déjà vu" e "tudo de novo".

Passaram-se 24 horas e nenhuma palavra de Chris. Liguei e deixei uma mensagem; finalmente recebi um retorno: Desculpe, houve um engano – Chris cotou o preço de um modelo muito mais barato. Epa!

Não acreditei que houve um engano. Meu palpite era que Chris estava tentando fazer o mesmo que as Concessionárias nº 2 e nº 3, que era me levar para o showroom para encurtar a negotiauction. Entendi que os vendedores de carro detestam leilões e gostei das táticas que as Concessionárias nº 2 e nº 3 utilizaram para tentar me levar para suas lojas. Mas em minha opinião, Chris passou do limite com um comportamento antiético tentando seduzir-me com uma oferta irreal para que eu fosse a uma concessionária a 30km de distância. O fato de até mesmo tentar este tipo de tática sugere que outros clientes já haviam caído na conversa, correndo para a concessionária para agarrar a oferta "única na vida" antes que o vendedor mudasse de ideia, somente para descobrir que o preço era ilusório (e no caso de você estar imaginando que recurso o comprador rejeitado poderia lançar mão, a resposta é nenhum, pois não foi formulado um contrato na troca de e-mail).

Após esclarecermos (novamente) o modelo que eu estava interessado em comprar, enviei novo e-mail para Chris: "Por favor, envie o preço correto detalhando os opcionais caso queiramos fazer algumas mudanças. Gostaríamos de fechar isso rápido." Nunca mais ouvi falar de Chris.

Isto tudo me deixou com um leilão fracassado e nenhum carro. Decidi então mudar de tática e ir a uma concessionária. Considerei que a Concessionária nº 1 seria o lugar mais promissor para começar porque era a mais próxima de nossa casa e já eu já tivera uma boa experiência com eles em 2004 comprando o carro de minha esposa. Pensei também que o fato de não responderem ao meu pedido de cotação indicaria que estavam muito ocupados vendendo para os clientes no showroom, o que parecia um bom sinal.

Fui à tarde durante a semana, onde um vendedor com aparência agradável me recebeu – vou chamá-lo de Andy. Conversamos sobre os vários opcionais, eu confirmei o pacote que queria e sentamos à sua mesa para falar sobre o preço.

Andy me explicou que o modelo 2008 tinha acabado de sair, que era um carro extremamente bem acabado e que as pessoas estavam comprando até acima do PVSF. Quando o olhei com incredulidade, ele abriu sua gaveta e puxou algumas faturas com os nomes cobertos, mas as datas visíveis, mostrando alguns clientes que compraram o mesmo modelo nas semanas anteriores por um preço significativamente maior que o PVSF. Pensei comigo mesmo que ou esses clientes são completamente idiotas, indiferentes a preço, as notas foram alteradas ou alguma combinação disso. Qualquer que fosse a explicação, eu não iria entrar nessa. Busquei com força desativar a agressiva âncora de Andy: "Se você pensa que vou pagar qualquer valor próximo do PVSF, isto será uma perda de tempo para nós dois e irei embora imediatamente."

Andy cedeu. Ele saiu para "rodar alguns números" e voltou com sua primeira oferta: $57.975 – exatamente o PVSF. Isso estava ficando cansativo. Andy escrevia suas ofertas à medida que falávamos (ver Figura 14), como os vendedores de carro eram ensinados a fazer para melhorar a clareza e mostrar progresso nas concessões. Infelizmente, eu não possuía o mesmo treino, assim, não me lembro de minha contraoferta. Mas depois de alguma discussão, Andy veio com sua "melhor oferta final": $55.885 com uma redução de $2.090 sobre o PVSF. Agora estávamos chegando a algum lugar, pensei. Eu ficaria feliz de comprar o carro por esse preço, principalmente depois de já haver lidado com as outras três concessionárias da área de Boston. Eu poderia ter voltado para as Concessionárias nº 2 e nº 3, mas ficaria em uma posição de barganha muito enfraquecida se fizesse isso.

No entanto, persisti. Andy fez o clássico movimento "falar com o gerente" e voltou com o "absoluto melhor número que posso fazer": $55.350, representando uma redução adicional de $535. Mentalmente agradeci a Andy por fazer concessões cada vez menores, como orienta o Capítulo 2. O que o Capítulo 2 não ensina a você, mas a escola dos vendedores de carro ensina, é escrever essa concessão final no meio da página, como ilustrado na Figura 14, para convencer o cliente de que é realmente a oferta final.

Joguei então a carta que estava reservando até este momento: "Muito obrigado por seu tempo", disse a Andy. "Deixe-me conversar sobre isto com minha esposa e volto aqui amanhã."

Claro que deixando a concessionária, eu abriria a possibilidade de mudar o que vinha sendo uma negociação individual para uma situação de oferta de lances competitivos. Com todas as características agora explicitadas, o carro passava a ser uma commodity que eu poderia facilmente comprar em outras três ou quatro concessionárias.

Andy tentou um leve movimento de encerramento: "Por que não liga para sua esposa agora? Eu aguardo."

Eu estava preparado para isto: "Minha esposa é muito ocupada em seu trabalho, portanto tento não incomodar durante o expediente, a menos que seja uma emergência."

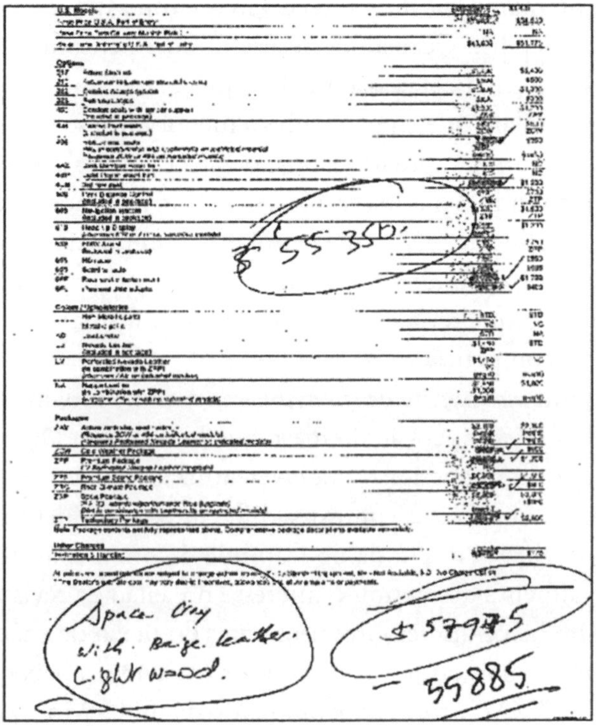

Figura 14. Negociando o preço de um carro novo

Andy veio então com um movimento de encerramento mais forte: "O que seria preciso para assinar os papéis agora, sem falar com sua esposa?"

A verdade é que seria meu carro e minha esposa não tinha nenhuma preocupação especial com as características que ele tivesse ou não (a menos da cor). Assim, eu estava disposto a aceitar esse movimento de encerramento em troca de uma concessão final no preço. Qual seria o valor de Andy para fechar a negotiauction? Andy não sabia que o valor real para ele era zero, pois eu não poderia voltar às outras concessionárias com as quais já conversara. Mas certamente havia algum valor possível.

Se eu fosse corajoso, poderia tentar chegar até o preço da fatura de $54.615, mas eu não queria de nenhum jeito apontar para um valor muito baixo, Andy me dizer para eu tentar comprar no mercado por este preço e eu acabar voltando para a concessionária no dia seguinte com uma posição de barganha muito enfraquecida. Então joguei mais cautelosamente: "$55 mil redondo." Seria uma redução final no preço de $350 e $385 acima de minha meta de atingir o preço da fatura.

Andy voltou mais uma vez para seu gerente (ou assim ele disse) e retornou cinco minutos depois: "Fechado." Aceitei o movimento de encerramento de Andy em troca de uma concessão final no preço.

É bom deixar claro que eu não tenho a menor ideia se fiz um negócio bom ou um negócio ruim (na verdade, é bem possível que exatamente neste instante Andy esteja usando a mesma história com outros vendedores de carro para darem boas gargalhadas). Mas o exemplo da compra do carro ilustra como um movimento de encerramento pode criar valor entre as partes. Obtive um acordo melhor do que teria conseguido de outra forma e o vendedor conseguiu encerrar a competição.

Eu defino um *movimento de encerramento* como o movimento que elimina prematuramente a competição do mesmo lado da mesa. Durante dez anos de pesquisas sobre negotiauctions, pude ver utilizações eficazes de movimentos de encerramento em muitos contextos diferentes. Considere a venda de 2003 da revista *New York* já discutida no Capítulo 5 como leilão puro. Bruce Wasserstein inicialmente desmentiu o interesse no leilão da revista pela Primedia e depois fez um lance discreto minutos antes do prazo de encerramento. Wasserstein explicou mais tarde: "É como voar em aviões a baixa altitude... Você escapa do radar."[1] O outro gigante bilionário da mídia Mort Zuckerman era o outro grande concorrente na negotiauction. De acordo com alguém do grupo de Zuckerman: "Às 11h de terça-feira ouvimos que Wasserstein estava [negociando] e pensamos: 'Ih, estamos com um problema – vamos precisar pagar mais.' Às 14h isso começava a parecer sombrio. Às 14h30 estava acabado. Entramos pelo cano."[2]

Wasserstein conseguiu efetivamente encerrar a negotiauction fazendo uso de seu relacionamento de longa data com Henry Kravis, um dos fundadores da KKR e proprietário indireto da revista *New York*. Zuckerman e outros apelaram a Kravis para que deixasse o leilão continuar, mas esses esforços fracassaram. De acordo com Zuckerman: "Deixamos claro que estávamos dispostos a pôr mais dinheiro sobre a mesa, mas depois que apertaram as mãos, não estavam dispostos a receber outras ofertas. Foi inconsistente com o processo normal de leilão."[3] David Pecker, presidente da American Media teve uma experiência semelhante como licitante da revista *New York*: "Nós tínhamos mais dinheiro sobre a mesa, mas nunca tivemos a oportunidade de colocar a segunda oferta."[4]

O movimento de encerramento no negócio com a revista *New York* ilustra outra solução para o problema da maldição do vencedor identificado no Capítulo 5. Lembre que um passo importante no processo para evitar a maldição do vencedor é você se perguntar: "Qual é minha vantagem?" Wasserstein tinha certa experiência operacional e editorial que lhe deu uma vantagem e criou um valor pessoal que permitiu que fizesse confortavelmente sua oferta no leilão. Além disso, Wasserstein utilizou um movimento de encerramento para encurtar o processo de leilão. Quando você tem uma vantagem, um movimento de mudança no jogo pode ser a única maneira de ganhar o leilão sem sucumbir à maldição do vencedor.

Volte o filme para 15 anos atrás. Em uma das mais famosas negotiauctions de todos os tempos, o grupo gerencial na RJR Nabisco, liderado pelo CEO Ross Johnson, está tentando comprar a empresa dos demais acionistas. O Conselho da RJR Nabisco instalou um processo para avaliar as ofertas e o grupo de Johnson parece estar no comando. De repente aparece uma oferta vindo não se sabe de onde que parece encerrar a negotiauction. Steven Goldstone (sócio na Davis Polk & Wardwell e consultor do grupo gerencial) apela a Peter Atkins (sócio na Skadden Arps) para manter o leilão aberto. De acordo com o clássico relato em *Barbarians at the Gate*:

> "Não terminamos!" Goldstone insistiu... "Peter, estamos dispostos a ofertar mais. Faremos uma oferta maior! Que história sem sentido é esta de começar um leilão e encerrar uma hora depois? Não há regras dirigindo estes procedimentos. Colocamos um lance dizendo que ofereceríamos mais, e iremos. Como você pode fazer isto? Não é justo!" Atkins tentou acalmar o exaltado advogado, mas não chegou a nenhum lugar. "Peter você tem que manter o leilão aberto. Você tem que manter o leilão aberto enquanto houver pessoas dispostas a dar seus lances."[5]

O licitante discreto? Henry Kravis, da KKR, no negócio que colocou a sua empresa no mapa. E um de seus principais consultores era Bruce Wasserstein, na época um jovem banqueiro na área de investimentos que tinha acabado de abrir uma empresa denominada Wasserstein Perella. Parece que Wasserstein vem aperfeiçoando a arte do movimento de encerramento há mais de duas décadas.

CHAVES PARA O SUCESSO

Os movimentos de encerramento funcionam somente quando são melhores do que a MAANA identificada pelo organizador do processo. Imagine se um dos grupos licitantes na situação da CWA tivesse aparecido às 8h30 de 21 de janeiro e anunciasse: "Eis nossa oferta de $80 milhões, mas se vocês não aceitarem nos próximos quinze minutos, iremos embora." Os banqueiros que estavam conduzindo o processo teriam dado risada – eles tinham seis outros licitantes sentados em suas salas de reunião aguardando avidamente pelo início da negotiauction. Entretanto, vinte horas depois, a mesma declaração teria maior probabilidade de sucesso.

A diferença é a MAANA identificada pela CWA – às 8h30, a expectativa sobre a iminente negotiauction entre os seis licitantes era que ela fosse acirrada; mas às 6h do dia seguinte, quando o leilão parou perto de $60 milhões, uma oferta de $80 milhões teria sido extremamente atraente. Os participantes eficientes em negotiauction estão constantemente avaliando a viabilidade de movimentos de encerramento com base na MAANA identificada em cada momento pelo organizador do processo.

Um aspecto relacionado a isso é que o movimento de encerramento em si precisa ser articulado de forma apropriada para influenciar a percepção do vendedor sobre sua MAANA. No negócio da CWA, imagine que o comprador tenha sentido corretamente o momento para o movimento de encerramento (6h), mas em vez de fazer a oferta utilizando a linguagem que acabamos de descrever, tivesse dito: "Eis uma oferta de $80 milhões e vocês precisam aceitar nos próximos 15 minutos."

A pergunta natural que viria é: "Ou então o quê?" Se o organizador do processo percebe que o comprador não vai desistir e a MAANA é simplesmente a continuação da negotiauction, o organizador do processo provavelmente não aceitará a oferta. Em vez disso, o organizador do processo utilizará agora o "pássaro na mão" de $80 milhões para extrair mais dos outros licitantes. A manobra de encerramento teria sido um tiro pela culatra contra o comprador e, na verdade, reacenderia o leilão.

Qualquer movimento de encerramento deve ser acompanhado de uma ameaça plausível que enfraqueça a MAANA identificada e que, portanto, aumente a possibilidade de o movimento ser aceito. O movimento de encerramento ideal no negócio da CWA ocorreria às 6h, com os casacos vestidos (lembre-se de que era em pleno mês de janeiro na cidade de Nova York), as pastas de trabalho nas mãos e uma fala mais ou menos do tipo: "Eis $80 milhões. Ficaremos felizes em sentar agora com vocês para trabalhar nos detalhes. Mas se alguém sair da sala a oferta será retirada e nós iremos para casa."

Teria funcionado? No mundo das negotiauctions podemos falar apenas em probabilidades e não certezas. Analisando em retrospecto, parece claro que a chance de um acordo a $80 milhões teria sido melhor do que o resultado real de não se chegar a um acordo para seis dos licitantes. Depois de toda a poeira ter baixado, o principal banqueiro do vendedor comentou sobre como os movimentos de encerramento podem funcionar em situações de negotiauctions:

> Tenho visto licitantes se apresentarem em um leilão e anunciarem para o mundo inteiro: "Aqui está uma oferta; ela é substancialmente maior do que todas as demais e só vale por 30 minutos." Isso causa um pandemônio entre os licitantes e se o banqueiro que conduz o leilão não mantiver a cabeça no lugar, o processo como que escapa dele e outros passam a controlar o leilão.[6]

Para ver o que acontece quando um movimento de encerramento não é acompanhado por uma ameaça que piore a MAANA identificada pelo organizador do processo, considere a negotiauction para encontrar uma editora para este livro. Ao contrário de muitos autores, decidi não utilizar um agente literário de forma a poder passar mais tempo trabalhando no conteúdo e menos tempo posicionando o livro para torná-lo mais atraente para as possíveis editoras. Enviei a proposta do livro para o que eu considerava ser as melhores editoras acadêmicas e comerciais – oito no total. Sem perder a ironia da situação, eu esperava uma negotiauction para este livro.

Alguns dias após o envio da proposta, recebi um e-mail de um executivo de uma grande editora universitária informando que gostaria de fazer um "clássico movimento de encerramento" buscando minha aprovação para a publicação do livro por eles dentro de duas semanas. Se ele tivesse solicitado a exclusividade durante este período de duas semanas, eu teria sido forçado a uma difícil escolha, mas ele não fez isso. Notifiquei as outras editoras sobre esse interesse e solicitei que fizessem a avaliação mais rapidamente possível. Logo começaram a chegar as ofertas. Analisando a situação, o interesse da grande editora universitária serviu como sinal positivo para os outros licitantes, que, em vista disso, ficaram mais interessados.

Dez dias depois, informei o executivo da editora universitária sobre as outras ofertas que recebi. O editor desistiu com um amável e-mail indicando que a negotiauction teria ficado muito cara para ele competir. Em vez de encerrar a negotiauction, seu autoproclamado movimento de encerramento acabou, sem querer, por alimentá-la.

Como exemplo contrário, considere a venda da HUB International, uma corretora de seguros americano-canadense, em 2006. Apax Partners, um fundo de investimento sediado em Londres, fez um movimento de encerramento que foi, mais tarde, descrito na declaração dos procuradores para os acionistas da seguinte forma:

> Representantes da Apax explicaram que não querem participar em um processo de leilão... No final do encontro, os representantes da Apax informaram o senhor Hughes [CEO da HUB International] que, sujeito a posterior due diligence, estavam preparados para apresentar uma proposta em dez dias úteis. Além disso, a Apax solicitou que no restante da semana o senhor Hughes não contatasse outras partes sobre uma possível transação. O senhor Hughes concordou que não faria tais contatos na expectativa de que isso pudesse melhorar a proposta da Apax.[7]

A editora universitária teria feito melhor se seguisse o modelo da Apax para um movimento de encerramento eficaz.

Esses exemplos mostram que um movimento de encerramento eficaz precisa ser feito no momento adequado, precisa influenciar a MAANA identificada pelo organizador do processo e precisa ser verossímil. Sobre esse último ponto considere a negotiauction da MCI, conhecida empresa de telecomunicações.[8] Em julho de 2002, a WorldCom entrou com pedido de concordata na sequência de uma das maiores fraudes corporativas da história dos Estados Unidos. O CEO Bernie Ebbers e seu CFO, Mark Swartz, foram para a prisão por seus papéis na orquestração de inúmeras violações contábeis. A WorldCom (renomeada MCI) emergiu da proteção da lei de falência em abril de 2004, e o novo CEO, Michael Capellas, rapidamente concluiu que a companhia não poderia permanecer independente no mercado de telecomunicações cada vez mais consolidado.

Em julho de 2004, a MCI recebeu "indicações de interesse" de várias RBOCs (Regional Bell Operating Companies – Companhias Operadoras de Telefonia Regional) ou "Baby Bells" que surgiram da quebra da AT&T em meados dos anos

1980. Em fevereiro de 2005, a Verizon (uma destas RBOCs) ofereceu $20,75 por ação em dinheiro e ações, e a oferta foi aceita pelo Conselho da MCI. Os analistas previram que possivelmente a Qwest, outra RBOC, também faria uma oferta; um deles comentou que o negócio seria "atraente para a Verizon – NECESSÁRIO para a Qwest".[9] De acordo com este analista, um acordo seria "absolutamente necessário [para a Qwest] se ela esperava algum dia começar a pagar sua enorme carga em dívidas de $17 bilhões, o que provavelmente não conseguiria fazer sozinha".[10] A situação estava rapidamente tomando a forma de uma negotiauction multibilionária entre a Verizon e a Qwest para adquirir a MCI.

Assim, teve início a licitação. Em 24 de fevereiro, dez dias depois da oferta inicial da Verizon, a Qwest ofereceu $24,60 em dinheiro e ações. Quando esta oferta foi rejeitada pelo Conselho da MCI, a Qwest voltou em 16 de março com $25,60. A Verizon respondeu em 28 de março com um lance de $23,10. A Qwest voltou novamente com $27,50 em 31 de março.

O Conselho da MCI precisava decidir qual oferta considerava "superior" para seus acionistas. A resposta não era evidente porque ambas as ofertas eram compostas por dinheiro e ações, e ficava uma questão séria sobre quanto valeria a porção em ações de cada lance dali a nove ou doze meses, depois que todos os obstáculos da legislação fossem superados e os acionistas da MCI recebessem efetivamente o pagamento.

A Verizon afirmou que ela possuía a ação mais estável, e a maioria dos analistas concordava com isso. Na visão da Verizon, sua oferta de $23,10 valia mais do que a da Qwest de $27,50. Em 4 de abril, enquanto o Conselho da MCI tentava decidir que oferta recomendaria para seus acionistas, a Verizon emitiu um comunicado à imprensa com os seguintes dizeres:

> A Qwest apresentou o que consideramos ser uma oferta inferior. Se o Conselho da MCI, capitulando ao prazo artificial da Qwest, declarar que essa oferta é "superior", nos parecerá que o processo de tomada de decisão estaria sendo conduzido por interesses de curto prazo para os investidores e não o fortalecimento e a viabilização da companhia no longo prazo. Se isso ocorrer, não estaremos mais interessados em participar de tal processo.

Cada palavra desse comunicado à imprensa tinha sido cuidadosamente escrita por consultores de relações públicas e advogados da Verizon. A ideia era um clássico movimento de encerramento: $23,10 é nossa melhor oferta final e se a MCI não a aceitar não faremos mais nenhum lance.

Não funcionou. Phillip Mills é um sócio sênior da Davis Polk & Wardwell e conduzia a consultoria externa para o Conselho de Administração da MCI. De acordo com Mills: "Quando vi o comunicado à imprensa da Verizon de 4 de abril, dei risada... Ele me dizia que a Verizon estava nisso para uma longa batalha."

Mas o comunicado à imprensa da Verizon não dizia "não estaremos mais interessados em participar de tal processo"? Dizia – e esse era o problema. De acordo com Mills:

> A Verizon sabia como dizer "Caíremos fora", mas não o fizeram. Em vez disso, disseram: "Não estaremos mais interessados em participar de seu processo." O que iszo significa? A ambiguidade me dizia que poderíamos continuar a utilizar a Qwest como isca para extrair mais da Verizon, sem arriscar que a Verizon desistisse. Em vez de me dizer que estávamos perto de perder a Verizon, tive a impressão de exatamente o contrário.

Em 6 de abril, a MCI declarou que a oferta da Verizon ainda era superior, mas emitiu um comunicado à imprensa afirmando que "permanecia aberta para a possibilidade de mais discussões" com a Qwest. Em 21 de abril, a Qwest aceitou o convite oferecendo $30 por ação. Dessa vez, o Conselho da MCI declarou que o lance da Qwest era superior, confiante que a Verizon estava "nisso para uma longa batalha". Audaciosamente, a MCI deu um prazo limite de 3 de maio para a Verizon apresentar um novo lance.

Contrariamente a seu comunicado à imprensa de 4 de abril, mas consistente com a previsão de Mills, a Verizon não desistiu. Em 29 de abril, a Verizon voltou com $26 por ação, condicionada à revelação pela MCI de que "um grande número de seus mais importantes clientes pessoa jurídica expressaram recentemente preocupações sobre as transações entre a MCI e a Qwest". A Verizon estava forçando que a MCI renunciasse à Qwest como pretendente para ter o benefício da oferta arrasa-quarteirão da Verizon.

Dessa vez o movimento de encerramento funcionou. A MCI aceitou a oferta da Verizon, a Qwest retirou-se, e o negócio Verizon-MCI foi fechado em abril de 2006. A tentativa fracassada de encerrar a negotiauction em 4 de abril custou à Verizon um extra de $3 por ação da MCI, ou mais $970 milhões pelos 323 milhões de ações da MCI.

Em retrospecto, parece claro que a Verizon deveria ter se comprometido com mais força em desistir, no seu comunicado à imprensa de 4 de abril. Um compromisso de desistência mais verossímil teria sido levado muito a sério pelo lado da MCI porque a Verizon era o comprador capaz de pagar o melhor preço. O Conselho da MCI, acostumado com litígios entre acionistas durante sua tumultuada história, teria se apavorado com a perspectiva de perder seu licitante mais forte. Assim, um compromisso firme de desistência teria representado uma chance maior de encerrar a negotiauction.

Em vez disso, a Verizon tentou preservar os dois caminhos encerrando a negotiauction, mas deixando uma razoável ambiguidade no comunicado à imprensa para continuar a fazer lances, caso fosse obrigada. Isso era cruzar o rio pela metade – ineficaz no propósito pretendido e embaraçoso quando a Verizon teve que de fato voltar à mesa de negociação.

GRAUS DE ENCERRAMENTO

Embora os movimentos de encerramento devam ser claros e verossímeis, eles não precisam ser absolutos; eles podem possuir uma espécie de grau. Participantes sofisticados de negotiauctions buscam constantemente atenuar a competição do mesmo lado da mesa, mesmo que não consigam encerrá-la completamente. Considere a negotiauction da Toys "R" Us descrita no Capítulo 9, na qual um expressivo movimento de rearranjo permitiu que o consórcio KKR/Bain/Vornado vencesse o negócio. O clube KKR insistiu em substancial "proteção do acordo" como parte do acordo de fusão. A peça central dessa proteção do acordo foi uma "taxa de rompimento" de $247,5 milhões que a Toys "R" Us teria que pagar para o clube KKR se outro licitante aparecesse e ficasse com a companhia pagando mais pela Toys "R" Us. Pense nisso como um prêmio de consolação de $250 milhões para o clube KKR no evento de perderem o negócio.

Claro que algum licitante externo poderia ser louco o suficiente para fazer um lance pela Toys "R" Us sob esses termos. Se ele ganhasse, a companhia precisaria pagar um quarto de bilhão de dólares ao clube KKR – cerca de 4% do valor total da companhia. A taxa de rompimento deu ao clube KKR uma vantagem de 4% contra qualquer licitante concorrente. Para complicar ainda mais, se alguém de fora fizesse um lance, o acordo com a KKR determinava um período de espera de três dias durante o qual o conselho da Toys teria que "negociar em boa-fé com [o clube KKR] para fazer os ajustes nos termos e condições do Acordo de forma a que esta Proposta de Aquisição [externa] não se constituísse mais em uma Proposta Superior".

O que você teria aprendido ao fazer um lance nesta situação e passados os três dias você vencesse? Você teria constatado muito tarde, após três dias, que algumas pessoas bastante espertas na KKR, Bain Capital e Vornado não quiseram igualar sua oferta. A combinação de uma taxa de rompimento e do chamado direito de equiparação significava que as preocupações com a maldição do vencedor se dirigiriam de forma extrema para uma terceira parte considerando entrar no negócio. A potente combinação dos termos do acordo encerrou de forma eficaz a negotiauction pela Toys "R" Us.[11]

O clube KKR negociou também uma outra característica de proteção do acordo que bloqueou um possível movimento de rearranjo pelos outros. A Toys "R" Us era composta por duas divisões: uma divisão bastante lucrativa Babies "R" Us e uma divisão Toys menos lucrativa. Pelo fato de o processo de busca original ter sido bastante enrolado, seria possível que certos licitantes pudessem fazer uma oferta arrasa-quarteirão pela Babies e deixar a Toys para o clube KKR – um movimento clássico de rearranjo de geração de valor. Mas o clube KKR se antecipou a essa possibilidade e incluiu uma condição pouco usual no acordo de fusão exigindo o pagamento total da taxa de rompimento se mais da metade dos ativos da Toys "R" Us fosse adquirida por outros. Não deve ser uma surpresa que a Babies constitua mais da metade dos ativos. Assim, o clube KKR bloqueou eficientemente um possível movimento de rearranjo de geração de valor através de seu próprio movimento de encerramento. Não apareceram outros licitantes e o consórcio KKR fechou negócio em novembro de 2005.

MOVIMENTOS DE DESOBSTRUÇÃO: EXEMPLO DE IMÓVEIS RESIDENCIAIS

Diferentemente dos movimentos de configuração e de rearranjo, os movimentos de encerramento também podem operar em outra direção – no que poderemos chamar de *movimentos de desobstrução*. Para ver como, considere uma transação típica de imóveis residenciais. O acordo tradicional prende irrevogavelmente o vendedor entre o momento do contrato de compra e venda e o da assinatura. O vendedor pode continuar recebendo "ofertas" para o caso do comprador desistir (quando, por exemplo, não cumpre uma condição para o financiamento), mas o vendedor não pode legalmente desistir, mesmo se surgir outro comprador pagando mais. É a chamada "promessa" de venda que encerra qualquer negotiauction que o vendedor pudesse estar conduzindo.

Obviamente ela é útil para o comprador. Mas algumas vezes um movimento de desobstrução pode fornecer um acordo melhor tanto para o vendedor como para o comprador.

Considere uma situação em que os compradores estejam quase indiferentes em relação ao acordo atual. Eles adoram a casa, mas também ficariam bastante contentes em alugar por mais um ano, ou estão de olho em outra casa mais adiante na rua com a qual ficariam igualmente felizes. Nesse contexto, poderia ser útil estruturar um acordo de "ruptura" – por exemplo, um acordo em que o vendedor pode desistir entre o compromisso de compra e venda e a assinatura do contrato pagando aos compradores uma taxa de ruptura de, digamos, $50 mil. No caso de surgir uma proposta muito melhor, o vendedor poderia ficar livre para aceitar pagando $50 mil aos compradores iniciais. Os compradores iniciais ficariam empolgados – ao terem seus custos reembolsados, sobrando bastante para o pagamento da entrada da casa na mesma rua. O vendedor também fica melhor ao obter um preço maior pela casa. Ao desobstruir o acordo para a concorrência, os compradores e o vendedor criaram a possibilidade de um resultado em que todos ganham.

Considere outro cenário. O vendedor está pedindo $500 mil e o comprador ofertando $450 mil. Os valores representam o que as partes realmente acreditam ser o preço justo de mercado pela casa. Uma possível solução seria a divisão da diferença pelas partes, mas uma estrutura de acordo alternativa utiliza um movimento de desobstrução. Imagine um acordo em $450 mil que permitiria ao vendedor desistir entre a venda e a assinatura pagando uma taxa de ruptura bem modesta – por exemplo, os custos do comprador no processo de procura da casa.

Esse acordo cria valor baseado nas diferenças entre os valores da casa. Na verdade, o comprador estaria dizendo o seguinte: "Você pensa que a casa vale $500 mil e eu penso que vale $450 mil. Não sabemos quem está certo, mas estou tão confiante sobre meu valor que lhe dou sessenta dias para tentar vender e provar que estou errado. Se você não encontrar uma oferta melhor, fecharemos em sessenta dias com o meu preço." O comprador gosta porque acredita que provavelmente fechará pelo seu preço. O vendedor também gosta porque pensa que encontrará uma oferta melhor, mas, no caso de estar errado, já possui um "pássaro na mão". Novamente, um movimento de desobstrução gera valor para as partes transformando uma negociação individual (que resultou em um impasse) em uma negotiauction implícita ou explícita.

Embora eu não tenha feito uma pesquisa sistemática sobre esta questão, corretores imobiliários experientes me dizem que estas estruturas de acordo mais sofisticadas não são utilizadas. Por que não? As transações de imóveis residenciais são normalmente os negócios mais importantes na vida de um indivíduo. Alguém poderia pensar que os compradores e os vendedores iriam aproveitar qualquer coisa que pudesse criar valor neste mundo onde muito está em jogo. Uma explicação é simplesmente a inércia. Ao longo dos últimos dez anos estudei as formas pelas quais as novas tecnologias de negócios se disseminam, e não é surpresa que esta disseminação é casual e tipicamente lenta.[12] O "texto padrão" – a linguagem jurídica que os advogados puxam de seus arquivos no ponto inicial de qualquer transação – é o grande obstáculo para a inovação e os "textos padrões" estão excessivamente presentes em praticamente todos os aspectos de uma transação de imóvel residencial.

Outra possível explicação – em minha opinião, mais convincente – envolve os incentivos dos corretores imobiliários de ambos os lados de um negócio. O que quer um corretor de imóvel residencial? Os corretores, tanto do lado comprador quanto do lado vendedor, querem um preço maior de venda, porque as taxas dos corretores são calculadas como percentagem do preço final de venda. Assim, desde a origem, o corretor do lado do comprador possui incentivos financeiros que estão diretamente em conflito com os incentivos dos próprios compradores. Mas o que os corretores imobiliários realmente querem não é um preço maior. A portas fechadas, os corretores imobiliários lhe dirão que, acima de tudo, aquilo que mais desejam é realmente concretizar o negócio. Tanto do lado comprador quanto do lado vendedor, o preço é secundário em relação à certeza do contrato. Os movimentos de desobstrução caminham exatamente no sentido contrário da certeza do negócio.

Evidentemente, não posso provar que o motivo dos movimentos de desobstrução não serem utilizados em transações de imóveis residenciais é pelos incentivos dos corretores postos na mesa de negociação. Entretanto, posso apontar para um estudo acadêmico mostrando que, em média, os corretores imobiliários deixam suas próprias casas mais tempo no mercado do que as de seus clientes, e vendem suas próprias casas por preços maiores.[13] Esse estudo é consistente com a visão de que os corretores imobiliários desejam realmente para seus clientes uma venda rápida e certa, e que o preço é secundário. Os movimentos de desobstrução conduzem a uma venda mais lenta e menos certa, mas de uma forma que assegura o melhor preço possível para o vendedor.

Para ver como pode funcionar um mercado mais aberto de imóveis residenciais, considere o Reino Unido, onde o proprietário de uma casa pode formalmente aceitar uma oferta de um comprador, mas permanecer aberto a outras propostas até o momento da assinatura. Os britânicos até possuem uma palavra para esta prática – quando uma terceira parte atravessa um acordo, é chamado de *gazumping*. Existe também a *gazundering* quando o comprador tenta uma redução no preço de aquisição no último minuto, momentos antes da assinatura. O cenário básico no Reino Unido é liberdade geral até o momento da assinatura. Em consequência disto, o comprador se engaja em uma corrida maluca desde o momento em que uma oferta é aceita até o fechamento do negócio.

Gazumping e gazundering podem criar um caos para os compradores e vendedores que anseiam por mais segurança do que aquela fornecida pelas regras legais em vigor. Assim, os procuradores britânicos (também conhecidos como advogados) desenvolveram acordos de "fechamento" onde o comprador e o vendedor depositam certa quantia de dinheiro em caução – digamos, cada um com 2% do preço de compra ou 4% no total. Se qualquer parte desistir ou tentar mudar o preço de aquisição por qualquer motivo fora dos enumerados (por exemplo, problemas encontrados na inspeção), essa parte perde seu depósito. Assim, como o nome sugere, os acordos de fechamento criam um negócio mais firme do que o propiciado pela lei padrão do Reino Unido. De acordo com um site da internet:

> Esses acordos [de fechamento] podem custar mais dinheiro em comissões legais, mas devem dar inestimável paz de espírito para um momento bastante estressante. Note que se seu procurador [advogado] não gosta da ideia, talvez seja uma boa ideia procurar por aconselhamento jurídico em outro lugar. A relutância pode ser devida ao fato de que esses acordos são relativamente pouco comuns e seu procurador pode não saber como redigi-lo.[14]

No caso de o vendedor não concordar com um acordo de fechamento, você também pode adquirir unilateralmente os benefícios comprando um "seguro gazumping" que lhe paga uma quantia específica para cobrir suas despesas de custo se for atravessado no negócio.

Certamente é verdadeira a afirmação de que alguns compradores e alguns vendedores nos Estados Unidos desejam negócios firmes. Pegue, por exemplo, uma cadeia de proprietários de imóveis em que todos compram e vendem no mesmo dia para evitar o financiamento "ponte" ou viver em habitações temporárias. Todos esses compradores e vendedores desejam negócios firmes para minimizar a chance de destruição da cadeia inteira por causa de um único negócio fracassado. Mas a questão é que não há um tamanho único para todos, e a firmeza ou frouxidão do acordo deve ser um ponto bastante negociado em imóveis residenciais. Nos Estados Unidos, ele não é negociado. A razão para isso pode ser o fato de os advogados se apoiarem na linguagem de contrato de "textos padronizados" e/ou o não alinhamento dos incentivos dos corretores. Qualquer que seja a explicação, fica evidente que a criativa implantação de movimentos de desobstrução poderia gerar enorme valor para certos tipos de compradores e de vendedores, na mais importante transação de suas vidas.

CAPÍTULO 11

A SOMBRA DO ACORDO: RESTRIÇÕES LEGAIS EM NEGOTIAUCTION

Neste capítulo final, trato da "sombra" legal do acordo.[1] A intenção do capítulo não é fornecer todas as ferramentas que você precisaria para resolver as questões legais enfrentadas em situações de negotiauction. Como diz o ditado, a pessoa que tenta ser seu próprio advogado tem um tolo como cliente. Em vez disso, este capítulo tem por objetivo aumentar a probabilidade de que você identifique possíveis questões legais e consulte apropriadamente os advogados, antes que seja tarde demais.

Em muitas negociações, os empresários registram as principais condições negociadas em um papel ou um acordo de princípios e depois "jogam" para os advogados trabalharem nos detalhes e escreverem o contrato. Esse enfoque assume que as questões legais surgem somente depois que os termos do negócio foram resolvidos. Como este capítulo demonstra, as questões legais surgem geralmente no próprio processo de negociação. Isso é principalmente verdade em situações de negotiauction.

No paradigma tradicional de fechamento de negócios, os advogados raramente estão presentes durante o processo de negociação. Em consequência, são cometidos dois tipos de equívocos. Em primeiro lugar, muitos de meus alunos de MBA e de ensino para executivos não percebem quando estão em águas jurídicas turbulentas. "Verdade?!? Eu não sabia que você não pode dizer isso." Em muitas situações de negociações você não deseja que um advogado fique a seu lado verificando tudo aquilo que você fala ou faz, ou nem mesmo gostaria de ter um. Mas sem um conhecimento geral da lei, você pode ser pego de surpresa quando surgir a questão legal depois do fato consumado.

A segunda categoria de equívocos é o oposto da primeira. Os empresários assumem que certos movimentos estão além do limite quando, na verdade, estão totalmente à disposição, podendo fazer parte do kit de ferramentas da negociação. Eis apenas um exemplo: "Você não pode falar com concorrentes do mesmo lado da mesa!" Algumas vezes essa presunção está 100% correta, mas não é tão categórica quanto a sabedoria convencional sobre conluios parece sugerir. Assim, este capítulo tenta ajudar você a levantar a bandeira das questões legais ou as que não são questões legais, antes que seja muito tarde.

Vou me concentrar em questões legais que surgem única e especificamente em negotiauctions, em vez das questões legais que surgem nas negociações em geral. Por exemplo, a fraude é uma doutrina jurídica geral que governa todas as negociações, logo, não vou cobri-la aqui.[2]

Começo minha análise com duas categorias de movimentos que os organizadores do processo geralmente usam em negotiauctions: utilizar licitantes fictícios para extrair um preço melhor e renegar compromissos do processo. Posteriormente me volto para duas categorias de movimentos utilizadas por tomadores no processo que geralmente levantam questões legais: apresentação de lances através de outros e conluios entre licitantes. Para salientar esses aspectos legais, voltarei a abordar vários dos estudos de caso e outras ilustrações que utilizei neste livro. Assim, chegamos agora ao ponto das várias ocasiões em que disse "trataremos das questões legais no Capítulo 11".

MOVIMENTOS DO ORGANIZADOR DO PROCESSO

Utilizando Licitantes Fictícios

Considere novamente a aquisição da casa em Martha's Vineyard por Joe e Alice Townsend, que discutimos no Capítulo 8, mas vamos mudar um pouco os fatos. Imagine que Joe e Alice estejam visitando a casa pela primeira vez junto com seu corretor e a corretora do vendedor. O preço solicitado é $1,39 milhão, como anteriormente. Joe e Alice estão fazendo perguntas sobre a casa que claramente indicam que farão uma oferta. No meio da conversa, a corretora do vendedor recebe uma ligação em seu telefone celular. Ela olha para o número e pede licença para ir à outra sala. Alguns minutos depois ela volta com uma grave expressão em seu rosto: "Era meu escritório no telefone. Aparentemente uma oferta acabou de chegar pelo preço total solicitado e sem nenhuma condição, a não ser as fossas sépticas e a inspeção." Joe e Alice se afastam para o jardim da frente para uma conversa prolongada. Eles voltam e fazem uma oferta de $1,45 milhão com um prazo de 30 minutos para ser aceito. Quinze minutos mais tarde o vendedor aceita a oferta dos Townsends.

Os Townsends assinam rapidamente a papelada e pagam $5 mil em dinheiro como "sinal". Uma pequena festa irrompe no jardim da frente com abraços e apertos de mão por todos os lados. A corretora do vendedor deixa, então, o feliz casal e seu corretor para correr a outro compromisso. Sem perceber, ela deixa seu telefone celular no alpendre, que Joe e Alice descobrem somente depois que ela já partiu. Como não podem ligar para ela, Joe e Alice decidem ligar para o escritório, avisando que ela esqueceu o telefone na casa. Alice liga para a chamada mais recente lembrando que foi do escritório. "Alô?", vem uma voz muito jovem do outro lado da linha. Após indagar com alguma surpresa, Alice descobre que estava falando com a sobrinha de 10 anos da corretora. No dia seguinte, quando confrontada com essa evidência, a corretora do vendedor admite nunca ter existido outra oferta. Mas o cheque de $5 mil dos Townsends já havia sido depositado.

Os Townsends podem desistir do negócio ou processar a corretora do vendedor por fraude? A resposta é: provavelmente sim. Os tribunais assumem a posição de que ofertas concorrentes não dão aos compradores uma causa para ação.[3] Sob esse ponto de vista, as ofertas concorrentes apenas fornecem informação sobre o valor do ativo – algo que o comprador tem a responsabilidade de investigar sozinho em vez de se basear em afirmações do vendedor. Mas desde pelo menos a década de 1950, os tribunais dos Estados Unidos têm protegido mais compradores como os Townsends. O raciocínio dos tribunais é que os vendedores possuem informações muito melhores sobre as ofertas concorrentes do que os compradores, logo, os compradores não possuem escolha, a não ser se basear nas afirmações dos vendedores. Em um caso de 1976, em Oklahoma, com fatos similares àqueles que essa ilustração de Martha's Vineyard acabou de descrever (menos o celular), o tribunal concedeu ressarcimento de perdas e danos aos compradores contra o corretor imobiliário do vendedor, deliberando:

> Um comprador prospectivo tem o direito de se basear na veracidade do vendedor (ou de seu corretor) sem investigação... No presente caso, as evidências até agora apresentadas estabelecem que o corretor de imóveis Taylor, ao ficar ciente do desejo do queixoso pela casa de campo em estilo

espanhol, tomou para si a responsabilidade de trazer uma rápida solução para o problema de preço utilizando, por assim dizer, uma técnica de vendas explosiva para detonar uma resposta imediata por parte do queixoso. A mentira deliberada atingiu, de fato, o efeito pretendido e esperado, induzindo o queixoso a adquirir a propriedade por um número maior do que precisaria pagar sem a fraude.[4]

Portanto, no cenário aqui descrito, os Townsends provavelmente poderiam rescindir o contrato ou recuperar seus danos contra a corretora do vendedor.[5] Evidentemente, apenas porque existem proteções legais contra compradores fictícios não quer dizer que você não deva tentar se proteger através de movimentos na mesa de negociações e na linguagem contratual. Lembre-se, por exemplo, da real oferta por escrito dos Townsends (descrita no Capítulo 8), que estava condicionada à existência de uma oferta concorrente. Como matéria jurídica, a condição significava que a oferta não comprometeria os Townsends se a outra proposta não existisse de fato. Essa proteção contratual é bem melhor, se você conseguir, do que ter que confiar no sistema jurídico.

Em parte, a razão é evidente: depois de ocorrido o fato, é muito difícil determinar o que foi dito exatamente em uma situação de negociação tensa com muita coisa em jogo. A corretora do vendedor disse realmente que havia outra oferta pela casa ou apenas que havia um outro comprador interessado? Esses tons e nuanças fazem diferença, pois os tribunais estabeleceram uma linha separando afirmações específicas sobre ofertas concorrentes e afirmações vagas, não específicas, sobre ofertas concorrentes.[6] Em um caso de 1996, em Massachusetts, por exemplo, o tribunal determinou a não responsabilização do vendedor que afirmou possuir "um comprador à espreita" pela propriedade, embora ele não existisse. O tribunal concluiu que:

> Não houve evidência de que Zais [o vendedor] representou possuir uma oferta autêntica de $990 mil de outro comprador específico que ele aceitaria caso Ravosa não concordasse com o preço pedido por Zais. No máximo, a evidência indica somente que Zais expressou a disposição de negociar com outros possíveis compradores, cuja existência poder-se-ia imaginar... Notoriamente, faltam aqui tais afirmações deliberadas com a tendência de enganar o comprador... Na falta dessas afirmações específicas, o tribunal julga correto concluir que as declarações gerais de Zais caem na faixa aceitável de "conversa de vendedor".[7]

Para ver os contornos deste terreno intermediário, deixemos o estudo de caso de Martha's Vineyard e vamos reconsiderar o exemplo das enganosas caixas de comida chinesa do Capítulo 4. Recorde que o banqueiro de investimento do vendedor havia informado seu único comprador que todos os outros possíveis horários haviam sido "tomados", e quando o comprador, sem suspeitar de nada, chegou para conduzir a due dilligence no domingo de manhã, caixas de comida chinesa estavam espalhadas em volta do "data room". Juridicamente legal? Em minha opinião, isso estava próximo do limite, embora provavelmente legal. Por um lado, o banqueiro foi vago (na verdade, silenciou completamente) sobre quem teria deixado as caixas de comida. Poderia ter sido a equipe do negócio por parte do vendedor, o zelador e os funcionários do prédio que jantaram na noite anterior ou, de fato, outro possível comprador. Por outro lado, o banqueiro havia dito que os outros horários haviam sido "tomados" – uma evidente falsidade que implicaria fortemente na existência de outros licitantes. Se em vez disso o banqueiro tivesse dito que os outros horários estavam "indisponíveis", ele teria permanecido em terreno mais seguro.[8]

E o que dizer da frase com palavras cuidadosamente escolhidas por meu banqueiro de investimento londrino para seu único comprador (também no Capítulo 4): "Não vou mentir para você. Mas até agora você é o concorrente com o menor lance." Isso também está próximo da linha limite, mas provavelmente aceitável nos Estados Unidos sob o mesmo raciocínio anterior. Entretanto, Daniel Daeniker, chefe do grupo especializado em fusões e aquisições da Homburger, um escritório de advocacia suíço, me informa que o limite poderia ter sido cruzado em muitos países europeus: "Uma análise jurídica em um país de direito civil levaria provavelmente ao resultado de que essa afirmação seria considerada enganosa e, portanto, ilegal." O interessante é que quando Daeneker apresentou esse exemplo para um grupo de advogados de vários países, todos os advogados sediados nos Estados Unidos consideraram o comentário legal, enquanto a maioria dos advogados sediados na Europa acreditou que o comentário havia cruzado a linha em direção a um comportamento ilegal. Essa pequena pesquisa sugere uma diferença importante entre países com leis comuns como os Estados Unidos e os países de direito civil na Europa continental sobre o que é considerado permissível em situações de negotiauction.

Daeniker também destacou algumas das realidades práticas de fazer esse tipo de afirmação:

> Vi muitos leilões em que a verdade sobre as partes licitantes e algumas vezes até mesmo os preços relativos ficaram conhecidos logo depois do anúncio do fechamento de negócio. O banqueiro de investimento de seu exemplo não tem nenhuma garantia de que sua tática dissimulada permanecerá secreta. Se vier à luz, ele provavelmente estará fora dos negócios: mesmo o cliente que se beneficiar dessa tática não confiará nele na próxima vez, pois sabe que esse é um banqueiro que não joga com as mãos sobre a mesa.

A questão serve para nos lembrar que as regras legais fornecem somente uma base para o que seja um comportamento apropriado em situações de negotiauction.

Renegando Compromissos do Processo

Outra tática comum entre os organizadores do processo é renegar os compromissos do processo. Imagine um clássico movimento de configuração no qual um licitante aborda um potencial vendedor com o seguinte: "Estamos dispostos a negociar com você, mas não estamos interessados em ter nosso acordo negociado com outros. Assim, se você se comprometer com esse ponto no processo, então ficaremos felizes em fazer uma oferta plena e justa." O vendedor aceita o processo e as partes negociam um acordo. Então, um pouco antes de assinar na linha pontilhada, o vendedor renega seu compromisso quanto ao processo e apresenta a oferta para outros. Certamente outro comprador morde a isca e o vendedor abandona seu primeiro parceiro em favor de um acordo melhor. O movimento de configuração fracassou.

O licitante que foi passado para trás consegue seu negócio de volta? Ou pelo menos recebe indenização por terem roubado seu acordo? A resposta é: provavelmente sim, sob uma ou duas teorias diferentes. Um terreno plausível para recuperar os danos é um genérico "dever de boa-fé" em negociações. Claramente, um vendedor que renega um compromisso de processo não está negociando de boa-fé. O Código Comercial Unificado, que governa a compra e a venda de bens nos Estados Unidos, impõe um dever geral de boa-fé, uma vez que o contrato tenha sido assinado.[9] O problema é que, em geral, as cortes judiciais dos Estados Unidos têm sido relutantes em impor um dever de boa-fé antes de o contrato ser assinado (durante o processo de negociação), embora seja importante observar que países com códigos civis como a França, Alemanha e Japão venham demonstrando maior disposição.[10]

Uma segunda teoria mais promissora para recuperação dos danos é a quebra da promessa específica feita pelo vendedor para o potencial comprador em relação ao processo do acordo. Como eminente estudioso de contratos, Allan Farnsworth observa: "A responsabilidade pré-contratual [pode surgir] de promessas específicas que uma parte faz para outra visando interessá-la nas negociações... Uma parte na negociação não pode quebrar impunemente uma promessa feita durante as negociações se a outra parte confiou nisso."[11]

De certa forma, essa teoria volta aos primeiros princípios da lei contratual, pois um contrato é apenas uma promessa de fazer algo. Podemos interpretar as ações do vendedor como quebra de um contrato que foi estabelecido em torno do processo do acordo. O comprador ofereceu uma opção de processo, o vendedor aceitou e o resultado é que o vendedor prometeu não ficar negociando a oferta pelo mercado. A oferta e o aceite são dois elementos necessários para estabelecer um contrato e, nesse caso, temos uma oferta e a aceitação de uma opção de processo.

Para estabelecer um contrato com vinculação jurídica, ambos os lados precisam fornecer algo de valor, conhecido como *compensação*. Para o vendedor, não é problema encontrar uma compensação: o vendedor está desistindo do direito de buscar outros compradores. Para o comprador, a compensação é mais turva. O comprador deu algo em troca quando o vendedor aceitou a opção do processo?

Nesse cenário, a compensação do comprador tem que ser algo na linha de desistir de buscar outros negócios. Portanto, a chave é explicitar essa compensação no próprio movimento de configuração: "Estou sentando em negociações exclusivas com base no fato de que vocês não irão negociar ofertas de outros se chegarmos a um acordo." Se algo nessa linha aparece em algum lugar do movimento de configuração (o ideal seria de forma escrita, como um e-mail) então a compensação se torna um problema a menos do lado do comprador e um contrato estará provavelmente estabelecido em torno do processo.

Para ver como a noção legal da compensação pode interferir em uma situação de negotiauction, considere novamente o leilão reverso do varejista do Capítulo 4. Lembre que depois de entender os incentivos que sua rodada pós-leilão havia criado, o varejista decidiu mostrar "a linha de chegada aos licitantes", efetuando uma única rodada final do leilão para o contrato de construção. Após mudar para esse novo sistema, imagine que um licitante que não foi bem-sucedido aborde o varejista 30 minutos depois do fim do leilão: "Tivemos alguns problemas técnicos em nosso computador e não pudemos apresentar nossa pretendida melhor oferta final dentro do prazo do leilão. Mas estamos trazendo agora uma oferta substancialmente melhor do que o lance que vocês aceitaram no leilão." Imagine ainda que o varejista aceite a oferta. Que recursos teriam os licitantes que foram passados para trás?

Infelizmente para o licitante, provavelmente não foi estabelecido nenhum contrato porque não houve uma "barganha em troca" com relação ao processo do negócio e, em particular, nenhuma compensação pelo lado do licitante. O varejista conduziu um leilão e os empreiteiros apareceram com os lances. O licitante rejeitado parece não ter tido sorte. O varejista sofrerá danos em sua reputação, mas não será responsabilizado por aceitar um lance após o fato.

Uma exceção importante para o estabelecimento de um contrato em torno de um movimento de configuração surge quando o contrato for inexequível como questão legal. Esse pode ser o caso quando o organizador do processo é um procurador negociando em benefício de outros. Por exemplo, no Capítulo 8 examinamos o acordo da Genesis para comprar a NCS HealthCare por $42 milhões. Como condição para o negócio, o Conselho da NCS concordou em "amarrar" a maioria de suas ações em favor do acordo, impedindo que, na verdade, a NCS buscasse uma oferta maior do rival da Genesis, a Omnicare. Um belo movimento de configuração efetuado pela Genesis.

Entretanto, avançando um pouco no tempo, nos deparamos com um importante limite em estabelecer um contrato sobre o processo através de um movimento de configuração. Exatamente como a Genesis temia, após o anúncio do acordo, a Omnicare fez uma oferta de compra da NCS por $91 milhões e depois por $144 milhões – mais de três vezes o que a Genesis estava oferecendo. A Genesis não aumentou sua oferta sentindo-se tranquila com o fato de que a NCS havia se comprometido de forma irrevogável através do acordo de amarração dos acionistas aceitando seu lance de $42 milhões.

A Omnicare processou na Justiça, buscando uma declaração de que o movimento de configuração da Genesis seria inválido sob o direito empresarial de Delaware. Surpreendentemente, em uma controvertida decisão de três votos contra dois, a Suprema Corte de Delaware concordou, sustentando que o Conselho da NCS não poderia fazer contratos fora de seu dever fiduciário de maximizar o valor para os acionistas na venda da companhia. A Omnicare pagou para a Genesis uma pequena taxa de ruptura de contrato e saiu com o prêmio. A decisão sugere um limite importante para aquilo que é exigido nos movimentos de configuração. Quando o organizador do processo estiver agindo como procurador, o tribunal pode não estar disposto a reforçar movimentos de configuração ou de encerramento que sejam muito draconianos.

Em uma emocionante ilustração desse ponto, considere a disputa de ofertas entre o Citigroup e o Wells Fargo para adquirir o Wachovia. Como muitos outros bancos, o Wachovia caiu vítima da crise financeira no outono de 2008. Com suas ações em queda livre, o presidente e CEO do Wachovia, Bob Steel saiu para buscar um salvador no fim de semana de 27 e 28 de setembro. Se Steel não encontrasse um comprador naquele fim de semana, ele sabia que o Wachovia teria de seguir a Lehman Brothers e o Washington Mutual na busca de proteção da lei de falências logo na segunda-feira de manhã.

O comprador mais provável era o Wells Fargo, o quarto maior banco dos Estados Unidos, atrás do Bank of America, JPMorgan Chase e Citigroup. Ao contrário do Wachovia, o Wells Fargo não possuía grande exposição às hipotecas subprime, e o foco geográfico no sul e sudeste do Wachovia representaria um excelente complemento para o foco na costa oeste do Wells Fargo. Apesar dessas aparentes afinidades, o presidente do Wells Fargo, Dick Kovacevich, abandonou inesperadamente as negociações durante o fim de semana.

Entra o Citigroup. Em uma negociação de tarde da noite até o início da manhã que foi decidida no último minuto, o CEO do Citigroup, Vikran Pandit, com o apoio da presidente da Federal Deposit Insurance Corporation (FDIC),* Sheila Bair, deu uma sobrevida ao Wachovia. Na noite de domingo, 28 de setembro, o Citigroup anunciou que compraria os ativos bancários do Wachovia, salvando-o, dessa forma, de entrar com um pedido de falência na manhã de segunda-feira. Pandit negociou duro para obter uma barganha: um preço de $1 por ação, mais um "apoio de última instância" no qual a FDIC cobriria quaisquer perdas nos ativos do Wachovia que excedessem $42 bilhões.

Na manhã de segunda-feira, 29 de setembro, o acordo foi anunciado: o Citigroup e o Wachovia tinham uma carta de intenção em torno das prin-

---

**Nota do Tradutor*: Corporação do governo dos Estados Unidos criada pela Lei Glass-Steagall de 1933, responsável pelo seguro dos depósitos bancários até $250 mil por depositante para os bancos membros. Ela também supervisiona e examina a segurança e solidez de certas instituições financeiras americanas.

cipais questões, com os detalhes e o contrato formal de fusão devendo ser encaminhados dentro de uma semana. O Citi forneceria uma linha de crédito ao Wachovia para mantê-lo à tona até completar a fusão. Para garantir que seu envolvimento terminasse em casamento, o Citi amarrou o acordo, assim como a Genesis havia feito com a NCS HealthCare. A carta de intenção estabelecia que, por uma semana, "o Wachovia não deverá... assinar acordo de princípios, carta de intenção, carta de condições, contrato de fusão, contrato de aquisição, opção de compra ou outro instrumento similar" com outro comprador.[12]

No dia seguinte – terça-feira, 30 de setembro – o secretário do Tesouro, Paulson, mudou os regulamentos do IRS* para eliminar o limite anual de incorporação de perdas que poderiam ser compensadas por lucros após a aquisição em negócios com instituições financeiras[13] (na época essa mudança foi controversa, com alguns observadores questionando a autonomia do secretário de Tesouro de mudar unilateralmente a legislação de impostos; em fevereiro de 2009, a lei American Recovery and Reinvestment Act reverteu isso). A ideia de Paulson era tornar mais atraentes as instituições financeiras problemáticas para os potenciais compradores, permitindo que eles utilizassem imediatamente as perdas acumuladas na compensação de lucros. Os analistas estimavam que na sua carteira de empréstimos, o Wachovia teria aproximadamente $70 bilhões em perdas incorporadas, o que produziria aproximadamente $25 bilhões em valor para qualquer banco que tivesse lucros suficientes para compensar essas perdas.[14] Somente poucos bancos poderiam fazer essa compensação. Dentre eles estava o Wells Fargo. Depois de desistir da compra do Wachovia poucos dias atrás, de repente o Wells Fargo ficou muito interessado.

Evidentemente, o Wells Fargo veio bater à porta. Bob Steel, o CEO do Wachovia, descreve a abordagem do Wells Fargo feita na quinta-feira daquela semana:

> Em 2 de outubro de 2008, aproximadamente às 19h15, recebi uma ligação inesperada da presidente [do FDIC], [Sheila] Bair. Ela me perguntou se eu sabia algo do [presidente do Wells Fargo] Kovacevich. Assegurei-lhe

---

**Nota do Tradutor*: Internal Revenue Service – órgão do governo federal dos Estados Unidos responsável pela coleta de impostos e pela interpretação e aplicação da legislação tributária federal.

que não havia falado com ele desde o início da negociação com o Citi. Ela me alertou que era de seu conhecimento que ele iria me ligar para propor uma transação de fusão... Aproximadamente às 21h recebi uma ligação do senhor Kovacevich dizendo que dentro de alguns instantes estaria me enviando um acordo de fusão assinado e aprovado pelo conselho de seu banco para a aquisição de todo o Wachovia... O Conselho de Administração do Wachovia reuniu-se em uma conferência por telefone aproximadamente às 23h para analisar a proposta do Wells Fargo... Depois de longas considerações e discussões, o conselho aprovou a aceitação da proposta do Wells Fargo.[15]

Na manhã de sexta-feira, 3 de outubro, o Wells Fargo e o Wachovia anunciaram seu surpreendente acordo: o Wells Fargo compraria o Wachovia por $7 por ação, e sem cobertura de perdas pela FDIC. O Conselho do Wells Fargo estava feliz, Bob Steel foi chamado de gênio (conseguiu em uma semana tirar um banco em dificuldades da iminente proteção pela lei de falência para uma oferta de $7 por ação) e os acionistas do Wachovia estavam em êxtase. A única parte infeliz, claro, era o Citigroup, que havia sido deixado no altar pelo Wachovia, o banco que ele salvara do desastre e que deixara novamente saudável por quatro dias. O Citigroup perdeu 18% de sua capitalização de mercado, chegando a aproximadamente $20 bilhões quando o acordo entre o Wells Fargo e o Wachovia foi anunciado.

Como fica o acordo de exclusividade do Citi com o Wachovia, que impedia o Wachovia de aceitar a oferta do Wells Fargo? Em outra reviravolta da história de tirar o fôlego, a Seção 126(c) da Emergency Economic Stabilization Act de 2008, assinada pelo presidente Bush na sexta-feira, 3 de outubro, estabelece o seguinte:

NÃO OBRIGATORIEDADE DE CERTOS ACORDOS – Nenhuma disposição contida em qualquer suspensão, confidencialidade ou outro acordo, existente ou futuro, que direta ou indiretamente –
(A) afete, restrinja ou limite a capacidade de qualquer pessoa em adquirir ou fazer oferta,
(B) proíba qualquer pessoa de ofertar para aquisição ou adquirir, ou
(C) proíba qualquer pessoa de utilizar qualquer informação anteriormente divulgada em conexão com tal oferta para a aquisição, a aquisição da totalidade ou parte de qualquer instituição de seguro de depósito, incluindo o

passivo, os bens ou interesses, em conexão com qualquer transação na qual [FDIC] exercite sua autoridade sob a seção 11 ou 13, pode ser forçado ou impor qualquer responsabilidade sobre tal pessoa, desde que essa obrigação ou responsabilidade seja contrária ao interesse público.

O Wells Fargo alegou que a Seção 126(c) tornou não obrigatório o acordo de exclusividade Citi-Wachovia. O melhor que podemos dizer é que o FDIC inseriu a disposição no projeto de resgate de empresas com praticamente nenhum comentário ou debate público (o Wells Fargo insistiu que não desempenhou "nenhum papel na sugestão dos termos").[16] A lógica da FDIC parecia ser a mesma do raciocínio utilizado pela Suprema Corte de Delaware para invalidar o acordo de amarração dos acionistas da Genesis com o NCS HealthCare: quando o organizador do processo age como procurador de outros, os movimentos de configuração e de encerramento que sejam muito draconianos devem ser não obrigatórios, como "contrários ao interesse público". Aqui, neste caso, o movimento de configuração do Citi eliminou a possibilidade de competição alguns dias depois pelo Wells Fargo, o que teria impedido os acionistas do Wachovia de receberem sua oferta claramente superior. A Seção 126(c) varre claramente essa barreira para a "eficiência na alocação de recursos" no mercado, permitindo que os ativos do Wachovia fossem para seu uso de maior valor no Wells Fargo. No momento em que escrevia o livro, o Citigroup, Wells Fargo e Wachovia estavam envolvidos em um litígio sobre esta multibilionária negotiauction.

Fecharei essa discussão com algumas ideias sobre a sabedoria do princípio legal que vimos no caso da Omnicare e na Seção 126(c) da lei de resgate das empresas. Com a vantagem de olhar em retrospecto, é fácil preferir a oferta de $144 milhões da Omnicare sobre a oferta de $42 milhões da Genesis ou os $7 por ação do Wells Fargo sobre o $1 por ação do Citi. Mas como vimos repetidamente ao longo deste livro, os movimentos de configuração podem gerar valor para ambas as partes porque, por definição, tais movimentos, quando aceitos, são melhores que as MAANAs identificadas por ambos os lados. Tanto a NCS HealthCare quanto o Wachovia eram vendedores desesperados, e a Genesis e o Citigroup, respectivamente, foram induzidos a fazer acordos somente através de movimentos de configuração que evitassem a posterior competição.

Se as regras legais tirarem esses movimentos de configuração do kit de ferramentas, os futuros compradores nem viriam à mesa de negociação e os futuros vendedores na situação da NCS e do Wachovia ficariam em posição pior. O *The Wall Street Journal* observou isso, afirmando na sequência do acordo entre o Wells Fargo e o Wachovia: "Funcionários do governo estão preocupados com o fato de que a maneira pela qual se desenrolou o acordo com o concorrente possa dissuadir os bancos dos Estados Unidos de fazer acordos em transações assistidas pelo governo."[17] Um advogado que observava o acordo na época colocou de forma mais grave: "Um acordo é um acordo pelo ponto de vista da agência. Ninguém acreditará neles [a FDIC] no futuro se fizeram isso."[18] Mesmo assim, a FDIC intermediou o acordo Wells-Wachovia.

Utilizando a terminologia do Direito e da Economia, a regra estabelecida no Omnicare e endossada na Seção 126(c) possui alguma atração *post factum*, mas cria significativos custos *ex ante,* ao limitar os termos permitidos no acordo. A melhor regra seria aquela em que, na ausência de negociação em benefício próprio ou conflitos de interesse, os movimentos de configuração que a Genesis e o Citigroup estabeleceram tivessem sua execução forçada por uma questão de direito.

Contudo, não é melhor para a sociedade quando o Wells Fargo assume os ativos em vez do Citi? Os ativos problemáticos do Wachovia não serão mais cobertos pelo FDIC e não há dúvida de que os acionistas do Wachovia estão muito mais felizes com a oferta do Wells Fargo do que estariam com a oferta do Citi. O movimento de configuração do Citi não teria impedido esse resultado desejável? De modo nenhum. Manter obrigatório o movimento de configuração ainda permitiria que o Wells Fargo comprasse os ativos do Wachovia – só que do Citi em vez do Wachovia (os economistas reconhecerão isso como aplicação direta do Teorema de Coase). Teria sido alcançada a alocação eficiente de recursos, mas o Citi teria obtido uma parte dos lucros do negócio. Esse resultado parece apropriado, pois, na verdade, foi o Citi que inicialmente salvou o Wachovia.

De fato, podemos chegar a algo parecido com esse resultado, embora de uma forma duvidosa. O Citi renunciou a sua reivindicação sobre os ativos do Wachovia e no lugar disso está processando o Wells Fargo por "interferência ilícita" no acordo de exclusividade Citi-Walchovia. Em seu processo judicial, o Citi busca $60 bilhões em danos, mais do que a metade da capitalização de mercado do Wells Fargo. Em parte, a teoria do caso é que a Seção 126(c) não invalidou o acordo de exclusividade do Citi-Wachovia até a sexta-feira, 3 de outubro, quando o presidente Bush assinou a lei – 12 horas *depois* do Wachovia ter quebrado seu acordo de exclusividade com o Citi e de ter ocorrido a interferência ilícita do Wells Fargo. A Seção 126(c) da EESA invalida qualquer "suspensão existente ou futura", portanto, ela alcança o contrato do Citi, mas ela não retroage para invalidar o ato ilícito do Wells Fargo contra o Citi.

Assim, por esse e outros motivos, a Seção 126(c) não elimina o problema e o caso possui um significativo valor de liquidação para o Citi. No final, podemos ter o que os estudiosos de Direito e de Economia chamariam de "quebra eficiente do contrato": o Wells Fargo fica com os ativos, o Citigroup obtém um lucro do acordo através da liquidação e os acionistas do Wachovia conseguem seus $7 por ação. A abordagem proposta por mim sobre os movimentos de configuração chegaria ao mesmo lugar onde as partes tendem a terminar, mas sem o custo e o incômodo do amargo contencioso entre as partes.

MOVIMENTOS DO TOMADOR NO PROCESSO

Nesta seção final, passo dos movimentos do organizador do processo para os movimentos do tomador no processo. Examino duas categorias de movimentos utilizados pelos tomadores no processo que muitas vezes levantam aspectos legais: apresentação de lances através de outros e conluios entre licitantes.

Apresentação de Lances Através de Outros

Nos Capítulos 4 e 5, discuti a negociação que ocorre entre o vendedor e os peritos do lado comprador ou outros envolvidos. Em geral, o vendedor deseja um processo aberto e transparente em que os licitantes pouco informados possam pegar carona com licitantes experientes. Na venda da Revlon, por exemplo, os diretores da empresa obtiveram um excelente preço porque Ron Perelman conseguiu pegar carona com os lances de Ted Forstmann, que era o licitante favorecido no negócio. Uma tática comum utilizada por especialistas ou pessoas bem informadas sobre o negócio para cortar essa dinâmica é fazer os lances através de agentes.

Considere um caso hipotético. Um quadro bastante conhecido de Degas está à venda na Sotheby's. Antes de o leilão começar, os licitantes estão nervosamente olhando uns para ou outros para ver quem vai disputar o quadro. Com o leilão em andamento, um licitante misterioso – desconhecido no mundo fechado dos colecionadores de arte e de curadores – está fazendo ofertas de forma agressiva. Olhares perplexos correm pela sala entre os suspeitos usuais. O licitante misterioso vence o leilão e somente então revela que apresentava os lances em nome de Madame Engelworth, uma colecionadora de arte e especialista em Degas bastante conhecida. Engelworth utilizou um agente em seu benefício para que os outros licitantes não pudessem pegar carona em seu conhecimento na avaliação dos quadros de Degas.

A Sotheby's foi fraudada? Não exatamente. Engelworth utilizou o conhecido dispositivo do principal interessado oculto. Os compradores geralmente agem como interessados ocultos em situações nas quais os vendedores cobrariam preços maiores se soubessem a identidade do comprador. No final dos anos 1990, por exemplo, a Universidade de Harvard comprou imóveis residenciais em torno de seu *campus* atual como interessado oculto. Provavelmente Harvard teria pago bem mais se tivesse agido diretamente. Os compradores também agem como interessados ocultos em situações de negotiauction para evitar que outros peguem carona em sua experiência. Engelworth provavelmente teria pago um preço maior, ou mesmo não ganharia o leilão, se os outros pudessem ter observado diretamente os seus lances.

Independentemente da motivação, o conceito de interessado oculto está bem estabelecido na lei dos Estados Unidos e geralmente é legal. A lei do agenciamento permite que um agente "vincule", em contrato, um terceiro com o seu principal. Imagine que a Sotheby's tenha se sentido enganada pela tática de Engelworth e decidisse não vender o quadro para ela. Engelworth poderia processar a Sotheby's para obter o quadro, embora a Sotheby's não estivesse ciente de sua existência e jamais tivesse assinado um contrato de venda desse quadro para ela.

Por outro lado, se Engelworth mudasse de ideia e decidisse não comprar o quadro, a Sotheby's poderia processá-la, obrigando-a a cumprir com o contrato. Isso é possível mesmo se o agente tivesse violado instruções explícitas de Engelworth. Por exemplo, imagine que Engelworth tivesse instruído seu agente a fazer lances até $2 milhões e depois desistisse, mas que, no calor da disputa do leilão, o agente vencesse com um lance de $2,2 milhões. A Sotheby's pode conseguir a execução do contrato contra Engelworth porque não fazia a menor ideia de que o agente estava apresentando lances em nome de outra pessoa. Explicando de outra maneira, a lei de agenciamento oferece para Engelworth o benefício de ser um interessado oculto, mas depois coloca sobre ela o risco de o agente ser uma "pessoa imprevisível" (os fatos poderiam ter acabado de forma diferente se a Sotheby's soubesse que o agente estava apresentando lances em nome de Engelworth ou, pelo menos, em nome de outra pessoa).[19]

Existe uma exceção importante quando o interessado sabe que o terceiro não faria o negócio se as identidades verdadeiras fossem conhecidas. Imagine, por exemplo, que Madame Engelworth tenha sido colocada em uma lista negra pela Sotheby's por causa de uma forte suspeita (nunca provada) de que ela pagara para outros licitantes não participarem em leilões de quadros de Degas. Quando a Sotheby's descobrir que Engelworth comprou o quadro de forma sub-reptícia através de um agente, ela tem o direito de cancelar a venda. Os licitantes não podem se esconder atrás de agentes para comprar algo que não pudessem adquirir por si próprios.[20]

Conluio entre Licitantes

Além da apresentação de lances através de outros, outra tática comum entre os tomadores no processo – uma que certamente faz com que comecem a piscar as luzes de alerta legal – é o conluio entre licitantes. Em *algum* momento é permitido que os licitantes conversem entre si em uma situação de apresentação de ofertas? Se a resposta for positiva, o que é permitido que digam? A lei antitruste estabelece claramente uma importante sombra legal sobre os tipos de movimentos de rearranjo que podem ser feitos em negotiauctions.

O ponto de partida nos Estados Unidos é a Seção 1 da Sherman Act, que determina que "qualquer contrato, associação em termos de confiança ou outra forma, ou conspiração, que restrinja os negócios ou o comércio entre os vários estados ou com nações estrangeiras, será declarado ilegal". Sem conhecer exatamente o que estabelece essa lei, muitos empresários assumem que a lei antitruste dos Estados Unidos proíbe qualquer conversação entre os licitantes em uma negotiauction. Se essa suposição fosse correta, então muitos dos movimentos de rearranjo discutidos no Capítulo 9 seriam categoricamente ilegais.

Em alguns casos, a regra de ouro do empresário está absolutamente correta. Pegue um exemplo clássico de conluio entre licitantes de meados da década de 1970. O US Forest Service* regularmente se utiliza de leilões para vender

---

**Nota do Tradutor*: Agência do Departamento de Agricultura dos Estados Unidos que administra as 150 reservas florestais e 20 áreas de proteção ambiental do país.

lotes específicos de terras para empresas do setor de serraria e compensados. Quatro dessas indústrias fazem 90% das compras de madeira em uma região determinada próxima a Detroit. Na maior parte dos anos 1960 houve uma feroz competição entre elas, o que, naturalmente, provocou preços maiores nos leilões de madeira. Então, de acordo com o tribunal,

> Essa "guerra de preços" terminou subitamente em 2 de junho de 1967, quando o acusado Vernon Morgan "ficou surpreso" ao perceber que ninguém apresentava lances contra ele em um leilão de uma pequena quantidade de madeira governamental. Morgan disse que decidiu "experimentar" e, mais tarde naquele mesmo dia, não ofereceu nenhum lance contra o acusado Freres em outra venda.[21]

A conivência implícita continuou, os preços despencaram, o Departamento de Justiça entrou com processo e o tribunal não teve problemas para condenar os fabricantes do setor de madeira por violação da Seção 1 da Sherman Act. Observe que os licitantes não chegaram realmente a conversar entre si, o que destaca o ponto de que as palavras não são necessárias para caracterizar uma violação da lei antitruste. Como disse o tribunal em outro caso de antitruste, uma "piscadela pode significar mais do que palavras".[22]

Em outras situações, entretanto, mesmo acordos explícitos entre os licitantes não violam a Sherman Act se o acordo promover (em vez de impedir) a competição ou a eficiência no mercado. Ao longo deste livro vimos vários movimentos de rearranjo que geraram valor e, portanto, atendem essa condição. Considere novamente a venda do ABN AMRO (ver Capítulo 9), no qual o consórcio do Royal Bank of Scotland, Banco Santander e Fortis claramente agiram em colaboração; porém, essa associação gerou um valor que os permitiu apresentar um preço arrasa-quarteirão para os acionistas do ABN AMRO bem acima do que o Barclays poderia pagar. Ou considere a negotiauction da Toys "R" Us (também discutida no Capítulo 9), na qual o movimento de rearranjo do KKR revelou valor significativo que permitiu ao consórcio Bain/KKR/Vornado superar os outros dois licitantes.

Os "clubes de investimento" em aquisições de participações em empresas fornecem uma aplicação interessante desses pontos. Começando no início dos anos 2000, os compradores de participações em empresas passaram a se organizar em "clubes de investimento" (leia-se: a fazer conluios) para apresentar ofertas por empresas de capital aberto. Os casos da Neiman Marcus e da

Toys "R" Us discutidos no Capítulo 9 são exemplos dessa tendência. Em 2006, os clubes de investimento representavam aproximadamente metade dos $400 bilhões em volume de negócios com participações em empresas. O Departamento de Justiça (DOJ) ficou alarmado com os potenciais efeitos contrários à concorrência dos clubes de investimento e, em outubro de 2006, enviou "questionários" para várias proeminentes instituições de fundos de investimento em busca de mais informações.

Os investidores se defenderam com a ideia de que os clubes de investimento correspondiam a um clássico movimento de rearranjo (para usar a minha terminologia), que criava valor ao distribuir o risco e a aumentar seu poder de fogo como um todo. Os investidores apontaram ainda que seria impossível, na maioria dos negócios, trazer todos os prováveis compradores para o clube, assegurando que a pressão de preço exercida por outros licitantes na negotiauction forçaria o clube a pagar o preço cheio e justo. Talvez reconhecendo implicitamente esses pontos, o DOJ não apresentou ainda nenhuma ação judicial contra as empresas de investimento por violações da lei antitruste, após três anos de investigações. O estudo de caso ilustra a questão de que sem um comportamento contrário à concorrência, não há violação da lei. A sabedoria convencional entre os profissionais, de que você nunca deve conversar com licitantes concorrentes, é muito categórica, e pode dificultar movimentos de rearranjo que geram significativo valor.

CONCLUSÃO

Neste livro, tentei sintetizar o que aprendi em minha investigação sobre leilões e negociações ao longo da última década. O resultado é uma afirmação descritiva e uma afirmação prescritiva. A afirmação descritiva é que a maioria dos negócios no mercado competitivo de hoje possui elementos tanto de leilões quanto de negociações. Se o convenci desse ponto, ou se você já sabia, então concordará comigo que, de certa forma, é surpreendente que o pensamento acadêmico sobre leilões e negociações tenha se desenvolvido em campos separados. Como observei na Introdução, leilões e negociações são as únicas duas maneiras pelas quais os ativos são transferidos em qualquer economia de mercado. Ainda assim, até onde eu saiba, este é o primeiro livro a trazer ao mesmo tempo essas duas áreas acadêmicas, estudando os leilões e as negociações em conjunto.

Entretanto, como espero que os leitores concordem, não é suficiente simplesmente resumir o que a teoria de leilões e a teoria de negociações têm a dizer para a prática dos negócios, pois os negociadores sofisticados estão constantemente combinando esses dois mecanismos, entrelaçando-os de forma que carreguem pouca semelhança com aqueles modelos puros de leilões e de negociações que os acadêmicos tradicionalmente vêm estudando. De fato, a "negotiauction" se transformou no mecanismo mais comum de compra e venda de ativos em nosso mercado global cada vez mais competitivo. Para ser claro, nem todas as negociações são negotiauctions: se você estiver negociando com seu cônjuge ou resolvendo uma disputa jurídica, por exemplo, isso será uma negociação. Também nem todos os leilões são negotiauctions: se você estiver comprando objetos de arte na Sotheby's ou vendendo flores na Holanda, então estará em um leilão. Mas esses casos puros são mais exceções do que regra.

O ponto a destacar é que a maior parte do que sempre chamamos de "negociações" e "leilões" corresponde, na verdade, a negotiauctions. Espero que essa afirmação em si mesma tenha valor, já que é muito mais fácil atuar bem em um jogo quando você entende qual é o jogo em que você está participando.

Meu objetivo, entretanto, não é apenas descritivo; é também o de fornecer prescrições de como atuar nesse campo complexo. As metodologias acadêmicas tradicionais que utilizei em todo o meu trabalho anterior, tais como testes empíricos em grandes amostras, não podem ser empregadas para responder essa questão prescritiva porque as negotiauctions são, por definição, difíceis de reconhecer com perfeição. Por exemplo, as abordagens acadêmicas padrões no campo das negociações exigem alguma definição do processo de negociação, mas uma das características importantes da negotiauction é que as regras do jogo em si mesmas também devem ser determinadas.

Assim, adotei uma abordagem indutiva nesse projeto, examinando situações de negotiauctions para buscar padrões comuns. Essa metodologia baseada em casos tem sido usada há mais de um século na Harvard Business School e, nesse período, tem gerado algumas contribuições importantes para a prática dos negócios. Essa abordagem tem a vantagem de lidar com a desordem inerente às situações reais, em vez de apenas "procurar onde tem luz". Claro que pode facilmente falhar se não emergirem temas comuns da análise sistemática, e algumas vezes simplesmente não existem temas comuns – cada situação é idiossincrática.

Em vez disso, porém, o que me impressionou no exame das negotiauctions por setores econômicos e regiões geográficas foi o aparecimento regular de certos tipos de movimentos. Em vez de considerar o jogo como dado, os sofisticados negociadores profissionais ficam avaliando constantemente a possibilidade de movimentos de configuração, movimentos de rearranjo e movimentos de encerramento. Essa ideia prescritiva de como atuar em situações de negotiauctions não é uma estrutura única de organização, como a teoria de negociações oferece. Também não é um conjunto de fortes previsões ou teoremas, como o que a teoria de leilões oferece. Na verdade, ela é uma taxonomia de movimentos que destaca o que você deve buscar em situações de negociações complexas.

Em alguns aspectos, então, as prescrições fornecidas neste livro são menos ambiciosas do que a teoria da negociação e a teoria do leilão normalmente oferecem. É possível que uma única estrutura de organização para negociações, leilões e negotiauctions seja desenvolvida ao longo do tempo. Mas também parece ser provável que tenhamos alcançado o nível de generalidade apropriado para as negotiauctions, e que mais ideias virão somente de análises profundas de um problema específico. Se isso ocorrer, acredito que a taxonomia apresentada neste livro ainda represente uma contribuição importante ao identificar três – e somente três – tipos de movimentos. Em vez de procurar de forma mais ampla por movimentos de mudança de jogo, as categorias de movimentos de configuração, movimentos de rearranjo e movimentos de encerramento lhe dizem onde procurar.

Para ilustrar este último ponto terminarei onde comecei, com a venda da Cable & Wireless America. Lembre que sete licitantes apareceram na quarta-feira, 21 de janeiro de 2004, às 8h30. Os vendedores da CWA conduziram um leilão de múltiplas rodadas com lances fechados nas 34 horas seguintes, e depois mudaram para um leilão à viva-voz entre os dois últimos licitantes – Savvis Communications e Gores Technology. A Savvis ganhou o leilão com um lance de $168,3 milhões e depois vendeu imediatamente cinco centros de processamento de dados para a DuPont Fabros por $52 milhões e os arrendou novamente por 15 anos.

Imagine uma sequência diferente de eventos em que os vendedores da CWA tivessem utilizado uma abordagem de negotiauction de um leilão seguido de negociação, como sugerido pelo sistema LAVC. No final, os vendedores teriam conseguido extrair um preço maior através de negociações paralelas com a Gores e a Savvis, tendo em vista o grande valor que a Savvis identificava na diversificação de sua base de clientes? Os vendedores da CWA teriam conseguido absorver algum valor do negócio paralelo da Savvis-DuPont Fabros através dessas negociações individuais ou através de um movimento de rearranjo de conversas centralizadas? Talvez ainda mais importante: algum dos licitantes poderia ter ganhado a empresa com um preço significativamente mais baixo através de um movimento de encerramento realizado no momento adequado quando o leilão havia parado na faixa dos $60 milhões?

A verdade é que nunca saberemos as respostas para essas questões porque não foi assim que os fatos aconteceram. Mas este livro tenta colocar tais questões sobre a mesa para os negociadores que estejam no calor da batalha. Espero que as respostas ajudem mesmo aqueles profissionais mais experientes e sofisticados à "levar o seu jogo para o próximo nível" em situações de negociações complexas.

NOTAS

INTRODUÇÃO

1. A menos que seja especificado de outra forma, todos os fatos desse caso vieram de Guhan Subramanian e Eliot Sherman, "Cable & Wireless America", Harvard Business School, Caso 9-908-004, julho de 2007.
2. Utilizo a expressão com a gentil permissão do Professor Teich, na medida em que tal autorização seja necessária.
3. Transcrições do leilão da Cable & Wireless America, 21 e 22 de janeiro de 2004, 6.
4. Ibid., 15.
5. Entrevista com o banqueiro da Cable & Wireless America, 17 de agosto de 2007.
6. "Savvis to Pay $155M for C&W USA", *ComputerWire News*, 26 de janeiro de 2004.
7. "We Must Have Order!", *Washington Post*, 2 de fevereiro de 2004.

CAPÍTULO 1

1. A menos que seja especificado de outra forma, todos os fatos desse caso vieram de Guhan Subramanian e Michelle Kalka, "Frasier (A)", Harvard Business School, Caso 801447 (maio de 2001).
2. Sallie Hofmeister e Greg Braxton, "NBC, Paramount at Impasse over Frasier Renewal", *Los Angeles Times*, 7 de dezembro de 2000.
3. Gary Levin, "Grammer Gets Wish: 11 Seasons for Frasier", *USA Today*, 7 de março de 2001.
4. Kerry McCluggage, em entrevista com o autor, 20 de setembro de 2008.
5. Ibid.
6. Geraldine Fabrikant, "High Hopes at Viacom for Paramount Studio", *International Herald Tribune*, 6 de janeiro de 2005.

7. Bill Carter, "The Thursday Night Fights; CBS Giving NBC Stiff Competition on a Day It Owns", *New York Times*, 18 de janeiro de 2001.
8. Robert J. Robinson, "Errors in Social Judgment: Implications for Negotiation and Conflict Resolution, Part 2 – Partisan Perceptions", Harvard Business School, Caso 9-897-104 (fevereiro de 1997).
9. Bill Carter, "NBC Faces Prospect of Losing 'Frasier' in Contract Renewal Talks", *New York Times*, 7 de dezembro de 2000.
10. McCluggage, entrevista.

CAPÍTULO 2

1. A menos que seja especificado de outra forma, todos os fatos desse caso vieram de Guhan Subramanian e Michelle Kalka, "Frasier (A)", Harvard Business School, Caso 801447 (maio de 2001).
2. David A. Lax e James K. Sebenius, *Negociação 3-D: ferramentas poderosas para modificar o jogo nas suas negociações* (Porto Alegre: Bookman, 2008), 191.
3. Richard P. Larrick e George Wu, "Claiming a Large Slice of a Small Pie: Asymmetric Disconfirmation in Negotiation", *Journal of Personality and Social Psychology* 92 (2007): 212-33. Larrick e Wu propõem uma evolução interessante da história para seu achado. O que acontece quando você estima um bolo maior do que ele é na realidade e, portanto, faz uma primeira oferta muito agressiva? Você descobre: o outro lado lhe diz que você não está na ZOPA; então, ou você faz concessões para chegar à ZOPA (se você acreditar nisso) ou desiste do acordo (se não acreditar). O que acontece quando você estima um bolo menor do que ele é na realidade, e faz uma primeira oferta muito cautelosa? Você nunca descobre: o outro lado continua fazendo o jogo um pouco mais para você se sentir bem, mas rapidamente fecha o acordo. Assim, quando você superestima o tamanho do bolo, você é corrigido, mas quando subestima o tamanho do bolo, não é corrigido. Ao longo de uma vida de negociações, o resultado é uma tendência a imaginar um bolo menor do que ele é na realidade.
4. Deepak Malhotra e Max Bazerman, *O gênio da negociação: as melhores estratégias para superar os obstáculos e alcançar excelentes resultados* (Rio de Janeiro: Rocco, 2009), 35.
5. O que segue vem de Max H. Bazerman e James J. Gillespie, "Betting on the Future: The Virtues of Contingent Contracts", *Harvard Business Review*, setembro de 1999, 155-60. Entretanto, existem alguns limites importantes nas vantagens dos contratos de contingência. Ver Guhan Subramanian, "A Contingent Contract? Weight the Costs and Benefits of Making a 'Bet'", *Negotiation*, agosto de 2006, 9-11.
6. David A. Lax e James K. Sebenius, *The Manager as Negotiator: Bargaining for Cooperation and Competitive Gain* (Nova York: Free Press, 1986), 38-39.

CAPÍTULO 3

1. Mark Gongloff, "Treasury Debt Hasn't Lost Much Luster", *The Wall Street Journal*, 12 de novembro de 2008.
2. Mark Gongloff, "The World Still Lines Up for Treasurys", *The Wall Street Journal*, 17 de fevereiro de 2009.
3. Chantale LaCasse, Marcia Kramer Mayer, Arun Sen e Elaine Buckberg, "Buying the Bad Stuff: Implementation Considerations for the Paulson Plan" (NERA Economic Consulting white paper, 27 de setembro de 2008).
4. Os economistas Avinash Dixit e Barry Nalebuff levantaram um ponto semelhante. Ver Avinash Dixit e Barry Nalebuff, "$700 Billions Going Once, Going Twice....: How to Make Toxic Asset Auctions Work", *Big Money*, 29 de setembro de 2008, www.thebigmoney.com/articles/making-bail/2008/09/29/700-billion-going-once-going-twice.
5. Davis Polk & Wardwell, memorando aos clientes, 4 de outubro de 2008.
6. Deborah Solomon, "Bailout's New Phase: Consumers", *The Wall Street Journal*, 13 de novembro de 2008.
7. Deborah Solomon, Jon Hilsenrath e Damian Paletta, "U.S. Plots New Phase in Banking Bailout", *The Wall Street Journal*, 17 de janeiro de 2009.
8. Stanley Foster Reed e Alexandra Reed Lajoux, *The Art of M&A: A Merger Acquisition Buyout Guide*, 3ª ed. (Nova York: McGraw-Hill, 1999), 486.
9. Noel Dunn, JPMorgan Chase, em mensagem por e-mail para o autor, 9 de julho de 2008. Utilizado com permissão.
10. Jeremy Bulow e Paul Klemperer, "Auctions versus Negotiations", *American Economic Review* 86 (1996): 180. Os professores Xiaohua Lu e Preston McAfee chegaram de forma semelhante à conclusão de que os leilões, mas não as negociações, são evolutivamente estáveis no mercado. Ver Xiaohua Lu e R. Preston McAfee, "The Evolutionary Stability of Auctions over Bargaining", *Games and Economic Behavior* 15 (1996): 228-54.
11. Tom Kinnaird, Chefe do Commercial & Procurement Services, WPP Group, em mensagem por e-mail para o autor, 2 de julho de 2008. Utilizado com permissão.
12. Steve New, Tony Meakin e Ruth Southworth, *Understanding the E-Marketspace: Making Sense of B2B* (Oxford: Said Business School, 2002), 10.
13. "Most Buyers Shun E-Auctions", *Supply Management*, 29 de novembro de 2007, 10.
14. A equação é $(n - 1)/(n + 1)$, em que *n* é o número de licitantes.
15. Josh Lerner, Felda Hardymon e Ann Leamon, "Apax Partners and Xerium S.A.", Harvard Business School, Caso 9-804-084 (setembro de 2006).
16. US Bankruptcy Court, Distrito de Delaware, transcrição das moções na audiência do Comendador Charles G. Case III (23 de janeiro de 2004), 57.

17. Entrevista com o banqueiro líder da Cable & Wireless America, 14 de agosto de 2007.
18. Ibid.
19. Alvin E. Roth e Axel Ockenfels, "Last-Minute Bidding and the Rules for Ending Second-Price Auctions: Evidence from eBay and Amazon Auctions on the Internet", *American Economic Review* 92 (setembro de 2002): 1093-1103.
20. US Bankruptcy Court, Distrito de Delaware, transcrição das moções em audiência, 68.
21. Agradeço o professor Ian Larkin da Harvard Business School por essa análise.
22. Savvis Communications Corporation, reunião de apresentação de resultados, 10 de fevereiro de 2004.
23. Rachel Melcer, "Savvis Soars: Things Are Looking Up at Company That Survived Dot-Com Bust", *St. Louis Post-Dispatch*, 4 de março de 2007 (acessado na internet em 15 de dezembro de 2008, via Factiva, www.factiva.com).
24. *Ver* US Code title 11, sec. 363; Regras Locais para o U.S. Bankruptcy Court, Distrito de Delaware, Rule 6004-1. Ao contrário, as regras locais convidam explicitamente à possibilidade de não leiloar o ativo. *Ver* Rule 6004-1(b)(iv)(D): "A Moção de Venda precisa revelar se um leilão é contemplado e destacar qualquer disposição pela qual o devedor tenha concordado em não solicitar ofertas concorrentes pela propriedade objeto da Moção de Venda ou qualquer outro limite de compra do imóvel."
25. Tobias Schoenherr e Vincent A. Mabert, "Online Reverse Auctions: Common Myths versus Evolving Reality", *Business Horizons* 50 (2007): 373-84 (citando o entrevistado).
26. As palavras exatas foram mudadas ligeiramente por razões de confidencialidade. O conteúdo permanece inalterado.
27. John Asker e Estelle Cantillon, "Properties of Scoring Auctions", *Rand Journal of Economics*, 39, nº 1 (primavera de 2008): 69-86. Uma utilização dessa abordagem de um sistema de pontuação é o algoritmo da "Negotiauction" proposto pelo Professor Jeffrey Teich da Universidade do Estado do Novo México junto com seus colegas. Jeffrey E. Teich, Hannele Wallenius, Jyrki Wallenius e Alexander Zaitsev, "Designing Electronic Auctions: An Internet-Based Hybrid Procedure Combining Aspects of Negotiations and Auctions", *Electronic Commerce Research* 1 (julho de 2001): 301-14. O algoritmo da Negotiauction introduz aspectos negociáveis dos lances (ANLs), que são questões além de preço e quantidade com as quais os licitantes se preocupam (por exemplo, garantia e prazo de entrega). O organizador do processo estabelece preços para esses ANLs e, então, o software penaliza ou premia cada oferta de acordo com os ANLs. Esse processo permite comparação entre ofertas, apesar de elas terem características diferentes.
28. Esse ponto remonta a Victor Goldberg, "Competitive Bidding and the Production of Precontract Information", *Bell Journal of Economics* 8, nº 1 (1977): 250-61.

29. Patrick Bajari, Robert McMillan e Steven Tadelis, "Auctions versus Negotiations in Procurement: An Empirical Analysis", *Journal of Law, Economics & Organization* (2008), http://jleo.oxfordjournals.org.
30. Entrevista com profissionais da cidade de Nova York, 11 de agosto de 1999.
31. Ver, por exemplo, Guhan Subramanian, "Go-Shops vs. No-Shops in Private Equity Buyouts: Evidence & Implications", *Business Lawyer* 63 (maio de 2008): 729-60.
32. John R. Wilke, "Pittsburgh's Rooneys Quietly Shop the Steelers", *The Wall Street Journal*, 8 de julho de 2008.
33. Kris Maher, "Hail Mary': Steelers Fans Face Realities of a Sale", *The Wall Street Journal*, 9 de julho de 2008.
34. Gerry Dulac e Ed Bouchette, "Rooney Brothers Agree on Price for Steelers; Obama Tax Increase Is a Factor", *Pittsburgh Post-Gazette*, 15 de novembro de 2008.

CAPÍTULO 4

1. Paul Milgrom e Robert Weber, "A Theory of Auctions and Competitive Bidding", *Econometrica* 50 (setembro de 1982): 1089-1122.
2. A evidência empírica em leilões de madeira no noroeste dos Estados Unidos é consistente com essa conclusão. Jonathan D. Levin, Susan Athey e Enrique Seira, "Comparing Open and Sealed Bid Auctions: Theory and Evidence from Timber Auctions" (FEEM Working Paper nº 142. 4 de dezembro de 2004).
3. "Betting on Blockbusters: Lessons from Book Auctions", *Negotiation*, abril de 2009, 5-6.
4. Consistente com esse ponto, um estudo acadêmico constata que os vendedores recebem preços maiores no eBay quando começam com um preço inicial menor. Ver Steven T. Anderson, Daniel Friedman, Garrett H. Milam e Nirvikar Singh, "Seller Strategies on eBay" (UC Santa Cruz Economics Working Paper nº 564, abril de 2004).
5. Phil Midlin, em entrevista com o autor, 9 de junho de 2008.
6. Elizabeth Pope, "Wall Street of Flowers", *American Way Magazine*, 15 de abril de 2005, www.americanwaymag.com/dirk-hogervorst-luc-ribberink-new-york-stock-exchange-chicago-board-of-trade.
7. Ibid.
8. Sydney Fish Market, "Sydney Fish Market Fast Facts", www.sydneyfishmarket.com.au (acessado em 4 de agosto de 2008).
9. Ken Steiglitz, *Snipers Shills, & Sharks: eBay and Human Behavior* (Princeton, NJ: Princeton University Press, 2007), 11-12.
10. *Ver*, por exemplo, Paul Milgrom e Lawrence Ausubel, "The Lovely but Lonely Vickrey Auction", em *Combinatorial Auctions*, eds. Peter Crampton, Richard

Steinberg e Yoav Shoham (Cambridge MA: MIT Press, 2005), 17-40.

11. Michael H. Rothkopf, Thomas J. Teisberg e Edward P. Kahn, "Why Are Vickrey Auctions Rare?" *Journal of Political Economy* 98, nº 1 (1990): 94-109 (acessado em 5 de agosto de 2008 via JSTOR, www.jstor.org/pss/2937643).
12. Ibid.
13. eBay, "About Bid Increments", http://pages.ebay.com/help/buy/bid-increments.html#how (acessado em 23 de novembro de 2008).
14. Citado em Axel Ockenfels e Alvin E. Roth, "Late and Multiple Bidding in Second Price Internet Auctions: Theory and Evidence concerning Different Rules for Ending an Auction", *Games and Economic Behavior* 55 (maio de 2006): 297-320.
15. Ibid.
16. Peter Tufano e Alberto Moel, "Bidding for Antamina", Harvard Business School, Caso 297-054 (setembro de 1997).
17. Saul Hudson, "Forty Firms Qualify for Peru Copper Prospect Sale", *Reuters Financial Service*, 21 de junho de 1996.
18. Tufano e Moel, "Bidding for Antamina".
19. "Canadian Group Hopes to Double Antamina Reserves", *Reuters Financial Service*, 12 de julho de 1996, citado em Peter Tufano e Alberto Moel, "Bidding for Antamina Teaching Note", Harvard Business School, Caso 5-298-102 (9 de fevereiro de 1998).
20. "Antamina Surpasses Rio Algam, Inmet Hopes", *Reuters News*, 27 de fevereiro de 1997 (acessado em 15 de julho de 2008, via Factiva, www.factiva.com).
21. Alistair Scrutton, "Canada Group Says Yes to $2.2 Bln Peru Mine", *Reuters News*, 16 de setembro de 1998 (acessado em 15 de julho de 2008 via Factiva, www.factiva.com).
22. "Antamina Makes US$111.5mn 'Complimentary' Payment", *Business News Americas*, 5 de agosto de 2002 (acessado em 15 de julho de 2008 via Factiva, www.factiva.com).

CAPÍTULO 5

1. Deepak Malhotra, Gillian Ku e J. Keith Murninghan, "When Winning Is Everything", *Harvard Business Review*, maio de 2008, 7.
2. Max Baxerman e William Samuelson, "I Won the Auction but Don't Want the Prize", *Journal of Conflict Resolution* 27 (1983): 618-34.
3. Imagine que Ernie tenha acabado de comprar a empresa por $130. Existe uma questão sutil e interessante de por que Ernie deveria revender a sociedade para Bert por menos do que ele acabou de comprar, como sugerido no texto. A razão é que a MAANA de Ernie nessa renegociação é comprar a sociedade por $130, que representa uma perda de $30 para ele. Assim, ele deve estar disposto a ven-

der por qualquer preço que reduza sua perda porque isso seria melhor do que sua nova MAANA. Teoricamente, o preço pelo qual Ernie comprou a sociedade é irrelevante para fixar o preço pelo qual ele deve revender a sociedade para Bert.

4. James Surowiecki, *A sabedoria das multidões: por que muitos são mais inteligentes que alguns e como a inteligência coletiva pode transformar os negócios, a economia, a sociedade e as nações* (Rio de Janeiro: Record, 2006).
5. James Surowiecki, "The Agony of Victory and the Thrill of Defeat", *New Yorker,* 8 de janeiro de 2000, 31.
6. Ibid.
7. "Clinton's Earnings Exceed $100 m" (5 de abril de 2005), BBC News Online, http://news.bbc.co.uk/2/hi/Americas/7331834.stm.
8. US Department of the Interior, Mineral Management Services, *Federal Offshore Statistics: 1995, Part I – Federal Offshore Lands,* MMS 97-0007 (1995). A Outer Continental Shelf Lands Act (Lei das Terras na Plataforma Continental) de 1954 e emendas posteriores preveem a jurisdição federal sobre as terras submersas da OCS (outer continental shelf – plataforma continental exterior) e também autoriza a Secretaria do Interior a arrendar essas terras para exploração de minérios.
9. E.C. Capen, R.V. Clapp e W.M. Campbell, "Competitive Bidding in High-Risk Situations", *Journal of Petroleum Technology* 23 (junho de 1971): 641-53.
10. A menos que seja especificado de outra forma, todos os fatos desse caso vieram de Guhan Subramanian e Michelle Kalka, "Auction Vignettes", Harvard Business School, Caso 9-902-072 (janeiro de 2002).
11. Surowiecki, "Agony of Victory".
12. "252", *60 Minutes* (television broadcast, 25 de março de 2001)
13. "Selig Gives Blessing to Mega-merger" (15 de fevereiro de 2004), ESPN.com.
14. "Rangers Would Get Soriano, Financial Flexibility" (14 de fevereiro de 2004), ESPN.com.
15. Howard Raiffa, *Negotiation Analysis: The Science and Art of Collaborative Decision Making* (Cambridge, MA: Harvard University Press, 2002), 173-77.
16. E. Roe Stamps, comunicação pessoal, 1º de maio de 2008.
17. www.auctionwatch.com/awdaily/tipsandtactics/buy-bid2.html, citado em Alvin E. Roth e Axel Ockenfels, "Last-Minute Bidding and the Rules for Ending Second-Price Auctions: Evidence from eBay and Amazon Auctions on the Internet", *American Economic Review* 92 (setembro de 2002): 1093-1103, fn. 8.
18. Axel Ockenfels e Alvin E. Roth, "Late and Multiple Bidding in Second Price Internet Auctions: Theory and Evidence concerning Different Rules for Ending an Auction", *Games and Economic Behavior* 55 (maio de 2006): 297-320.
19. Citado em Guhan Subramanian, "The Drivers of Market Efficiency in Revlon Transactions", *Journal of Corporation Law* 28 (2000): 691, 700.
20. Entrevista com o leiloeiro de uma importante casa internacional de leilões, 9 de março de 2009.

21. "Revlon Set to Oppose Pantry Pride", *Globe and Mail*, 21 de agosto de 1985.
22. Malhotra, Ku e Murnighan, "When Winning Is Everything".
23. Robert B. Cialdini, *O poder da persuasão: Você pode ser mais influente do que imagina* (Rio de Janeiro: Campus/Elsevier, 2006), 79.
24 Entrevista com leiloeiro, 21 de abril de 2009.
25. Esse exemplo vem de Malhotra, Ku e Murnighan, "When Winning Is Everything".
26. "Background of the Paramount Merger", Paramount Communications Inc., Securities and Exchange Commission Form SC13E-3/A (arquivado em 25 de maio de 1994).
27. Johnnie L. Roberts e Randall Smith, "Paramount Opts to Put Itself Up for Auction – Heeding Courts' Orders, Company Opens Bidding and Drops Viacom Pact", *The Wall Street Journal*, 15 de dezembro de 1993.
28. "Background of the Paramount Merger".
29. John Greenwald, "The Deal That Forced Diller to Fold", *Time*, 28 de fevereiro de 1994, 50.
30. Pekkla Hietala, Steven Kaplan e David Robinson, "What Is the Price of Hubris? Using Takeover Battles to Infer Overpayments and Synergies", *Financial Management*, 32, nº 3 (2003): 5-31.

CAPÍTULO 6

1. Guhan Subramanian, "Fixing Freezeouts", *Yale Law Journal* 115, nº 1 (outubro de 2005): 43. Agradeço os professores Victor Goldberg e Richard Zeckhauser pelas conversas úteis sobre esse ponto.
2. David Bank, "Browser Breach: How One Sweet Deal Unraveled for Natscape After Microsoft Called", *The Wall Street Journal*, 13 de novembro de 1997.
3. Ibid.
4. Connie Bendersky e Kathleen L. McGinn, "Phenomenological Assumptions and Knowledge Dissemination within Organizational Studies" (Harvard Business School Working Paper, 2008), tabela 2. Não foi sempre dessa forma: outro estudo relata que, nas décadas de 1940 e 1950, quando os psicólogos sociais começaram a utilizar métodos experimentais, os estudos acadêmicos usavam uma variedade de populações objeto, incluindo trabalhadores industriais em fábricas, soldados em treinamento e combate, e a League of Women Voters (Liga das Mulheres Eleitoras). David O. Sears, "College Sophomores in the Laboratory: Influences of a Narrow Data Base on Social Psychology's View of Human Nature", *Journal of Personality and Social Psychology* 51 (1986): 515-30. O estudo relata, com considerável preocupação, que "na década de 1960, [a] conjunção de pesquisa com estudantes universitários, laboratório e método experimental, normalmente misturado com alguma decepção, se tornou o método predominante em psicologia social".

5. Pablo Guillén e Robert F. Verzteg, "Subject Pool Bias in Economic Experiments" (estudos do Departamento de Teoria Econômica e História Econômica da Universidade de Granada nº 06/03, março de 2006).
6. Funcionários do CLER Lab, comunicação pessoal, 6 de junho de 2008.
7. Guillén e Verzteg, "Subject Pool Bias".
8. Carl Bialik, "The Numbers Guy: Too Many Studies Use College Students as Their Guinea Pigs", *The Wall Street Journal*, 10 de agosto de 2007.
9. Ellen Langer, Arthur Blank e Benzio Chanowitz, "The Mindlessness of Ostensibly Thoughtful Action: The Role of 'Placebic' Information in Interpersonal Interaction", *Journal of Personality and Social Psychology* 36 (1978): 635-42.
10. Ibid. O estudo foi baseado em 15 estudantes para cada condição experimental. Nove dos quinze (60%) concordaram em deixar o experimentador passar na frente sem qualquer justificativa, e quatorze de quinze (93%) concordaram em deixar o experimentador passar na frente com uma justificativa sem sentido. Se apenas uma pessoa em qualquer grupo de quinze acabasse do outro lado em relação à média, o resultado não manteria mais 95% de certeza (o nível convencional de significância estatística que os pesquisadores buscam). Assim, a diferença é frágil, principalmente quando considerada em conjunção com a diferença de sexo que o estudo também encontrou. Havia dois experimentadores, um homem e uma mulher, e o estudo relata misteriosamente, sem qualquer explicação, que "sem representar uma surpresa, a experimentadora mulher tem maior taxa de concordância do que o experimentador homem". De forma ainda mais bizarra, o experimentador homem sabia das hipóteses que estavam sendo testadas, enquanto a experimentadora mulher não sabia – outro elemento suscetível a distorcer os resultados e, por essa razão, uma clara negação em termos de metodologia experimental. Não me debrucei sobre esses problemas porque, em 2009, mais de 30 anos depois do estudo original ter sido publicado, um grupo de pesquisadores reproduziu os resultados básicos utilizando 84 estudantes de graduação na Universidade Northern Illinois. M. Scott Key, John E. Edlund, Brad J. Sagarin e George Y. Bizet, "Individual Differences in Susceptibility to Mindlessness", *Personality and Individual Differences* 46 (2009): 261-64.
11. Langer, Blank e Chanowitz, "Mindlessness".
12. Citado de www.amazines.com/Photocopier_related.html.
13. Citado de David A. Lax e James K. Sebenius, *Negociação 3-D: ferramentas poderosas para modificar o jogo nas suas negociações* (Porto Alegre: Bookman, 2008), 190.
14. Mensagem por e-mail de um gerente sênior, 18 de julho de 2008.
15. Paul Klemperer, *Auctions: Theory and Practice* (Princeton, NJ: Princeton University Press, 2004), 104.
16. Mark Gordon, em entrevista com o autor, 3 de abril de 2007.

CAPÍTULO 7

1. De Guhan Subramanian e Michelle Kalka, "Auction Vignettes" (Harvard Business School, Caso 9-902-072) janeiro de 2002.
2. Kerry McCluggage, em entrevista com o autor, 26 de setembro de 2008.
3. Brit Grosskopf e Alvin Roth, "If You Are Offered the Right of First Refusal, Should You Accept? An Investigation of Contract Design", *Games and Economic Behavior*, 65 (2009): 176-204. Grosskopf e Roth explicam a intuição para este resultado como segue: "Pelo fato de os [mecanismos de Última Oferta como o de 'Frasier'] exigirem que o detentor do direito [NBC] exercite o direito *antes* de um terceiro [CBS] para algumas ofertas, enquanto retêm o direito de obter ofertas melhores *depois* de terem sido propostas para terceiros, elas permitem que os proprietários dos ativos [Paramount] apresentem um ultimato aos terceiros de forma a dar vantagem ao proprietário e uma desvantagem ao detentor do direito, quando comparado com o caso em que as negociações são conduzidas sem esse direito" (ibid., 196-97, itálicos conforme o original).
4. Steve Munger, "Advanced Negotiation: Deal Design & Implementation" (palestra de convidado, Harvard Business School, curso de Negociações, 7 de abril de 2006).
5. Brad Peterson, mensagem por e-mail para o autor, 8 de dezembro de 2008. Utilizado com permissão.
6. Bruce Wasserstein, visita ao curso de Negociações na Harvard Business School, 23 de abril de 2007.

CAPÍTULO 8

1. A menos que seja especificado de outra forma, os fatos para esse caso vieram de James Sebenius, "Bidding on Martha's Vineyard (A)", Harvard Business School, Caso 908-044 (24 de janeiro de 2008). Os nomes foram alterados do original para preservar o valor pedagógico do caso.
2. Em seu excelente livro, *Negociação 3-D*, David Lax e Jim Sebenius utilizam a expressão similar *início do negócio*, mas sua utilização é mais geral do que a minha. O *início do negócio,* como definido por Lax e Sebenius, "significa agir para assegurar que as *partes corretas* tenham sido envolvidas, na *sequência correta*, para negociar com as *questões corretas* que envolvam o *conjunto correto de interesses*, na *mesa ou mesas corretas*, no *momento correto*, sob as *expectativas corretas* e enfrentando as *consequências corretas ao desistir se não houver acordo*" (itálicos conforme o original). David A. Lax e James K. Sebenius, *Negociação 3-D: ferramentas poderosas para modificar o jogo nas suas negociações* (Porto Alegre: Bookman, 2008), 12.
3. A menos que venha uma observação contrária, os fatos desse estudo de caso são de uma apresentação feita em 23 de março de 2006 por cinco alunos de meu

curso sobre negociações: Duston Barton, Ryan Gavin, Magnus Karlberg, Thomas Ling e Raluca Papadima.

4. *Omnicare v. NCS HealthCar, Inc.*, 818 A.2d 914 (Del. 2003).
5. Kerzner International, Securities and Exchange Commission Form SC13E-3 (arquivado em 19 de julho de 2006), 18.
6. Em minha pesquisa, constatei que nenhum licitante jamais "desrespeitou" um acordo de aquisição pela direção (MBO) com cláusula de "permissão de venda" a outros potenciais compradores (a Parte A em Kerzner foi a que chegou mais próximo disso). Esta (não) constatação ilustra o campo de jogo significativamente desleal em MBOs com "permissão de venda" a outros. Guhan Subramanian, "Go-Shops vs. No-Shops in Private Equity Buyouts: Evidence & Implications", *Business Lawyer* 63 (maio de 2008): 729-60.

CAPÍTULO 9

1. A menos que venha uma observação contrária, os fatos desse estudo de caso são de uma apresentação feita em 30 de março de 2008 por sete alunos de meu curso sobre negociações: Erin Archerd, Shlomit Azgad-Tromer, Shilpa Bhandarkar, G.J. Ligelis, Akhil Monappa, Kenneth Moon e Maria Toneva.
2. "Deals of the Future? Consortiums", *The Wall Street Journal*, 5 de outubro de 2007.
3. Ibid.
4. "Three Amigos, Only One Conquistador: Mixed Fortunes for the Buyers of ABN AMRO", *Economist*, 17 de julho de 2008.
5. Julia Werdigier, "ABN Amro's Feast os Fees", *New York Times Dealbook*, 5 de outubro de 2007, http://dealbook.blogs.nytimes.com/2007/10/05/abn-amros-feast-of-fees.
6. Ibid. Agradeço o professor Ian Larkin da Harvard Business School por esse ponto.
7. Esther B. Fein, "Politics' Tracy and Hepburn Signed by Publishing Rivals", *The New York Times*, 23 de fevereiro de 1993.
8. David Streitfeld, "Rivals Join to Publish Political Duo: Random House, S&S Buy Carville-Matalin Campaign Guide", *Washington Post*, 23 de fevereiro de 1993.
9. "An Iconic High-Rise Faces the Auctioneer", *Boston Globe*, 31 de março de 2009.
10. Stephen Taub, "Will Hancock Tower Be Handed Off?", *CFO Magazine*, 10 de fevereiro de 2009, www.cfo.com.
11. "Hancock Tower Auction: Gone in 60 Seconds", *Boston Globe*, 1º de abril de 2009.
12. Michael Pascoe, "Banks, Property and Mark-to-Market: Eggshells All Round", *BusinessDay*, 3 de abril de 2009, www.businessday.com.au.

13. "Hancock Tower Auction."
14. Kevin O'Shea, Allen & Overy, em entrevista com o autor, 14 de abril de 2009.
15. "Deals of the Future?"

CAPÍTULO 10

1. David Carr e Andrew Ross Sorkin, "New York Magazine Sold for $55 Million to Wall St. Figure", *The New York Times*, 17 de dezembro de 2003 (acessado em 10 de julho de 2007, via Factiva, www.factiva.com).
2. Keith Kelly e Erica Copulsky, "A Mort-Al Blow: How Cocky Zuckerman Team Flubbed the Deal", *New York Post*, 18 de dezembro de 2003 (acessado em 10 de julho de 2007, via Factiva, www.factiva.com).
3. David Carr, "Post-mortems fos a Media Deal Undone", *The New York Times*, 22 de dezembro de 2003.
4. Kelly e Copulsky, "Mort-Al Blow".
5. Bryan Burrough e John Helyar: *Barbarians at the Gate: The Fall of RJR Nabisco* (Nova York: HarperCollins, 2003), 462.
6. Entrevista com o banqueiro líder da Cable & Wireless America, 14 de agosto de 2007.
7. HUB International, Securities and Exchange Commission Form DEFM14A (arquivado em 4 de maio de 2007), 10.
8. A menos que venha uma observação contrária, os fatos desse estudo de caso são de uma apresentação feita em 20 de abril de 2006 por seis alunos de meu curso sobre negociações: Ching-Yang Lin, Marianna Lopez, Bipul Mainali, Lauren Malan, David McCombie e Sam Sherry.
9. Paul Robinson e Robert Saunders, "Critical Implications of the Proposed Qwest MCI Merger: A Financial Analysis" (Eastern Management Group white paper, 2005).
10. Ibid.
11. Deve ser observado que servi como perito sobre esse aspecto do negócio com a Toys "R" Us, apresentando evidência empírica de que a taxa de rompimento foi grande em relação a transações semelhantes. Ver John C. Coates IV e Guhan Subramanian, "A Buy-Side Modelo of M&A Lockups: Theory & Evidence", *Stanford Law Review* 53, nº 2 (2000), 307-96.
12. Guhan Subramanian, "Post-Siliconix Freeze-Outs: Theory and Evidence", *Journal of Legal Studies* 36, nº 5 (janeiro de 2007), 1-26.
13. Steven Levitt e Chad Syverson, "Market Distortions When Agents Are Better Informed: A Theoretical and Empirical Exploration of the Value of Information in Real Estate Transactions", *Review of Economics and Statistics* 90 (novembro de 2008), 599-611.
14. Mortgagesorter, "Gazumping", www.mortgagesorter.co.uk/home_buying_guide_gazumping.html.

CAPÍTULO 11

1. Robert Mnookin e Lewis Kornhauser, "Bargaining in the Shadow of the Law: The Case of Divorce", *Yale Law Journal* 88, nº 5 (abril de 1979): 950-97.
2. Para aqueles que estiverem interessados em uma discussão sobre as regras jurídicas governando fraudes, recomendo o capítulo 11 de Richard Shell, *Bargaining for Advantage: Negotiation Strategies for Reasonable People* (Nova York: Penguin Group, 2006).
3. Ver, por exemplo, *Commonwealth v. Quinn*, 222 Mass. 504 (1916).
4. *Beavers v. Lamplighters Realty, Inc.*, 556 P.2d 1328, 1331 (Okla. 1976).
5. Como comparação internacional interessante, a Seção 52 da Australian Trade Practices Act (Lei das Práticas Comerciais da Austrália) fornece o mesmo remédio como questão de lei estatutária: "Representações como preços fictícios ou compradores fictícios são as mesmas como as de qualquer outra representação. Elas precisam ser verdadeiras, de fato, e precisam gerar impressão verdadeira. Se falharem em qualquer desses testes, então aquele que apresentar a representação será responsabilizado por danos."
6. Russel Korobkin, *Negotiation Theory and Strategy* (Nova York: Aspen Law and Business, 2002), 388.
7. *Ravosa v. Zais*, 661 N.E.2d 111, 116 (1996)(marcações internas na citação omitidas).
8. Agradeço o Dr. Daniel Daeniker da Homburger AG por esse ponto.
9. Código Comercial Unificado Seção 1-203: "Todo contrato ou dever dentro desta Lei impõe uma obrigação de boa-fé no desempenho e execução."
10. Constance Bagley, *Managers and the Legal Environment* (Cincinnati, OH: West/Thomson Learning, 2002), 225.
11. E. Allan Farnsworth, "Precontractual Liability and Preliminary Agreements: Fair Dealing and Failed Negotiations", *Columbia Law Reviews* 87 (1987): 217, 236.
12. Citigroup/Wachovia carta de intenções, 29 de setembro de 2008 (arquivo do autor).
13. Internal Revenue Service Notice 2008-83, 2008-42, I.R.B. 1.
14. Binyamin Appelbaum, "After Change in Tax Law, Wells Fargo Swoops In", *Washington Post*, 4 de outubro de 2008.
15. Robert K. Steel, depoimento testemunhal, 5 de outubro de 2008.
16. David Enrich, Dan Fitzpatrick e Damian Paletta, "Fed Pushes to Resolve Wachovia Deal Dispute", *The Wall Street Journal*, 6 de outubro de 2008.
17. David Enrich e Dan Fitzpatrick, "Wells Fargo Grabs Wachovia as Citi Walks", *The Wall Street Journal*, 10 de outubro de 2008.
18. David Marcus e Bill McConnell, "Walking Away Empty-Handed", *Corporate Control Alert* 25, nº 9 (novembro de 2008): 19 (citando Gilbert Schwartz da Schwartz & Ballen).

19. *Ver*, por exemplo, *White v. Thomas*, 1991 Lexis 109 (Ark. App, 1999).
20. Martin Schiff, "The Problem of the Undisclosed Principal and How It Affects Agent and Third Party", *Detroit College of Law Review*, 1984: 47, 70.
21. *U.S. v. Champion Intl. et al.*, 557 F.2d 1270 (1977).
22. *Esco Corp. v. U.S.*, 340 F2d 1000, 1007 (9th Cir. 1965).

ÍNDICE

Números de páginas em *itálico* referem-se às figuras

Acreditamos que sua resposta nos ajuda a aperfeiçoar continuamente nosso trabalho para atendê-lo(la) melhor e aos outros leitores.
Por favor, preencha o formulário abaixo e envie pelos correios.
Agradecemos sua colaboração.

Seu Nome: ______________________

Sexo: ☐ Feminino ☐ Masculino CPF: ____________

Endereço: ______________________

E-mail: ______________________

Curso ou Profissão: ______________________

Ano/Período em que estuda: ______________________

Livro adquirido e autor: ______________________

Como ficou conhecendo este livro?

- ☐ Mala direta
- ☐ E-mail da Elsevier
- ☐ Recomendação de amigo
- ☐ Anúncio (onde?) ____________
- ☐ Recomendação de seu professor?
- ☐ Site (qual?) ____________
- ☐ Resenha jornal ou revista
- ☐ Evento (qual?) ____________
- ☐ Outro (qual?) ____________

Onde costuma comprar livros?

- ☐ Internet (qual site?) ____________
- ☐ Livrarias ☐ Feiras e eventos ☐ Mala direta

☐ Quero receber informações e ofertas especiais sobre livros da Elsevier e Parceiros

ELSEVIER

SAC ELSEVIER | 0800 026 53 40 sac@elsevier.com.br

Cartão Resposta
050120048-7/2003-DR/RJ
Elsevier Editora Ltda
CORREIOS

CARTÃO RESPOSTA
Não é necessário selar

O SELO SERÁ PAGO POR
Elsevier Editora Ltda

20299-999 - Rio de Janeiro - RJ

Qual(is) o(s) conteúdo(s) de seu interesse?

Jurídico - ☐ Livros Profissionais ☐ Livros Universitários ☐ OAB ☐ Teoria Geral e Filosofia do Direito

Educação & Referência - ☐ Comportamento ☐ Desenvolvimento Sustentável ☐ Dicionários e Enciclopédias ☐ Divulgação Científica ☐ Educação Familiar ☐ Finanças Pessoais ☐ Idiomas ☐ Interesse Geral ☐ Motivação ☐ Qualidade de Vida ☐ Sociedade e Política

Negócios - ☐ Administração/Gestão Empresarial ☐ Biografias ☐ Carreira e Liderança Empresariais ☐ E-Business ☐ Estratégia ☐ Light Business ☐ Marketing/Vendas ☐ RH/Gestão de Pessoas ☐ Tecnologia

Concursos - ☐ Administração Pública e Orçamento ☐ Ciências ☐ Contabilidade ☐ Dicas e Técnicas de Estudo ☐ Informática ☐ Jurídico Exatas ☐ Língua Estrangeira ☐ Língua Portuguesa ☐ Outros

Universitário - ☐ Administração ☐ Ciências Políticas ☐ Computação ☐ Comunicação ☐ Economia ☐ Engenharia ☐ Estatística ☐ Finanças ☐ Física ☐ História ☐ Psicologia ☐ Relações Internacionais ☐ Turismo

Áreas da Saúde - ☐ Anestesia ☐ Bioética ☐ Cardiologia ☐ Ciências Básicas ☐ Cirurgia ☐ Cirurgia Plástica ☐ Cirurgia Vascular e Endovascular ☐ Dermatologia ☐ Ecocardiologia ☐ Eletrocardiologia ☐ Emergência ☐ Enfermagem ☐ Fisioterapia ☐ Genética Médica ☐ Ginecologia e Obstetrícia ☐ Imunologia Clínica ☐ Medicina Baseada em Evidências ☐ Neurologia ☐ Odontologia ☐ Oftalmologia ☐ Ortopedia ☐ Pediatria ☐ Radiologia ☐ Terapia Intensiva ☐ Urologia ☐ Veterinária

Outras Áreas - ______________________________

Tem algum comentário sobre este livro que deseja compartilhar conosco?

____

* A informação que você está fornecendo será usada apenas pela Elsevier e não será vendida, alugada ou distribuída por terceiros sem permissão preliminar.
* Para obter mais informações sobre nossos catálogos e livros por favor acesse **www.elsevier.com.br** ou ligue para **0800 026 53 40.**

Impresso na Rotapress Gráfica e Editora LTDA
rotapress@rotapressgrafica.com.br
Tel.: 21-2201-8898